ERICA DE BARY

Eine Biographie

Almut Seiler-Dietrich

»Hinter dem Seidenhimmel spannt sich die flockige Nacht wie Zunder«

ERICA DE BARY

Eine Biographie

HORLEMANN

Bibliographische Information der Deutschen Nationalbibliothek:
Die Deutsche Nationalbibliothek verzeichnet diese Publikation
in der Deutschen Nationalbibliographie; detaillierte bibliographische
Daten sind im Internet abrufbar: http://dnb.d-nb.de.

© Horlemann Verlag
Angermünde, 2015

Umschlag und Satz: Agentur Marina Siegemund, Berlin
Druck: Clausen & Bosse, Leck

E-Mail: info@horlemann-verlag.de
Internet: www.horlemann.info

ISBN 978-3-89502-387-3

Inhalt

Einleitung

Am 14. Februar 1998 stand ich auf der Ginnheimer Höhe, einem der ruhigeren Frankfurter Stadtviertel, vor einer dreistöckigen Villa. Hier wohnte Erica de Bary, die ich endlich persönlich kennenlernen wollte. Eine gemeinsame Freundin, die Mainzer Ethnologin Ulla Schild, hatte mich angemeldet. Namentlich war mir Erica de Bary schon längst bekannt; ich hatte ihre Sahara-Bücher gelesen und mich vor allem für »Ghadames, Ghadames« begeistert.

Aber das Anliegen, das mich an diesem strahlenden Wintertag hierher führte, hing mit einer ganz anderen afrikanischen Region zusammen: der Insel Madagaskar, zu der Erica de Bary ebenfalls enge und persönliche Kontakte pflegte. Diese Kontakte brauchte ich, um eine Arbeit fortzuführen, die Ulla Schild begonnen und mir übertragen hatte: die Herausgabe der Tagebücher des madagassischen Dichters Jean-Joseph Rabearivelo. Auf die Existenz dieses gewaltigen – inzwischen erschienenen – Textes (»Oeuvres Complètes«, Bd. 1, Paris 2011) hatte Erica de Bary ihre Freundin hingewiesen, und Ulla Schild war 1991 nach Antananarivo gereist, hatte dort die Tagebücher kopiert und in Deutschland digitalisieren lassen.

Nun war sie erkrankt, hoffnungslos, aber immer noch in Sorge um ihre Arbeit. Im Januar hatte sie mich gebeten, die Kopien der Handschriften und die Computerabschrift an mich zu nehmen und mich darum zu kümmern. Ich befasste mich damals schon seit vielen Jahren mit afrikanischer Literatur –

Ulla Schild hatte ich 1971 durch meine Arbeit bei Janheinz Jahn kennengelernt, dessen Lebensgefährtin sie war; – aber Madagaskar lag mir sehr fern. Für die Arbeit mit diesen Texten waren die Kenntnisse und Kontakte Erica de Barys hilfreich, und so bat ich Ulla Schild, mich bei ihr einzuführen. Sie meldete mich telefonisch an, und als ich in der Cretzschmarstraße Nr. 14 klingelte, öffnete Harald de Bary und führte mich zu seiner Mutter, und zwar, nicht, wie ich erwartet hatte, in die Bel Etage, sondern in die Dachwohnung. Man habe schon längst die unteren Stockwerke vermietet, sagte der Sohn, seine Mutter begnüge sich mit dem Dachgeschoss.

Erica de Bary empfing mich freundlich-zurückhaltend. Sie war damals schon über 90 Jahre alt, sehr zierlich, trug das glatte weiße Haar fast schulterlang und dazu große goldene Kreolen mit eingelegten Perlen.

Über gemeinsame Bekannte fanden wir zusammen: Ulla Schild, Jahn, Senghor und vor allem Jacques Rabemananjara, mit dem sie befreundet gewesen war, und von dem ich als Schülerin am Lycée du Sacré-Coeur in Kinshasa Theaterstücke gelesen hatte. 1973 waren wir gleichzeitig durch Nigeria gereist, hatten beide Susanne Wenger in Oshogbo besucht, allerdings ohne uns zu treffen. Meine Beziehungen zu Afrika interessierten sie; und als ich mich verabschiedete, bat sie mich, meinen Besuch zu wiederholen.

Bis es dazu kam, war sie in das GDA-Wohnstift in der Waldschmidtstraße umgezogen. Dort habe ich sie dann noch etliche Male besucht. Sie erzählte gern von ihren Reisen und gab mir Auszüge aus ihren Tagebüchern zu lesen. Sie nahm Anteil an meiner Arbeit über Rabearivelo, die uns zusammengebracht hatte, und stellte mir ihren Bericht über den Besuch bei der Familie des Dichters im Jahr 1970 für die gedruckte Ausgabe meiner Dissertation zur Verfügung. (»Denkt an uns in unseren ruhigen Grotten«, Trier 2005).

Bis in ihr hohes Alter war Erica de Bary eine eindrucksvolle Erscheinung, elegant gekleidet, und meistens trug sie ihre Kreolen. Die immer stärker werdende und sehr schmerzhafte Rückgratverkrümmung, die sie an den Rollator und später in den Rollstuhl zwang, tat sie mit einer Handbewegung ab: sie sei selbst schuld, dass sie nicht vorgebeugt habe. Oft traf ich Besuch in ihrem Zimmer an: Frauen, die in der Welt herumgekommen waren, doch keine so intensiv wie sie. Stets hatte sie eine Frankfurter Allgemeine Zeitung griffbereit, auch als sie sie offensichtlich nicht mehr las. Sie beantwortete bereitwillig Fragen nach Einzelheiten ihres Lebens, wenn auch zu beobachten war, wie Erinnerungen sich ineinander verwoben und das Erzählte sich wiederholte. Ich erlebte sie nur einmal niedergeschlagen, das war im November 2002, als ihr Bruder gestorben war und ihre Tochter ihr erklärt hatte, sie könne unmöglich mit zur Beerdigung nach Hamburg fahren.

Zum letzten Mal sah ich Erica de Bary am 14. März 2007. Sie lag im Bett, nahm mein neuestes Buch, das ich ihr unbedingt hatte bringen wollen (»Afrika interpretieren«, Heidelberg 2007), drückte es an sich, sagte »danke« und »auf Wiedersehen« und drehte sich zur Seite.

Fünf Wochen später starb sie, nach einem über hundertjährigen Leben, das sie trotz aller Widrigkeiten weitgehend selbstbestimmt führte. Ohne den Hintergrund akademischer Institutionen verwirklichte sie ihre intellektuellen Träume und lebte ihre Leidenschaften mit Mut und Beharrlichkeit. Diese galten vor allem dem afrikanischen Kontinent: Siebzehn, zum Teil monatelange Reisen führten sie in die Sahara, sie teilte das Leben der Tuareg, unternahm weite Touren zu Fuß, mit dem Bus und auf dem Rücken eines Dromedars. Sie pflegte Freundschaften mit Dichtern und Politikern der jungen afrikanischen Staaten, von denen sie einige schon im besetzten Paris kennengelernt hatte, wo sie, die Deutsche, gleichermaßen

Muse und Beobachterin der intellektuellen Szene war. An diesem Leben war ihr Mann Herbert de Bary maßgeblich beteiligt. Er teilte ihre Leidenschaften und machte das Reisen überhaupt erst möglich. Von Spanien bis Russland, von Finnland bis Madagaskar und in den späteren Jahren in Irland waren beide gemeinsam unterwegs, immer auf der Suche nach Begegnungen und Erfahrungen und sorgsam darauf bedacht, nicht als gewöhnliche Touristen zu gelten – obwohl sie touristische Infrastrukturen durchaus nutzten.

Viele der Gegenden, die Erica und Herbert de Bary bereisten, habe ich mit eigenen Augen gesehen, wenn auch zu einer anderen Zeit und unter anderen Umständen: insbesondere Algerien und Marokko, die westafrikanischen Länder, Madagaskar; zuletzt Irland auf Einladung von Harald de Bary und seiner Frau Erika.

Während der Beschäftigung mit dem Nachlass zeigte sich manch Widersprüchliches. Selbstwahrnehmung und Selbstdarstellung mussten hinterfragt werden. Als sie im Alter von 45 Jahren zum ersten Mal nach Afrika reisen konnte, hatten sich jahrzehntelang Sehnsüchte aufgestaut. Sie war ein Kind ihrer Zeit, genau so wie die afrikanischen Intellektuellen, die sie vor dieser Reise kennengelernt hatte. Ob in Afrika oder Europa: Alle waren aufgewachsen in einer kolonialen Weltordnung mit rassistischen Ideen, die auch die ethnologische Forschung durchtränkten. Selbst afrikanische Denker, insbesondere Léopold Sédar Senghor, hatten die der »schwarzen Rasse« von weißen Forschern wie Leo Frobenius zugeordneten Charakterzüge aufgegriffen, versuchten sie unter dem Begriff »Négritude« ins Positive zu wenden, was zu einem »antirassistischen Rassismus« führte, der eine Etappe auf dem Weg zu einer »universellen Kultur« (Senghor) sein sollte. Innerhalb dieses Gedankengebäudes fand die Entkolonialisierung statt.

Das Desaster des Zweiten Weltkrieges ließ viele Menschen an der jahrhundertelang propagierten Überlegenheit der europäischen Kultur zweifeln und provozierte eine Hinwendung zu den »neuen« Menschen, den »jungen« Völkern, die zugleich angeblich »Archaisches« bewahrt hatten. Das passte in die Stimmung der Entkolonialisierung, die Erica de Bary – wie so viele – mit großer Begeisterung verfolgte. Sie sah sich als Wegbereiterin der afrikanischen Emanzipation, ein Selbstbild, das hin und wieder durch die Reaktionen, denen sie in Afrika begegnete, gebrochen wurde, was zu Enttäuschungen führte.

Erica de Bary hinterlässt ein umfangreiches, nur zum geringen Teil veröffentlichtes Werk: Reiseberichte, literarische Betrachtungen, poetische Texte, Übersetzungen, Tagebücher; auch zahlreiche Briefe an sie sind erhalten. Aus diesem Material habe ich geschöpft, um das hundertjährige Leben einer ungewöhnlichen Frau zu erzählen. Kursiv gesetzte Texte ohne Quellenangaben stammen aus dem unveröffentlichten und meist undatierten Nachlass.

Alle, die an dieser Biographie mitgewirkt haben, bemühten sich um Annäherung an eine Wahrheit und um die Überlieferung einer spannenden Lebensgeschichte an die Nachwelt. Ich habe für viel Unterstützung zu danken, zuallererst der Familie: Harald de Bary, der mir in langen Gesprächen von seiner Mutter erzählte; seiner Frau Erika, die den Nachlass geordnet, digitalisiert und mir zugänglich gemacht hat; Erdmuthe Cramer, geborene de Bary, die mir half, schwer Lesbares zu entziffern und mir ausführlich auf meine Fragen antwortete. Enkelin und Urenkelin Tanja und Rebecca Lyson ergänzten das Bild der späten Jahre ihrer »Ami«, und Enkel Thomas Cramer stellte mir seine Fotosammlung zur Verfügung.

Freunde der Familie erzählten mir ihre persönlichen Eindrücke, insbesondere Professor Tirmiziou Diallo und Professor

Beatrix Bouvier. Christoph und Eva Krüger, die auf mehreren Wüstentouren dabei waren, schrieben mir aus Wien ihre Erinnerungen an gemeinsame Reisen und spätere Begegnungen. Auch der Kameramann der Fernsehfilme von 1965, Henning Zick, beantwortete meine Fragen.

Für bibliographische Recherchen und Informationen danke ich Annemarie Kasper, Bibliothekarin der Afrika-Abteilung der Senckenberg-Bibliothek Frankfurt. Ingrid Ickler gab mir kompositorische Tipps. Christiane Reichart-Burikukiye danke ich für ein gründliches Lektorat und viele inhaltliche Hinweise. Mein Mann Hans-Jürgen Dietrich begleitete Recherche und Niederschrift.

Bensheim, im Februar 2015

Prolog

Libau: 1906

Als Erika Kramer geboren wurde, lebte ihr Vater nicht mehr.

Er starb an einem der schönsten Tage seines Lebens. Am 6. Mai 1906, einem Sonntag, offenbarte ihm seine junge Frau Elisabeth die lang ersehnte Schwangerschaft – waren sie doch schon über ein Jahr verheiratet. Zur Feier des Tages gingen sie zum Mittagessen zu ihrer Mutter, die an ihrem Glück teilhaben sollte. Gleich nach dem Essen ließ der werdende Vater die beiden Frauen allein: Sie hatten noch so viel miteinander zu bereden, auch jede Menge Dinge, die einen Mann nichts angingen.

Erich war frühzeitig nach Hause gegangen, um einen Brief an seinen Halbbruder Carl Siebel, der in China gelebt hatte, zu schreiben. Der Brief ist noch vorhanden. Anderthalb Bogen lang, jäh unterbrochen... Der Brief klingt glücklich, zufrieden. Es ist von Pferden die Rede, vom Libauer Leben, von seiner glücklichen Ehe mit Elisabeth, von der Arbeit im Betrieb, von Russland... doch da trat etwas ein beim Wort »ich werde«, da standen plötzlich zwei Männer (oder mehr?) hinter seinem Stuhl, die das Dienstmädchen eingelassen hatte, da geschah etwas... Männerhände ergriffen ihn, schleiften ihn am Boden entlang, schleiften ihn bis zur Wand, hingen ihn an einer Nagaika, einer russischen Reitpeitsche, auf...

Froh gestimmt kam Elisabeth nach Hause, wollte gleich zu ihrem Mann. Das Dienstmädchen warf sich ihr entgegen, breitete abwehrend die Arme vor der Tür zum Arbeitszimmer aus, stammelte Unverständliches, wollte der jungen Frau den furchtbaren Anblick ersparen, konnte aber nicht verhindern, dass Elisabeth sich Zutritt verschaffte und ihren Mann so sah. Kann man sich vorstellen, wie die junge Frau, die sich eben noch mit ihrer Mutter die Zukunft einer glücklichen Familie ausgemalt hatte, aus der Hochstimmung in den tiefsten Abgrund gerissen wurde? Sie griff zum Telefon und schrie nur »Mutter!« in den Hörer, ehe sie die Hände vor die Augen schlug – vielleicht ohnmächtig wurde?

Das Verbrechen blieb unaufgeklärt, wurde vermutlich nicht einmal verfolgt. Erich Kramer hatte erst vor einem Jahr die Leitung der Firma von seinem verstorbenen Schwiegervater übernommen. Dieser war während der Revolution von 1905, der »Kleinen Revolution«, wie sie später – im Gegensatz zur »Großen Revolution« von 1917 – genannt wurde, den aufwieglerischen Aktionen in seinem Betrieb mit aller Härte entgegengetreten. Ein Vorarbeiter wurde wegen Hetzreden entlassen, eine Bittschrift an den Direktor, er möge um der zahlreichen Kinder dieses Arbeiters willen Gnade walten lasse, blieb erfolglos. War der Mord am Schwiegersohn ein später Racheakt?

Libau hätte Erica de Barys Heimat sein sollen, aber nach dem Mord an ihrem Vater konnte die Familie dort nicht mehr bleiben. Elisabeth Kramer, mit nur 23 Jahren Witwe geworden, zog mit ihrer Mutter Marie Opderbeck nach Berlin und brachte dort am 4. Januar 1907 ihre Tochter Erika zur Welt. Das Andenken an die verlorene russische Heimat prägte die Erziehung der vaterlosen Tochter, denn Elisabeth selbst war in Petersburg geboren und hatte dort ihre Kindheit verbracht.

Sie pflegte russische Traditionen und Bräuche, trug einen russischen Pelz und schmückte ihr Heim mit Samowar und Teepuppen. Sie wurde nicht müde, ihren Kindern von fröhlichen Schlittenfahrten und ergreifenden Ritualen der russisch-orthodoxen Kirche zu erzählen. So vermittelte sie ihrer ältesten Tochter eine mit dem vorrevolutionären Russland verbundene Identität, die diese auch für sich übernahm und kultivierte. Das ging so weit, dass spätere Bekannte Erica de Bary für russischstämmig hielten und sie dem nicht widersprach, weil es zu dem Bild passte, das sie von sich in ihren Tagebüchern und Reiseberichten zeichnete. Die Affinität zu Russland wurde auch von ihrem Stiefvater Baron von Düsterlohe bestärkt, der im russischen Baltikum aufgewachsen war und zeitlebens die russische Nationalität behielt.

KAPITEL 1

Großeltern und Eltern

Petersburg: 1880–1893

*Karossen mit eleganten Damen und Herren! Damen mit gro-
ßen Hüten oder Pelzkappen, das Gesicht stark geschminkt, was
man in Deutschland nicht kannte und verpönte! Studenten in
ihrer Tracht! Das Volk mit Lappen an den Füßen, wenn sie vom
Lande kamen! Ein Muschik mit der Flasche, dem die Frau
schimpfend und mit Stock hinterherlief! Die Bettler an den
Ecken mit langem Haar, die Popen, so malerisch im langen
Rock, doch oft mit verlausten Säumen! Die Kalmücken, die als
besonders treu galten!*

Deutsche Handwerkskunst war in Russland seit Zar Peter
dem Großen hoch angesehen. Wer es sich leisten konnte, holte
auch Ingenieure aus Deutschland, und die ihnen zugeschrie-
bene Autorität ließ sie rasch an die Firmenspitzen aufsteigen.
Friedrich Opderbeck brachte in Sankt Petersburg ein herun-
tergekommenes Eisenwerk auf Vordermann; feierabends
schrieb er Briefe an seine Braut Marie Straßburger. Darin berichtet er von langen Arbeitstagen: Um sieben Uhr kam er in
den Betrieb und arbeitete oft bis zehn Uhr abends durch.
Aber mit genauso viel Energie richtete er ein großes Wohn-
haus in der Nähe der Fabrik ein, das seine junge Frau, die ihrer dunklen Augen wegen als Schönheit galt, gleich nach ihrer
Ankunft wohnlich gestaltete und in dem sie am 2. Februar
1883 ihre Tochter Elisabeth zur Welt brachte.

Eine russische Amme und Kinderfrau, die Njanja, kümmerte sich um das Kind. So wuchs Elisabeth mit der russischen Sprache und den orthodoxen Riten auf, beides in der Erinnerung eng mit ihrer Kindheit verknüpft. Die Spiritualität der Ostkirche ließ sie ihr Leben lang nicht mehr los, deshalb suchte sie nach ähnlich starken geistig-sinnlichen Erlebnissen, die sie später in der anthroposophischen Geistigkeit fand. Ihr zwei Jahre jüngerer Bruder Fritz glich mit seinen dunklen Augen und dem braunen Haar der Mutter, während Elisabeth blond war, dazu lebhafter, auch frecher als der Bruder. Die beiden waren ein Herz und eine Seele.

Die Geschwister wuchsen im Luxus des vorrevolutionären Petersburg auf, mit Hauslehrer und Personal, im alten Russland mit seinen Palästen und seinen Hütten, mit Prunk und Elend. Davon erzählte Elisabeth später ihrer Tochter, und diese schrieb es auf.

Auch der Kutscher in Elisabeths Elternhaus war ein Kalmücke. Ein Moslem. »Dass sich doch des Schrägäugigen der Herrgott erbarme!« – »Was hat er denn getan?« – »Frag nicht, Täubchen, schlag das Kreuz!« Die gleichen Kalmücken oder Tartaren kamen zu mehreren ins Haus, um in langer Reihe und mit Lappen an den Füßen und dazu singend das Parkett zu polieren! Die Petersburger waren reich. Oder arm. Dazwischen gab es wenig. Auf dem Land, in einer Isbuschka, die Elisabeth mit ihrer Njanja besuchen durfte, saß die Familie um einen einfachen Tisch und über der Mitte hing, an einem langen Faden, ein Stück Zucker vom Zuckerhut. Jeder durfte der Reihe nach ganz kurz dieses Stück in sein Teeglas tauchen.

Vermutlich war diese Nähe zur Familie der Njanja auf dem Land auch die Ursache dafür, dass sowohl Elisabeth als auch ihr Bruder in früher Kindheit an Typhus erkrankten, aber sie hatten Zugang zu entsprechender Pflege und überstanden die damals meist tödliche Krankheit.

Düsseldorf – Montreux:
1893–1901

1893, als Elisabeth zehn Jahre alt war, beendete ihr Vater seine Arbeit im Petersburger Eisenwerk – glanzvoll, wie ihm gewidmete Medaillen zeigen. Er zog mit seiner Familie zurück in seine Heimat Düsseldorf.

Düsseldorf war in jener Zeit eine ausgesprochene Künstler-, das heißt Malerstadt, der sogenannte »Malkasten« ein besonderer mit gärtnerischen Anlagen geschmückter Bezirk. Er umschloss die Akademie und daneben Gesellschaftsgebäude, in denen Bälle stattfanden. In Düsseldorf erlebte Elisabeth, die vorher nur Privatunterricht genossen hatte, eine öffentliche deutsche Schule und fand ihre beste Freundin, Else Breying.

Von ihr, wie auch von den Eltern, musste sie sich trennen, als sie – wie es damals in besseren Kreisen üblich war – im Alter von 16 Jahren in ein Mädchenpensionat ins schweizerische Montreux geschickt wurde. Dort standen auf dem Stundenplan vor allem Sprachen, zuallererst Französisch. Dazu kamen die musischen Fächer in Theorie – wie Kunstgeschichte – und Praxis – wie Klavierspiel und Porzellanmalerei. Auch Studienreisen nach Italien, vor allem Florenz, gehörten zum Bildungsprogramm. Aus den Zimmergemeinschaften ergaben sich Freundschaften und Besuche in anderen Familien. Eine enge Freundin war Editha Schulze-Nickel, Erikas spätere Patentante Edith von Sperber.

Elisabeth fühlte sich im Pensionat wohl und entwickelte mit Leidenschaft ihre künstlerischen Fähigkeiten. Nach zwei Jahren kehrte sie nach Düsseldorf zurück, wo ihr Vater einen erneuten Umzug der Familie in den Osten plante: Er sollte Generaldirektor der Libauer Eisen- und Stahlwerke werden.

Während dieser Vorbereitungen führte Elisabeth das Leben einer heiratsfähigen Tochter aus reichem Haus, besuchte Ausstellungen, Konzerte und Bälle, aber offenbar waren ihre Eltern so mit den Umzugsvorbereitungen beschäftigt, dass ihnen entging, welch intensive Beziehung ihre Tochter bei ihren Ausflügen in das Düsseldorfer Gesellschaftsleben eingegangen war. Heimlich verlobt sei sie, gestand sie eines Tages dem Vater, der wohl aus allen Wolken fiel, zumal der junge Mann, den seine Tochter ihm vorstellte, für ihn als Schwiegersohn überhaupt nicht in Frage kam.

Erich Kramer war zwar Offizier, wollte die Militärkarriere aber abbrechen und sich der Literatur widmen, Dramen und Tragödien nach klassischen Vorbildern schreiben. Vermutlich breitete er diese Pläne schon bei ihrem ersten Treffen aus, und was Elisabeth bezaubert haben mochte, konnte ihren Vater, den Ingenieur, nur abstoßen. Auch die Familie Kramer passte Friedrich Opderbeck nicht: Die Mutter war früh gestorben, der Junge als Einzelkind nur von Hausdamen erzogen; sein Vater Carl Kramer hatte Anthropologie und Archäologie studiert und grub mit Begeisterung römische Funde in Hessen aus. Dazu pflegte er den Sohn, wann immer es ging, mitzunehmen, so dass der junge Erich römische Geschichte und Kunst in allen Details kannte, mit der antiken Götter- und Sagenwelt vertraut war, aber nichts gelernt hatte, womit er Elisabeth ein ihrer Familie entsprechendes Leben hätte bieten können. Er liebte die Literatur, hatte Phantasie und dichterisches Gespür, aber keinerlei materielles Vermögen, auch nicht die Aussicht, welches zu erlangen, was Elisabeth nicht störte, wohl aber ihren Vater.

Friedrich Opderbeck setzte den Plänen seiner Tochter ein knappes und klares »Nein!« entgegen und beschleunigte die Abreise der Familie nach Libau.

Libau: 1901–1906

Heute heißt die kurländische Stadt Liepaja und gehört zu Lettland. Kurland war seit 1795 Teil des Russischen Reiches, besaß aber bis 1877 eine eigene Regional- und Stadtverwaltung. Zu Beginn der 1870er Jahre wurde Libau an das russische Eisenbahnnetz angeschlossen, was dazu führte, dass die Stadt einem Ansturm der russischen Landbevölkerung ausgesetzt war und dadurch stark wuchs. Die Industrialisierung hielt Einzug; 1880 wurde die Libauer Börse gegründet. Wichtigster Trumpf der Stadt war der eisfreie Ostseehafen, der durch die Grabung eines Abflusses des libauischen Sees entstanden war, denn die Ostsee weist an dieser Küste keine natürlichen Buchten auf. Der Ausbau des Handelshafens und der Bau eines Kriegshafens, regelmäßiger und direkter Schiffsverkehr nach England und Amerika führten zu einer stürmischen Entwicklung. Gegen Ende des 19. Jahrhunderts war Libau die größte Stadt Kurlands. Man importierte Eisen und andere Metalle, deren Bearbeitung neben der Holzindustrie der wichtigste Industriezweig wurde. Über den Libauer Hafen exportierte Russland Getreide, vor allem Hafer. Der deutsche Bevölkerungsanteil nahm durch die russische Landflucht kontinuierlich ab, im Jahr 1911 waren es nur noch zwölf Prozent. Die Zuwanderer siedelten an der Peripherie, die Altstadt blieb unverändert und behielt den Charme einer deutschen Mittelstadt. Als die Familie Opderbeck in Libau wohnte, entsprachen ihre materiellen Lebensbedingungen denen in Düsseldorf. Es fehlte an nichts. Und dazu hatten sie noch Meer und Strand in der Nähe; schöne Wälder und weite Natur umgaben die Stadt. Brieflicher Kontakt mit der Heimat war jederzeit möglich.

Eine umfangreiche – noch erhaltene – Korrespondenz zwischen Elisabeth Opderbeck in Libau und Erich Kramer in Düsseldorf zeigt die vielen künstlerischen Gemeinsamkeiten der beiden sowie ihr Beharren auf ihrer Liebe und der Hoffnung auf ein gemeinsames Leben. Nach längerer Zeit sah auch Friedrich Opderbeck ein, dass er nicht mit einem Gefühlswandel bei seiner Tochter rechnen konnte. Bedrängte sie ihn? Lag sie ihm mit ihrer Liebschaft in den Ohren? Gab er ihr zuliebe nach oder hatte er sich von den menschlichen Qualitäten des jungen Mannes überzeugen lassen? Oder mangelte es in Libau an geeigneten Bewerbern? Allerdings knüpfte er sein Einverständnis an Bedingungen, denen sich die Liebenden fügten: Erich Kramer absolvierte eine Ausbildung in einer Essener Bank, deren Direktor ein Freund Friedrich Opderbecks war. Danach durfte er nach Libau kommen, wo das junge Paar 1904 heiratete und eine eigene kleine Villa bezog. Friedrich Opderbeck gab dem Schwiegersohn einen Posten in seiner Fabrik, in den er sich recht gut einfand, wie der Brief zeigt, an dem er schrieb, als ihn die Mörder überfielen.

Das hat Friedrich Opderbeck nicht mehr erlebt: Er war 1905, erst 52 Jahre alt, einem Herzinfarkt erlegen, in Meran, wo er sich zur Kur aufhielt, da er schon längere Zeit leidend war.

KAPITEL 2

Kindheit und Jugend

Vor allem wisse man dieses: das Kind sieht immer anders, unge-trübter, unmittelbarer; es besitzt ein großes Schweigevermögen; es ist ein sehr genauer Beobachter jedes Erwachsenen; es greift nicht immer, auch wenn es die Handlung durchschaut, in das Geschehen ein; es verbirgt allzu oft eine Überlegenheit, die es dem Großen teils aus Takt, teils aber auch aus einem ungeheu-ren Erstaunen nicht preisgibt. (»Ein Kind und die Welt«, S. 7)

Berlin – Reggen:
1907–1914

Am 4. Januar 1907 wurde Erika Kramer in Berlin-Charlotten-burg geboren. Den Vornamen wählte die Mutter im Gedenken an ihren so schrecklich ums Leben gekommenen Mann Erich Kramer, den sie schmerzlich vermisste. In ihren Aufzeichnun-gen, die sie »Das Buch meines Kindes« nannte, wendet sie sich in zärtlicher Sprache an die Tochter, der sie alle Freuden der bürgerlichen Familie bieten möchte, ein schönes Zuhause, liebevoll gestaltete Feste, geistige und seelische Anregungen, und doch den fehlenden Vater nicht ersetzen kann. So wuchs die kleine Erika in weiblicher Obhut auf. Da waren außer ihrer Mutter Elisabeth noch die Großmutter Marie, die alle zärtlich Mimichen nannten, und das Kindermädchen Anna, das jeden Morgen in der damals noch täglich getragenen Spreewälder

Tracht in das große Stadthaus in der Gervinusstraße 6 kam, um die kleine Eka zunächst in einem hohen weißen Kinderwagen im Charlottenburger Schlosspark auszufahren und später mit ihr dort spazieren zu gehen. Als Eka drei Jahre alt war, schenkte Anna ihr eine Spreewälder Kindertracht, so dass beide dann bei ihren Spaziergängen wie Mutter und Tochter aussahen. Nie sei sie im Spreewald gewesen, erzählte Erica später, aber durch diese Tracht gehörte er zu ihrer Kindheit.

Großmutter Mimichen hatte großen Anteil an der Erziehung:

Wenn ich verdüstert, vertrotzt morgens in ihr großes Schlafzimmer trat, stand sie vor dem Spiegelschrank und rückte ihr Spitzenjabot zurecht. Und wie sagte sie dann so hell und so zartfühlend: »Ja, wer kommt denn da? Wer kommt denn da zu mir herein?« Und schon war der Trotz geschmolzen, war die Welt voll Sonne!

Mutter Elisabeth dagegen war immer noch in Trauer und sah überall Todesgefahr, so auch, als Ekas kleiner Finger in eine zufallende Tür geriet und ihr Arm blau anlief. Dr. Gottlieb, der sie auf die Welt geholt hatte, musste kommen und den Arm hochbinden, und Mimichen immer wieder tröstend sagen: »*Es wird alles gut werden!*«

Und dann brach der Tod doch wieder in ihr Leben ein: Elisabeths Bruder Fritz, ein hübscher, immer elegant gekleideter junger Mann, der hin und wieder zu Besuch vorbeikam, starb unter ungeklärten Umständen. Er soll stark verschuldet gewesen sein, seine Schwester vergeblich um Geld gebeten und sich deshalb das Leben genommen haben – oder aber im Duell wegen der Untreue seiner englischen Geliebten, die Birdy hieß, gefallen sein. Auch hier ein gewaltsamer Tod, der offenbar nie untersucht wurde.

Marie Opderbeck hat den Tod ihres Sohnes noch erlebt, ehe sie selbst, erst 48 Jahre alt, starb. Sie lag krank in der Wohnung, eine Pflegerin betreute sie, und Eka durfte ihr die Stirn mit Eis kühlen. Doch während Mimichen starb, schwang die Vierjährige das Springseil im Nebenzimmer.

Möbel wurden fortgetragen, rostrot überzogene Sessel mit Fransen, die zu Elisabeths Elternhaus gehört hatten. »Stühle von Mimichen!« sagte sie bedrückt. Noch einmal durfte ich drauf sitzen. Die Züge des Charlottenburger Bahnhofs fuhren draußen vorbei. Das hörte ich, als ich auf einem Stuhl von Mimichen saß.

Nun waren Mutter und Tochter allein miteinander, in einer Symbiose, die auch etwas Beklemmendes hatte. Die Mutter beschaffte die herrlichsten Spielsachen, bastelte vieles selbst; die ganze Wohnung war eine Kinderstube. Im Esszimmer spielte Eka in einem extra für sie angefertigten Paravent-Häuschen, das zwei Fenster mit weißem Holzrahmen und Fensterbänken hatte und das mit einem geblümten Vorhang geschlossen werden konnte. Zwei Puppen mit bemalten Porzellangesichtern bewohnten das Häuschen, Dieterle und Erica. Elisabeth hielt dann und wann beim Staubwedeln inne, schaute durchs kleine Fenster und kommentierte das Spiel ihrer Tochter.

Eka beschäftigte sich auch leidenschaftlich gern mit Papier, sie kritzelte Bögen voll, die ihr die Mutter großzügig in jeder gewünschten Menge zur Verfügung stellte. Sie malte, tat aber auch so als ob sie schrieb. Und die Mutter spielte mit und ließ sich Gedichtchen vorlesen, die ihre kleine, wortverliebte Tochter sich ausgedacht hatte und die die Mutter sich merkte. Das waren Verse wie »*Vergissmeinnicht und Rosen küssen sich so sehr, als ob es immer nur Sommer wär!*«

Die Welt des Kindes, seine Puppen und Spielsachen, die Orte innerhalb und außerhalb der Wohnung, die es mit seinen kleinen Schritten erobert, die vertrauten Menschen und die fremden Besucher, die täglichen Freuden, aber auch die frühe Begegnung mit dem Tod, all das findet sich in vielen Szenen in dem 1947 veröffentlichten Büchlein »Ein Kind und die Welt«.

Spätere Gespräche mit der Mutter kreisten oft um die Schwierigkeiten, die es der in pädagogischen Dingen völlig unerfahrenen Frau machte, so ganz ohne männliche Bezugsperson dieses begabte, interessierte, aber oft auch sehr wilde Kind aufzuziehen. Erika war ganz und gar nicht das brave kleine Mädchen, das man in jener Zeit in den besseren Kreisen vorzuzeigen hatte. Etliche Ungezogenheiten, die ihrer Mutter sehr peinlich waren, haben beide nie vergessen:

So, als wir auf einer Bahnfahrt an Friedrichsruhe vorbeifuhren und eine wohlanständige Dame im Coupé bemerkte: »Hier liegt Bismarck begraben!« Da schrie Elisabeths Tochter wütend auf, sie wolle ihn ausgraben, und wenn nötig, mit ihren eigenen Händen! Elisabeth stand machtlos da und alle, die eben noch so angeregt mit ihr sprachen, wandten sich abrupt von ihr ab wegen ihres ungebärdigen Kindes!

War die Mutter oft überfordert, so muss sie doch, wie aus vielen Erinnerungen hervorgeht, intuitiv den richtigen Ton getroffen und vor allem dem Kind eine damals nicht selbstverständliche Zuwendung gezeigt haben.

Elisabeth ging ganz in dieser Rolle auf. Finanziell hatte sie offensichtlich damals keine Sorgen: Das Erbe ihres Vaters war wohl ausreichend.

1913 bekam Elisabeth erzieherischen Beistand: Sie ließ ihre Tochter mit sechs bis sieben anderen Kindern Privatunterricht bei Fräulein Dames nehmen. Das war für das Kind ein Schock: war es doch bisher Mutters einziger Schatz, dessen Wünsche ihr Gebot waren und die auch unpassendes Benehmen durchgehen ließ. Disziplin, Gehorsam, aufmerksames Zuhören, das waren völlig neue Kategorien für die Sechsjährige. Und doch waren es die Kategorien, nach denen der Unterricht damals überall ablief, das war auch in dieser Privatschule nicht anders, und Erika muss eine schwierige Schülerin gewesen sein. Zwischen der nachgiebigen zarten Mutter und dem strengen, mit einem gewaltigen »Vorbau« versehenen Fräulein Dames fiel es ihr nicht leicht, die Grundbegriffe gesellschaftskonformen Verhaltens zu lernen. Aber genau das war dringend notwendig und dafür wurde Fräulein Dames gebraucht. Allerdings zogen die beiden Frauen keineswegs an einem Strang. Die eine stellte Erika wegen Ungezogenheit in die Ecke, die andere kaufte ihr zum Trost einen Luftballon. Aber in einem Punkt gab die Mutter nicht nach: Es kam nicht in Frage, dass Erika mit dem Portierssohn und anderen sogenannten Schmuddelkindern in ihrer Straße spielte. Elisabeth Opderbeck wusste immer, was sie sich und ihrer Familie im gesellschaftlichen Umgang schuldig war, auch da mögen Erinnerungen an ihre eigene Kindheit und die Jahre im Schweizer Internat eine Rolle gespielt haben.

Bei all ihrer Trauer um Mann, Bruder und Mutter blieb Elisabeth doch den Menschen zugewandt und nutzte ihr künstlerisches Talent: Sie fotografierte viel und entwickelte die Bilder selbst in der Dunkelkammer einer befreundeten Fotografin; sie dekorierte Ausstellungsobjekte in der Galerie Friedländer und pflegte Umgang mit kunstsinnigen und interessanten Menschen. Da war die Opderbecksche Verwandtschaft und deren Freunde, darunter der Dichter Albert Rausch, der mit dem Schriftsteller Fritz Usinger befreundet war, Alfred Bock und Karl Wolfskehl sowie andere Anhänger des Stefan-George-Kreises; eine englische Schauspielerin, die Anstoß daran nahm, dass Elisabeth ein russisches Nerzcape trug. Adlige Verwandtschaft von Erich Kramer stellte sich ebenfalls regelmäßig in Charlottenburg ein, so die Gräfin Gneisenau, deren Söhnchen von Lenbach gemalt wurde, und Graf Moltke, mit dem Erica de Bary später den Kontakt weiter pflegte. Für sie war er eine Verbindung zur Familie des Vaters, den sie nie kennengelernt hatte. Einer der vielen Onkel brachte ihr die schwarze Puppe mit, ein »Negerpüppchen«, wie es damals, als Deutschland noch afrikanische Kolonien hatte, in allen Kinderstuben wohnte. Und noch als alte Dame, gefragt nach dem Ursprung ihrer Leidenschaft für Afrika, erzählte sie immer wieder, wie sie das Püppchen im Kreis herumgewirbelt und dabei gesungen habe: »Eka will nach Afrika, Eka will nach Afrika!«

Von Anfang Mai bis Ende Oktober lebten Mutter und Tochter auf Gut Reggen im russischen Kurland, bei Baron Stempel, einem guten Freund von Friedrich Opderbeck, der sich die Betreuung der jungen Witwe und der kleinen Halbwaise zur Aufgabe gemacht hatte.

Elisabeth fühlte sich in Reggen wohl. Sie mochte das baltische Ambiente, konnte dort russisch sprechen und sich frei bewegen. Von der Holzveranda des langgestreckten einstöckigen Gutshauses führte eine breite Treppe in den Park, dessen blühende Wiesen und prachtvolle Bäume an einen Wald anschlossen, der sie mit seinen Birken und den vielen flachen Seen, über die Libellen flogen, an Russland erinnerte. Viele Gäste kamen nach Reggen, auch junge Leute, mit denen sie Ausflüge machte – Landpartien sagte man damals.

Erika konnte hier mit anderen Kindern toben, sogar mit den Gesindekindern. Sie durfte auf dem Heuwagen fahren und bei allerlei wilden Spielen mitmachen. Sie fand auch einen ihr ganz besonders ergebenen Freund: Benjamin, einen kleinen, von der Baronin aus Italien mitgebrachten schwarzlockigen Knaben, der zwar kaum ein Wort Deutsch sprach, aber das wilde Mädchen umschwärmte und sich gern vor ihr bückte, um ihr die stets offenen Schuhe zu binden. Auch der Hund, der in Charlottenburg in der Küche zu liegen pflegte, konnte sich hier austoben: Skotty, ein schottischer Windhund, der das Leben auf Gut Reggen ganz offensichtlich auch dem in Berlin vorzog. Und der Zwerg Perkeo war immer mit dabei, eine Puppe aus Stoff und Stroh, mit blauer Mütze und Holzpantinen, von der Eka sich nie trennte.

Von Reggen aus fuhren sie nach Libau, wo Elisabeth ihrer Tochter die Villa zeigte, in der »Mami mit Väterchen« gewohnt hatte. Dunkle Andeutungen über Väterchens Schicksal, den Grund für seine Abwesenheit, beunruhigten das Kind, das froh war, wenn es wieder zu seinen wilden Spielen und fröhlichen Kameraden zurückkehren konnte.

1913 endete der Sommeraufenthalt viel früher: Schon Ende Juli verließen Elisabeth und ihre Tochter Reggen. Warum, ist nicht ganz klar, vielleicht hing es mit dem Unterricht von Fräulein Dames zusammen. Auf keinen Fall konnten die beiden wissen, dass es für sie der letzte Sommer in Reggen gewesen war und sie nie mehr zurückkommen würden. Skotty durfte bleiben: Er war für die Stadtwohnung zu groß geworden. Onkel Stempel brachte die beiden im Pferdewagen zum Libauer Hafen, wo das Schiff Coronia schon wartete. Einer der mitreisenden Passagiere war der junge Kurländer Baron Edgar von Düsterlohe, den Baron Stempel kannte und den er Elisabeth vorstellte. Auf der ungewöhnlich stürmischen Überfahrt litt Erika wie die meisten unter Übelkeit; sie lag unter Deck in ihrem Bett und wunderte sich, dass ihre Mutter nicht dauernd neben ihr saß. Als sie sich auf die Suche nach ihr machte, fand sie sie in fröhlicher Plauderei mit Onkel Edgar, wie sie ihn bald nennen sollte. War sie denn gar nicht eifersüchtig? Damals vielleicht noch nicht. Es gibt keine entsprechende Szene in ihren Erinnerungen. Im Gegenteil: Der junge Baron schaffte es, Mutter und Tochter gleichermaßen zu bezaubern, so dass Erika bei der Ankündigung, er wolle ihr Vater werden, einen Freudentanz um den Esstisch herum vollführte. Vielleicht hatte das Leben auf Reggen die Beziehung zur Mutter etwas gelockert, vielleicht wollte Erika auch einfach nur einen Vater haben, wie alle anderen Kinder. Doch es gibt Andeutungen, dass sie Trennungsschmerz spürte, als sie den Platz im Doppelbett neben ihrer Mutter verlassen musste und vorsichtige Ahnung von der Intimität bekam, die nun dem fremden Mann gewährt wurde.

Der Alltag verlor seinen grauen Schleier, das Leben wurde bunter, verheißungsvoller. Gewiss fühlte sich Erika von ihrer Mutter abgesonderter, die seltsam erfühlte Gemeinsamkeit dieser beiden Erwachsenen begann sie zu erregen.

Edgar von Düsterlohe war damals noch nicht von seiner ersten Frau Elisabeth Bertha Bagge von Boo, genannt Elli, geschieden. Sie kam nach Charlottenburg mit ihrem noch nicht einjährigen Töchterchen Carola und machte ihm in aller Öffentlichkeit heftige Szenen. Elisabeth war schockiert. Sie hatte alles vorbereitet, um beide freundlich zu begrüßen. Möglicherweise hatte Edgar sie über den Zustand seiner Ehe im Unklaren gelassen. Jedenfalls war die Lage nun geklärt und die Scheidung besprochen worden. Frau und Tochter reisten wieder ab.

Edgar fuhr mit Elisabeth und Erika für drei Wochen an die Ostsee. Sie traten dort als Familie auf, und Erika lernte, »Papi« zu sagen. Im Winter darauf reisten Edgar von Düsterlohe und Elisabeth Kramer nach England, wo sie am 23. Januar in St. Mary's heirateten, einer deutsch-lutherischen Kirche im County London. Von dort aus fuhren sie weiter nach Paris auf eine kurze Hochzeitsreise.

Erika blieb mit dem Hausmädchen Erna in der Charlottenburger Gervinusstraße 6 zurück; zum ersten Mal war die Mutter abwesend. Was für eine Aufgabe für Erna! Sie muss ein
einfühlsames und liebevolles Hausmädchen gewesen sein. Und
wie lief es in dieser Zeit im Unterricht bei Fräulein Dames?
War das Kind besonders bockig, oder fügte es sich der strengen Erziehung, weil es kein Ausweichen gab?

*Erna trug, wenn sie ausging, wie Fräulein Dames einen gro-
ßen, mit Blumen und Früchten beladenen Hut. Sie ging mit Eka
in diesem »Putz« zu einem Fotografen, der von ihnen gemein-
sam ein Bild aufnahm und dabei darauf achtete, dass zwar Ekas
Hand in der Tasche des Matrosenmantels steckte, nicht aber ihr
Daumen! Eine allgemeine Pose der damaligen so genannten
»Kleinen Leute«! Diese Aufnahme wurde als Postkarte nach
London geschickt mit Wünschen zur Hochzeit.*

Eisenach – Hannoversch-Münden:
1914–1923

Bald nach der Rückkehr des frisch verheirateten Paares zog
die Familie nach Eisenach, wo Edgar von Düsterlohe sich niederlassen wollte. Dort ging Erika, die nun nicht mehr Eka gerufen wurde, in eine »richtige« Schule. Sie wohnten zunächst
in einer Pension. Erika war traurig, dass sie dieses Jahr nicht
in den Ferien auf Gut Reggen weilen würden. Aber dann trat
etwas ein, was sie tröstete und den Sommer doch noch zu einem wunderbaren Erlebnis machte:

Als am 15. Juni Papi ihr auf ihrem Heimweg von der Schule
entgegenkam und von einem Brüderchen sprach, dachte
Erika zunächst, sie werde nur wieder eine neue Puppe bekommen. Erst als Papi sie mitnahm in die Privatklinik Quisisana,
wo neben der Mutter in einem Korb ein Baby lag, das sich

bewegte und ganz anders aussah als ihre Puppen, verstand sie, dass einer ihrer innigsten Wünsche in Erfüllung gegangen war: eine lebendige Puppe, ein kleiner Bruder, der Friedrich-Karl heißen sollte. Von der Schwangerschaft ihrer Mutter hatte sie nichts gemerkt und niemand hatte mit ihr darüber gesprochen.

Die nun vierköpfige Familie mietete in der Bismarckstraße 12 ein großes holzgetäfeltes Haus mit parkähnlichem Garten. Edgars jüngere Schwestern kamen oft zu Besuch mit ihren kleinen Kindern. Der fröhliche Familiensommer, fast so schön wie die Ferien auf Gut Reggen, endete abrupt mit dem Ausbruch des Weltkrieges: Feldgraue Truppen zogen im August 1914 durch die Eisenacher Bahnhofsstraße; Elisabeth und Erika standen in der Menge und verabschiedeten die Soldaten mit Blumen.

Die fröhliche Kindheit war vorbei. Erika und ihr Brüderchen bekamen Keuchhusten. Erika gab sich die Schuld für die Erkrankung des Bruders: Sie habe das Verbot, ihm nahezukommen, missachtet und ihn so mit dem Husten, den sie zunächst nicht ernstnahm, angesteckt. Aber Erika erkrankte dann doch viel schlimmer als ihr Bruder, es wurde sogar eine Erblindung befürchtet. Lucy, ein extra zu diesem Zweck engagiertes Mädchen, reiste mit Erika nach Jena, wo Professor Stock sie wochenlang behandelte, und zwar mit einer Schwitzkur. So kurios es auch scheinen mag: Die Behandlung war erfolgreich, der Fall wurde in medizinischen Fachzeitschriften geschildert.

Ich lebte mit Lucy in einer Pension. In meinem Bett am Fußende befand sich die ganze Zeit über ein Mäusenest, das nicht entdeckt wurde! Die Erblindung machte mir nichts aus, aber die vielen Mäuse, die über meine nackten Füße liefen und – die Trennung von Mami! Die Nachricht, dass Papi als Reserveoffizier in den Krieg zog, blieb ohne Verständnis und Tragweite.

Im Dezember kam Erika nach Hause zurück und bezog ein eigenes Schlafzimmer mit Blumentapete. Außerdem gab es noch ein Spielzimmer mit einem neuen Puppenservice und kleinen Puppenspeisen.

Edgar musste Ende 1914 als Oberleutnant und Kompanieführer des Reserve-Infanterie-Regiments 71 nach Frankreich, nach Soissons in der Champagne. Die Stimmung zu Hause war gedrückt, es war nicht die Zeit für Vergnügungen, sogar Aufführungen von Weihnachtsmärchenspielen im Theater wurden abgesagt. Trotzdem hat Erika diese Zeit entsprechend der offiziellen Propaganda eher als etwas »Hohes« erlebt, dazu trugen die Kriegsbilderbücher für Kinder bei, Ausschneidebögen, Uniformen für Kinder und schulfreie Tage bei Siegesmeldungen. Und vielleicht hat sie es auch klammheimlich genossen, die Mutter wieder für sich zu haben.

Erika schrieb in diesem ersten Kriegswinter kleine Geschichten in schwarz gebundene Heftchen, die sie ihrer Mutter zum Geburtstag schenkte. Diese las die Geschichten aufmerksam und besprach sie mit ihrer Tochter. So wurde das Schreiben für sie schon früh zu einer wichtigen Ausdrucks- und Kommunikationsmöglichkeit. Aber sie saß nicht nur zu Hause über ihre Hefte gebeugt: Es gab auch Fahrten im Pferdeschlitten, während derer Elisabeth von ihrer Kindheit in Russland erzählte, und Spaziergänge in die »Drachenschlucht«. Wieder war die Mutter allein, diesmal in ständiger Sorge um den Mann, mit dem sie erst ein Jahr verheiratet war. Sie schrieb fast täglich Briefe, füllte russische oder kurländische Suppen in Dosen, die sie verlöten ließ und per Post ins Feld schickte, wo Edgar sie im Schützengraben mit den Kameraden teilte. Zwei dieser Büchsen retteten ihm zusammen mit einem Atmungsgerät das Leben, als er 1916 verschüttet wurde. Dabei war ihm ein schwerer Balken auf den Rücken gefallen – eine Verletzung, von der er sich nie wieder ganz erholte.

Nach kurzem Genesungsurlaub wurde er als Dolmetscher zum Offiziers-Gefangenenlager nach Hannoversch-Münden versetzt, und die Familie verließ im November 1916 Eisenach, um mit dem Vater zusammenleben zu können.

Erika empfand den Umzug als Schock. Sie hatte gern in der großzügigen Villa am Hainstein gewohnt, und nun zog sie mit Eltern und Bruder von einer kleinen möblierten Wohnung in die andere, keine wurde wirkliche Heimat. Hannoversch-Münden begrüßte sie mit Eis und Schnee, aber Rodeln und Schlittschuhlaufen machte Erika nicht so viel Spaß, denn sie hatte noch keine Freundinnen. Die erste, die sie fand, war die Arzttochter Irmgard Schürmann. Diese Freundschaft passte der Mutter nicht, denn Irmgard war deutlich weiter entwickelt als die noch ganz kindliche Erika. Es muss ihr Vergnügen gemacht haben, die Zehnjährige in allerlei Geheimnisse einzuweihen, ihr eine Aufklärung zu bieten, die die Mutter noch nicht für notwendig hielt. Von Irmgard erfuhr Erika, dass die Veränderungen, die sie an ihrer Mutter bemerkt hatte, auf deren erneute Schwangerschaft hindeuteten.

Nach später Schneeschmelze war der Sommer sehr heiß geworden, und Elisabeth beschloss, in das Eisenacher Haus zurückzukehren und dort ihr drittes Kind zur Welt zu bringen. Edelgard wurde am 1. Oktober 1917 geboren. Auf die Frage, woher denn dieses Kind gekommen sei, erzählte ihr die Mutter etwas von Engeln und Glockenläuten, und Erika, die es inzwischen besser wusste, fühlte sich von der Mutter verraten.

Wie konnte sie mir etwas derart Falsches vorerzählen? Viel später vertraute sie mir an, dass sie nicht gewagt habe, mich bei meiner Wesensart in diese Gebiete einzuführen.

Aber auch wenn die Eisenacher Villa komfortabler war: Der Wunsch, in der Nähe ihres Mannes zu sein, war stärker, und bald zog Elisabeth mit den Kindern wieder nach Hannoversch-Münden. Die neue Wohnung war gleich neben der Schule, so dass Erika in den Pausen nach Hause laufen und der Mami beim Wickeln des Schwesterchens zusehen konnte.

Dennoch zog Erika sich in sich selbst zurück, sie fühlte sich zurückgestoßen und einsam. Sehr viel später, im Tagebuch von 1946, in dem sie über ein Wiedersehen mit den Stätten ihrer Kindheit schrieb, erinnerte sie sich an leidvolle Szenen:

Du für immer verlorener Garten! Weiß ich doch, hier war der Blütenbaum, dort das Rondell, dort lag Edelgard im Wagen, hier saßen die Eltern und frühstückten mit einander und wollten allein sein und schickten mich fort, und ich stampfte voll Einsamkeit und Trotz! Dort war die Wiese, dort war die Schaukel? War eine Schaukel dort? Tat sie nicht schon die Einbildungskraft hinzu, schmückte aus, malte aus, schuf sich ihr Kindheitsparadies? Aber die zerspielte Mauer war da, war da, wie sie immer da war, nichts war hinzugekommen, nichts fortgeholt, nur ich selbst war nicht mehr jenes blasse, verzweifelte Mädchen, das nicht wusste, warum sie unglücklich war.

Der Steckrübenwinter, die materielle Not, die gegen Ende des Krieges auch im Hause Düsterlohe immer stärker zu spüren war, ließ sie dagegen ziemlich unberührt. Aber sie mochte das Walfischfleisch, das der Stiefvater aus dem Offizierslager, in dem er weiterhin Dolmetschdienste tat, gelegentlich mit nach Hause brachte. Nachts schrieb die nun Elfjährige Gedichte und Märchen über den Mond, über eine abgefallene Blaubeere und über das Schwesterchen. Wieder stellte sich eine schwere Krankheit ein, diesmal eine Nierenentzündung, die sich über Monate hinzog und schließlich im Kasseler Marienkrankenhaus geheilt wurde.

Dann kam es zu einer besonderen Begegnung: Am 2. Oktober 1919 lud Feldmarschall von Hindenburg ausgewählte Gäste zu seinem Geburtstag ein, den er bei der Obersten Heeresleitung in Schloss Wilhelmshöhe bei Kassel beging. Edgar von Düsterlohe war unter den Geladenen und durfte seine Frau und die beiden älteren Kinder mitbringen. Der fünfjährige Friedrich-Karl – genannt Jungi – war ausersehen, ein Hoch auf den Jubilar auszurufen, und Erika überreichte Blumen. Ihre Mutter führte ein längeres Gespräch mit Hindenburg über das Schicksal des Baltikums.

Die Erschütterungen der Nachkriegszeit, die tiefe Frustration der geschlagenen Offiziere, ja auch die materiellen Einschränkungen tangierten Erika zunächst recht wenig. Der Vater versuchte, die Schmerzen, die ihm seine Rückenverletzung machte, zu verbergen und weiterhin eine adelsgemäße Haltung vorzuleben. Für die Erziehung der Stieftochter hatte er zwei unerschütterliche Prinzipien: *»Du hast nicht in die Küche zu gehen! Und du darfst keine Zeitung lesen.«* So wurde Erika an die Lebensvorstellungen der Adligen herangeführt, die ihr später nützlich werden sollten.

Ein Dachstuhlbrand wurde zum tragikomischen Ereignis:

Es pochte und pochte derb an unserer Etagentür. Es brennt! Es brennt! Aufstehen! Heraus aus dem Haus!

Jungi war verschlafen. Klein Edelein, sofort hell wach, tanzte vergnügt in ihrem Gitterbettchen. Ich ergriff Irmi, meine große Puppe, die bisher alle Umzüge überstanden hatte. Und so eilten wir aus dem brennenden Haus, vor dem sich bereits, trotz nächtlicher Stunde, ungezählte Zuschauer versammelt hatten. »Sie trägt ihre kleine Schwester!« flüsterte es neben mir. Aber es war Irmi!

Noch jahrelang hatte Erika mit Visionen ausbrechender Flammen zu kämpfen, die ihr immer wieder Alpträume bescherten. Auch das Element Wasser hatte für sie etwas Beängstigendes: Kaum eines, in das sie nicht fiel, wenn es nur groß genug war: in die Werra, in die Ostsee, in den Teich auf Gut Reggen.

Irmgard blieb weiterhin ihre Freundin, gegen den Willen der Mutter, nicht nur, weil Irmgard weiter entwickelt war und Erika möglicherweise zu früh aus ihrer Kindheit reißen würde, nein: Irmgard hatte auch eine ältere Schwester, die mit Freunden abendliche Ausflüge machte. In Gruppen zogen sie in den Wald, singend und lachend, und gern nahmen sie die jüngeren Mädchen mit. Spätes Ausbleiben aber war der Mutter ein Graus und führte zu Bestrafungen. Die schlimmste Strafe für Erika war, wenn die Mutter nicht mehr mit ihr sprach:

Kein einziges Wort! Ich erinnere mich, dass ich vor ihr kniete und sie um ein einziges Wort anflehte. Sie blieb stumm. Meine Ungezogenheit hatte ihren Stolz verletzt. So reimte ich es mir zusammen und litt Folterqualen. Es wirft auch ein Bild auf die damaligen Erziehungsmethoden.

Sich ausdrücken, sprechen und schreiben, lesen und dichten, das gehörte schon früh zu Erikas Welt. Einer, der sie darin bestärkte, war »Großpapi« Düsterlohe, der Vater ihres Stiefvaters, der in Berlin wohnte und gelegentlich zu Besuch nach Eisenach kam. Er verstand etwas von Gedichten, schrieb selber welche, so dass sein Lob und sein Ansporn dem Mädchen viel bedeuteten.

Im Frühling 1921 zog die Familie endgültig wieder nach Eisenach. Das Offiziers-Gefangenenlager in Hannoversch-Münden war aufgelöst worden, Edgar von Düsterlohe von allen militärischen Pflichten befreit. Was zunächst als Erleichterung erschien, erwies sich bald jedoch als Problem: Es gab auch keinen Sold mehr, und der Baron hatte keinen bürgerlichen Beruf. Er versuchte es, wenig ausdauernd, mit einer Ölvertretung, danach fand sich nichts mehr für ihn, und somit hatte die Familie kein Einkommen. Die Pachtzahlungen aus Kurland waren mit Kriegsbeginn eingestellt worden.

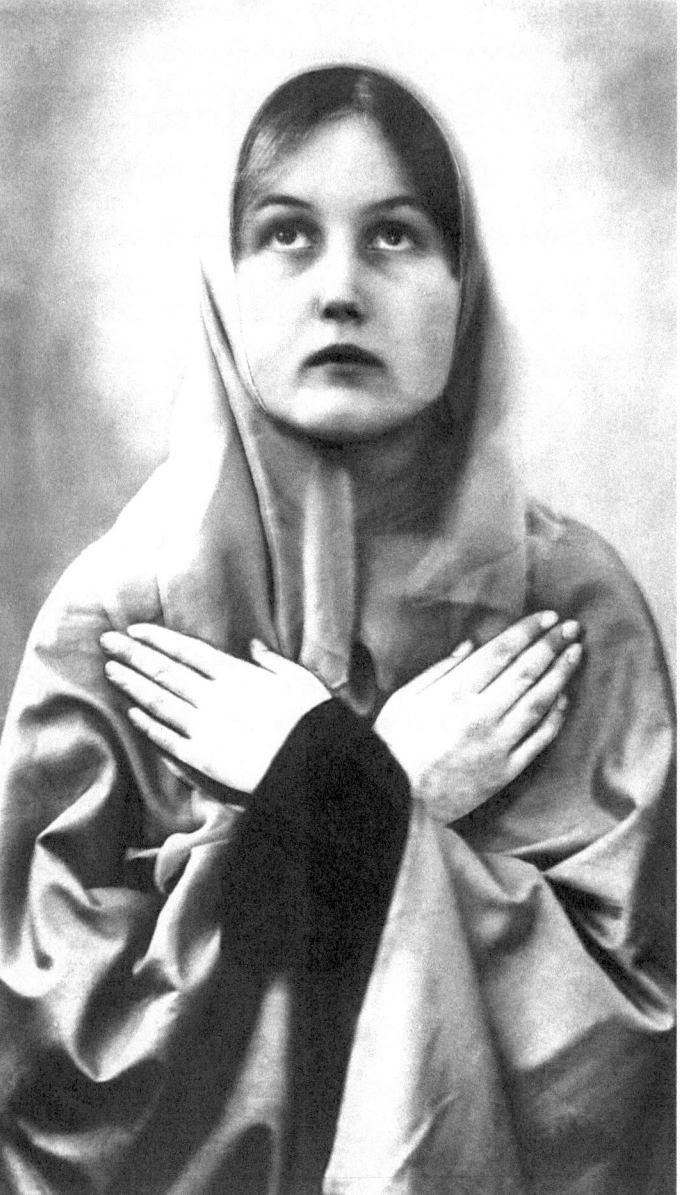

Die Kinder merkten von den finanziellen Problemen nicht viel. Erika spielte mit ihren Geschwistern Theater, auch Puppentheater mit den vielen Puppen, für die sie auch jede Weihnachten kostbare Kleider geschenkt bekam; die Gießener Stiefgroßmutter nähte Trachten und Elfengewänder, Brautkleider und Soldatenuniformen. Das war Wilhelmine Kramer, genannt Mimi, die Erichs Vater noch zu Lebzeiten seines Sohnes geheiratet hatte. Sie liebte die Enkelin ihres Mannes zärtlich und Erika fuhr gern zu den freundlichen Großeltern, die in einer schönen Wohnung am Gießener Ludwigsplatz lebten. Es gibt ein Tagebuch in makelloser Sütterlinschrift, das sie als Zehnjährige bei einem solchen Besuch schrieb, und einen Brief aus Gießen vom April 1918, in dem sie ihrem *lieben guten Mammichen* von der Trauer um den gefallenen Kurt berichtet. Kurt war der Sohn von Wilhelmine und Carl Kramer, also ein Halbbruder von Erikas verstorbenem Vater Erich.

Die Konfirmation zu Ostern 1922 empfand Erika als Zwang. Sie war erleichtert, als die Eltern sie danach nicht mehr mit kirchlichen Dingen behelligten. Die Schule wurde wichtiger: Das letzte Schuljahr am Eisenacher Lyzeum hatte begonnen.

Gleichzeitig bröckelte die materielle Basis der Familie. Nach dem Mord an Walther Rathenau im Juni 1922 hatte sich die Inflation beschleunigt, und das Wenige, was noch an Geldvermögen da gewesen war, schmolz rapide dahin.

Man musste Bäcker suchen, die Brötchen auf Kredit hergaben, das Hausmädchen konnte nicht mehr bezahlt werden, womit das väterliche Küchenverbot für Erika aufgehoben wurde; es kamen Fremde ins Haus, die Ölbilder und Gobelins kauften, Bärenfelle und die wunderschöne Malachitschale aus Russland, sowie den mit Bronze verarbeiteten Malachittisch. Man trennte sich von Porzellan, Silber, kostbaren Möbeln und russischen Samowaren.

Wie hasste ich die Damen mit Federhüten, die sich so »hau-
tain« gaben, und die mürrischen Herren, die ständig die Preise
drückten. Elisabeth tat dies alles erstaunlich sachlich und kühl.
Für mich dagegen war die Trennung, besonders von den Bären-
fellen, ein herzzerreißender Schmerz! Hiermit wurde bei mir
ein Strich gezogen für Gefühl an Besitz. Viel später war ich
dankbar dafür.

Aber es gab auch hilfsbereite Freunde. Das waren Verwandte,
Edgars Kriegskameraden, aber auch Elisabeths Freundin Else
Compes aus Düsseldorf. Immer mal wieder kam jemand mit
Kartoffeln, sogar Wild und Geflügel vorbei; ein Eisenacher
Kreis schickte wöchentlich einen Korb mit Grundnahrungs-
mitteln, es gab Einladungen zum Essen. Elisabeth verdiente
Geld durch das Ausliefern von Kaffee, Tee und Kakao der
Bremer Firma Addicks, ihr Sohn Fritz-Karl half, wann immer
die Schule ihm Zeit dafür ließ. Edgar verschickte russische Zigaretten mit Hohlmundstück, die er selbst stopfte. Allerdings
war er als Kettenraucher sein bester Kunde. Zugleich war er
erstaunlich frei von Vorurteilen, die seinen adligen Stand be-
trafen. Es machte ihm nichts aus, für seine Familie nach finanziellen Einkommensmöglichkeiten zu suchen, die sich für einen Baron eigentlich nicht schickten. Der Adel und alle seine
Privilegien waren zwar 1918 abgeschafft worden, aber es gab
immer noch ein soziales Klassenbewusstsein, über das sich
Edgar von Düsterlohe mit der Gründung eines Ladens hin-
wegsetzte. Darin lagerte er Wodka und »Wolgaliköre« einer
baltischen Firma, für die er schon vor einiger Zeit die Vertre-
tung übernommen hatte, und lud Bekannte zur Verkostung
ein. Die kamen gern, probierten reichlich und erfreuten sich
an fröhlichen Plaudereien. Aber es kaufte kaum jemand etwas;
das Geld war überall knapp. Das Sortiment wurde um Butter,
dann Tilsiter Käse und schließlich Schokolade erweitert, vor
allem Pralinen, von denen auch Erika gelegentlich naschte.

Sie empfand das als gerechte Bezahlung für ihre Mitarbeit im Laden, die vor allem darin bestand, die riesigen Käseräder in handliche Portionen zu schneiden, abzuwiegen und zu verpacken. Als Edgar in seinem Laden Schulbedarfsartikel anbot, wie Hefte, Bleistifte und Radiergummi, musste Erika morgens in aller Frühe im Laden stehen und darauf hoffen, dass der eine oder andere Schüler noch etwas davon brauchte. Wenn sie wieder einmal bei den Eltern in Eisenach wohnte, zählte man auf ihre Mitarbeit. Eigentlich hatte sie ja nach dem Schulabschluss 1923 das Elternhaus verlassen.

Gießen – Eisenach – Ostpreußen: 1923–1926

Das Abschlusszeugnis des Eisenacher Lyzeums entsprach dem heutigen Realschulabschluss, berechtigte also nicht zum Studium. Um das Abitur zu erwerben, hätte Erika noch das Jungengymnasium besuchen müssen, das hätte Geld gekostet, ein Studium noch viel mehr. Ihr Wunsch, Germanistik zu studieren, konnte nicht erfüllt werden. Was konnte man ihr bieten? Die Lösung kam von den immer praktisch denkenden Großeltern Kramer, die ihr vorschlugen, die Gießener Handelsschule zu besuchen. Wohnen konnte sie bei ihnen. Dieses Angebot nahm Erika gerne an. Von 1923 bis 1925 absolvierte sie eine Ausbildung zur Fremdsprachensekretärin für Russisch und Französisch. Die Hoffnung, in Gießen eine passende berufliche Tätigkeit zu finden, erfüllte sich nicht, und so kehrte sie nach Eisenach zurück, wo ihre Familie immer noch sehr kärglich von den Verkäufen in »Papis Laden« lebte. Aber ihre Mutter verstand es immer wieder, auch in Zeiten größter materieller Not die Ihren mit Liebe und Verstand zusammenzuhalten. Ihre Empathie war bekannt, so dass viele, oft junge

Menschen sie aufsuchten und in Notlagen um Rat baten. Erika kämpfte dann mit der Eifersucht, erkannte aber doch, wie sehr auch ihr selbst die Gesprächsbereitschaft und -fähigkeit ihrer Mutter nützten. Es wundert auch nicht, dass Elisabeth in diesen Zeiten besonders empfänglich für religiöse Anregungen war. 1925 kam es zu einer spirituellen Entdeckung, die Elisabeths Leben veränderte und auch auf Erika tiefen Einfluss hatte: In Eisenach hörten Mutter und Tochter einen Vortrag über Anthroposophie, liehen sich Bücher zum Thema aus und gingen dann zu einer Weihehandlung der Christengemeinschaft. Diese heute in der ganzen Welt verbreitete Religionsgemeinschaft war 1922 in der Schweiz gegründet worden, und zwar von dem Berliner Pastor Friedrich Rittelmayer mit Unterstützung von Rudolf Steiner. 1925, als Elisabeth die Bewegung für sich entdeckte, war Rittelmayer gerade ihr »Erzoberlenker« geworden. Elisabeth engagierte sich intensiv in dieser Gemeinschaft, befasste sich mit Texten von Rudolf Steiner und befolgte von ihm festgelegte spirituelle Übungen. Ihre Tochter begleitete sie hin und wieder, konnte sich aber nicht so ganz darauf einlassen. Erika fühlte sich zwar ihr ganzes Leben lang dem anthroposophischen Denken nahe, vor allem gefiel ihr die Bedeutung, die der Natur darin zukommt, aber sie lehnte jede Art von Gemeindeleben ab, das wiederum für Elisabeth sehr wichtig war.

Mutter und Tochter waren sich beide nach Erikas Rückkehr aus Gießen sehr nahe. Elisabeth hatte mit ihrem gebrechlichen Mann, den zwei jüngeren Kindern und einem Haushalt, in dem es an allem fehlte, tagein tagaus zu tun. Aber Erika blieb ihr Herzenskind, dem sie sich jahrelang ausschließlich gewidmet hatte. Wie sie schon dem Kleinkind Papier zum Bekritzeln gegeben und die ersten Sprachkünste ernst genommen hatte, so unterstützte sie Erika auch bei ihren literarischen Interessen. Vor allem die russische Geisteswelt zog sie an, auch das brachte

Mutter und Tochter zusammen. Edgar mochte es gar nicht, wenn die beiden einander russische Koseworte zuflüsterten und über Dostojewskij und Puschkin diskutierten. Obwohl – oder vielleicht sogar weil – der Baron selbst etliche russische Wesenszüge hatte, wie alle in der Familie behaupteten, und die russische Staatsbürgerschaft besaß, wütete er häufig gegen alles Russische und vertrieb damit Mutter und Tochter aus dem Zimmer. Elisabeths Eintreten in die Christengemeinschaft tolerierte er, ohne wirkliches Verständnis dafür aufzubringen.

Auch mit den Interessen seines Sohnes hatte Edgar von Düsterlohe Probleme. Fritz-Karl hatte sich der bündischen Jugendbewegung angeschlossen. Deren Bundesführer war seit 1921 Admiral Adolf von Trotha, den der Baron als Erzieher – vor allem zu körperlicher Ertüchtigung – respektierte, dessen ganzheitliches Menschenbild ihm aber fern lag. Elisabeth hingegen begleitete ihren Sohn auf diesem Weg, der aus den Idealen der Wandervogelbewegung gekommen war und damit Berührungspunkte mit ihrem eigenen Weltbild hatte.

Auch wenn die Mutter sich freute, dass Erika wieder zu Hause lebte, so war doch klar, dass ihre Mithilfe im Laden keine Berufstätigkeit war, die sie hätte weiterbringen können. Und Geld verdiente sie damit auch nicht. Die Familie entschied, Erika für ein Jahr nach Ostpreußen zu schicken, zu ihrer Patentante Edith von Sperber, einer Freundin von Elisabeth aus dem Pensionat in Montreux. Seit ihr Mann im Krieg gefallen war, führte sie allein das Gut Sommerau, zwischen Tilsit und Insterburg gelegen, und war für jede Hilfe dankbar. Sie hatte drei Kinder. Erika freundete sich mit der ältesten Tochter Renate an; beide waren auf langen Streifzügen in die Umgebung unterwegs. Das Reiten lag ihr nicht so: Sie fiel immer wieder vom Pferd, während Renate eine gute Reiterin war. Es gab Wagenfahrten zu Freunden und Verwandten,

Bälle bei den Reiterregimentern in Tilsit und Insterburg oder Gesellschaften auf den umliegenden Gütern.

Aber es gab auch viel zu tun. Hier lernte Erika, dass man morgens keine Romane las. Morgens waren »Pflichten zu erfüllen«. Den Dostojewskij konnte sie dann abends herausholen. Die Vorstellung, dass man vormittags höchstens etwas liest, das mit der Arbeit zu tun hat, blieb Erika ihr Leben lang erhalten. Abends am Kamin las Tante Edith dann oft selbst vor, etwa den »Kaspar Hauser« von Wassermann. Auch Manieren wurden geübt. »Wer kann Tee trinken ohne Schlucklaute?« fragte sie in die Runde. Das war gar nicht so einfach. Niemand konnte es leise genug, elegant genug, und alle amüsierten sich darüber.

Die ganze Familie Düsterlohe kam zu Besuch. Fritz-Karl spielte mit Tante Ediths vierzehnjährigem Sohn Wendelin. Beide machten auch manchen Unfug: So warfen sie ein brennendes Streichholz in einen mit Stroh voll bepackten Wagen. Als Tante Edith sich schon Sorgen um ihren Sohn machte, zeigte der sich von einer ganz anderen Seite: Er rettete Edelgard, die bei einem Badeausflug fast in der Memel ertrunken wäre.

Die Eltern reisten mit dem Sohn wieder nach Hause, aber Edelgard blieb den Winter über da, und Erika unterrichtete ihre zehn Jahre jüngere Schwester. Sie seien *ein Herz und eine Seele* gewesen, schrieb sie später. Ihr Leben auf Sommerau schilderte Erika in einem zwanzigseitigen Text mit dem Titel »Tante Edith«. Darin beschreibt sie, was für eine moderne, anpackende Frau Edith von Sperber war. Sie installierte eine Windturbine, die das Haus mit Strom versorgte, schaffte moderne landwirtschaftliche Maschinen an und besaß sogar ein Auto, während die Nachbarn noch mit Pferdegespannen fuhren. Doch Erika erkannte auch, wie einsam die noch junge Tante Edith war.

»Ist es schwer für dich Sommerau zu führen?«, fragte sie sie eines Nachmittags. »Ich war ein Stadtmensch«, antwortete ihr Tante Edith, »aber ich hatte die Pflicht, das zu ergreifen, was mir entgegenkam. Ich kann nicht! Diesen Satz gibt es nicht.«

Erika fand auf Sommerau, was sie mit Reggen verloren hatte. Aber auch Sommerau fiel dem Krieg zum Opfer.

KAPITEL 3

Mit Herbert nach West und Ost

Überall war und ist er der Erdenbürger, kennt die Grundrisse
der Städte, die Architektur ihrer Häuser, den Tonfall der Spra-
chen. Verirrt sich nicht in Bergen, Wäldern, Wüsten. Hebt die
Gewebe. Zieht die Fäden. Hat Langmut genug. Ohne Dich
hätte ich nichts erreicht.

Berlin – Frankfurt:
1927–1930

Im Januar 1927 trat Erika dann endlich eine reguläre Arbeit in
Berlin an: als Sekretärin von Hans Hackmack, der als techni-
scher Direktor der Lufthansa Verkehrsflugzeuge entwickelte
und erprobte. Er hatte sich durch seine fliegerischen Erfolge
höchste Anerkennung erworben und war sogar von Reichs-
präsident Ebert empfangen worden. Zeitweise hatte er als
Ingenieur im Moskauer Zweigwerk der Firma Junkers gearbeitet. 1924 kehrte er mit seiner russischen Frau nach Deutschland zurück, wo er einen Posten im Reichswehrministerium
innehatte, bis er 1926 zur Lufthansa ging. Für Erika war die
Arbeit in seinem Büro sehr spannend, und mit Frau Hackmack konnte sie Russisch sprechen.

Während dieser Zeit lernte sie Herbert de Bary kennen. Sie
begegneten sich bei Berliner Freunden, einem Ehepaar mit
zwei kleinen Kindern. Das waren fröhliche Menschen, gesel-

lig und unternehmungslustig, man nahm die Gäste gern auf eine Landpartie mit. Zurück ging es in getrennten Autos: Erika ließ sich von dem eleganten jungen Mann im Taxi begleiten. Die Freunde waren noch nicht eingetroffen, also mussten sie vor der Wohnungstür warten. Und da umarmte er sie spontan, sie wich zurück. Eine wohlerzogene junge Dame lässt sich nicht beim ersten Treffen küssen, das verstand er. Sie war noch nicht richtig wieder zu Hause, da klingelte schon das Telefon. Wiedersehen wollte er sie. Er schlug ein Café vor, in dem sich auch wohlerzogene junge Damen aufhalten konnten: »Zum Grünen Papagei«. Nein, sagte sie, das komme gar nicht in Frage, und außerdem sei sie leidend. Aber sie ging doch hin, angeblich wegen einer anderen Verabredung. Und sie trafen sich genau in der Drehtür. »Sie sagten mir, Sie seien krank?« – »Schon vorüber!« Und dann saßen sie zusammen im Café, erzählten von sich, vorsichtig abtastend, was dem anderen preisgegeben werden könnte. Arm sei er, bettelarm, behauptete er, als er sie dann zu Fuß durch die bittere Kälte nach Hause zum Fehrbelliner Platz begleitete, wo sie eine Wohnung mit ihrer Freundin Karin teilte. Beim Abschied – durfte er sie da küssen? – verabredeten sie sich zu einem Ausflug zum Wannsee. Er schickte eine große runde Schachtel voll feinsten Konfekts, das Karin aufaß, während Erika und Herbert sich auf dem vereisten Wannsee eine Banane teilten. Sie waren verliebt, und nach und nach gab der junge Mann das Schwindeln auf, mit dem er sie hatte auf die Probe stellen wollen, und enthüllte seine wirklichen Verhältnisse.

Er war zwei Jahre älter als Erika und stammte aus einer Frankfurter Hugenottenfamilie. Sein Großvater Samuel Heinrich de Bary (1848–1927) war Privatbankier am Bankhaus Heinrich Gontard & Co, das durch die Heirat seines Vaters mit Cécile Amalie Gontard, einer Enkelin von Hölderlins »Diotima«, in die Familie gekommen war. Zu diesem Erbe

gehörte auch das Anwesen am Untermainkai 48, in dem er und sein Vater aufgewachsen waren. Das war ein Palais, in dem ein adliger Lebensstil gepflegt wurde. Im ausgedehnten Park standen ein Häuschen für die unverheirateten Tanten und Unterkünfte für das Personal. Es gab Teenachmittage in der Woche, feine Sonntagsessen mit französischer Küche, groß gefeierte Familientreffen. Die Kinder und Enkel lernten von klein auf gutes Benehmen und nahmen dieses Umfeld als selbstverständlich hin. Allerdings gehörte zur Erziehung auch eine – später sehr nützliche – Einübung in materielle Bescheidenheit: Nachmittags gab es eine Scheibe Brot, wahlweise mit Butter oder Marmelade.

Als die Bank durch die Inflation in finanzielle Schwierigkeiten geriet, musste das Anwesen verkauft werden. Der Chemiekonzern I. G. Farben erwarb es im März 1927, aber die Familie durfte dort bis 1928 wohnen bleiben. Heute befindet sich im ehemaligen de Bary-Park das Hotel Intercontinental. Eine gründliche fotografische Dokumentation der alten Pracht wurde das letzte Geburtstagsgeschenk für den Familienpatriarchen, der den Umzug in das neue Haus nicht mehr erlebte.

Den Bau hatte er noch überwacht: eine moderne dreistöckige Villa in der Cretzschmarstraße 14 in Frankfurt-Ginnheim mit einem zwar nicht mehr ganz so riesigen aber doch wunderschönen Garten, in den die Rosen umgepflanzt wurden.

Man hätte die Beziehung von Herbert de Bary und Erika Kramer also eine unpassende Partie nennen können, aber Erika trat unter dem Namen ihres Stiefvaters auf; die von Düsterlohes waren alter baltischer Adel und konnten es gesellschaftlich durchaus mit den de Barys aufnehmen. Und Geld interessierte die jungen Leute sowieso nicht – jedenfalls nicht in der ersten Zeit ihrer Verliebtheit. Dann ließ sich der materielle Kontrast zwischen der Frankfurter Bankiersfamilie und dem verarmten Baron nicht mehr übersehen. Während bei Familie de Bary in Frankfurt bürgerlicher Wohlstand herrschte, wurde das Leben von Erikas Eltern immer schwieriger. Der kalte Winter vertrieb die Düsterlohes aus der unbeheizbaren Wohnung; Freunde nahmen sie auf. Edgars Gesundheitszustand verschlechterte sich; seine Frau arbeitete von früh bis spät im Haushalt und lieferte weiter Kaffee, Tee und Kakao aus, um ein bisschen Geld ins Haus zu bringen. Die zarte Frau schleppte sich treppauf treppab, hatte keine ruhige Minute für sich. Aber nie hörte man sie klagen: Sie war ihrer Familie zugewandt, immer gesprächsbereit, allen Veränderungen gegenüber aufgeschlossen. Ihre Verbundenheit mit der Christengemeinschaft, esoterische Übungen und eine tiefe durchgeistigte Naturliebe halfen ihr, den mühsamen Alltag zu stemmen. Das imponierte auch der Tochter, die zwar keine materiellen Ansprüche hatte, aber doch gelegentlich, vor allem in jüngerem Alter, mit löchrigen Strümpfen und abgetragener Kleidung haderte. Harmonie und Humor am nachmittäglichen Teetisch, eine als russisch empfundene Lockerheit und vor allem die tiefe elterliche und geschwisterliche Zuneigung machten da vieles wett.

Am 26. Februar 1928 stürzte Hans Hackmack beim Probe-
flug der »M 20« ab. Das bedeutete für Erika das Ende einer
Beschäftigung, die ihr gefallen hatte. Sie verließ endgültig
Berlin und kehrte nach Eisenach zurück, und zwar als – vor-
erst heimlich – Verlobte. Eine Anstellung bekam sie bei Pfarrer Kost von der Inneren Mission. Das war für sie nicht einfach, denn der Grundgedanke dieser Bewegung, nämlich die
Erklärung sozialen Elends durch die »Entchristlichung« der
Gesellschaft, lag ihr völlig fern. Andererseits konnte sie ihre
in Berlin erprobten Fähigkeiten anwenden und avancierte
bald zur Chefsekretärin, die anderen Mitarbeiterinnen Weisung erteilte und recht frei über ihre Arbeitszeit verfügte.
Freiheit in der Gestaltung ihres Tagesablaufes, das war für sie
immer besonders wichtig, da sie viele andere Interessen verfolgte. In dieser Zeit schrieb sie bereits kleine Besprechungen
kultureller Ereignisse für die Eisenacher und andere regionale
Zeitungen. Wir können sie uns als eine sprachgewandte und
kreative junge Frau vorstellen, der Besitz und materielle
Werte wenig bedeuteten, die eher auf der Suche nach einer
geistigen Heimat war und sich für Literatur und fremde Kul-
turen begeisterte. Emotionen und Ereignisse in Worte fassen,
das war ihr von frühen Jahren an vertraut, formte sie doch
schon Sprache zu Dichtung, ehe sie lesen und schreiben
konnte.

Sie fuhr häufig nach Berlin, um Herbert zu besuchen, und
er unterbrach seine Reise nach Frankfurt am Eisenacher Bahnhof.

Der Winter 1928/29 war ein außergewöhnlich frostiger
schneereicher Winter. Ich entsinne mich daran besonders gut,
weil Herbert zum Weihnachtsfest von Berlin nach Frankfurt
fuhr, und ich ihn auf der Durchreise auf dem Eisenacher Bahn-
steig für ein zehnminütiges Wiedersehen erwartete. Der Zug
hatte beträchtliche Verspätung, ich fror jämmerlich trotz der

*verschiedenen, in Glut gehaltenen Kohlefeuer. Herbert war
jung, strahlend erzählte er von dem neu erbauten Elternhaus.
Ich trug Mamis alte russische Filzstiefel.*

Dass der Verlobte aus guten Verhältnissen kam, war ihr zunächst unwichtig, dann wird sie es wohl gern hingenommen
haben, enthob es sie doch materieller Sorgen, die ihre Eltern
quälten. Sicher sah sie das Eisenacher Heim inzwischen auch
mit anderen Augen. Sie wohnten in der Bismarckstraße, in einer kleinen Wohnung, in der Vater und Sohn sich ein Schlafzimmer teilen, Mutter und die zwei Töchter ein anderes. Das
Wohnzimmer wurde »Jagdzimmer« genannt, denn dort prangte
das Geweih eines kurländischen Elches, den Edgars Vater ge-
schossen hatte. Und auf Erikas Sekretär stand ein großes Foto
von Herbert, angeschwärmt von Edelgard, der pubertieren-
den kleinen Schwester. Inzwischen hatten beide ihre Eltern
über ihre Liebe und den Wunsch, einander zu heiraten, infor-
miert.

Als Erika klar wurde, dass ihr Zukünftiger ihre Eltern in
einem Raum wie dem »Jagdzimmer« kennenlernen sollte,
versank sie vor Scham im Boden. Wie immer fand Elisabeth
eine Lösung: Die Hausbesitzer stellten für das erste Treffen
ihr »Empfangszimmer« zur Verfügung, danach begab man
sich ins »Jagdzimmer«, das Herbert erfreulicherweise gemüt-
lich fand. Sein Frankfurter Tonfall löste bei Fritz-Karl Be-
fremden aus, aber sonst wurde er durchaus als charmant wahrgenommen.

Als nächstes stand Erikas Gegenbesuch in Frankfurt an.
Heinrich und Fanny de Bary luden die Verlobte ihres einzigen Sohnes zu einem mehrtägigen Aufenthalt ein.

*Mir wurde von meinen Eltern eine peinliche Aufgabe zu-
getragen. Ich sollte bei meinem ersten Besuch in Frankfurt bei
Herberts Vater einen russischen Schmuck meiner Mutter ver-*

kaufen: Brosche und Armband mit Amethysten. Elisabeth
wusste, wie schwer mir dies fiel und hatte Tränen in den Augen,
als sie ihn mir gab: »Dies sollte eigentlich zur Hochzeit für dich
sein, wie es für mich gewesen war, als ich Väterchen in Libau
heiratete«. Der Schmuck lag wie ein Alp auf meiner Seele.
Nach einer Woche bat ich Heinrich de Bary, mich zu einem
Juwelier zu führen. Er aber nahm mir den Schmuck ab, fand
ihn schön, ließ ihn schätzen und gab mir die Summe für Mami
und Papi in die Hand. Als ich dann verheiratet war, lag der-
selbe auf meinem Gabentisch unter dem Frankfurter Weih-
nachtsbaum!

Heinrich und Fanny de Bary waren mit der Wahl ihres Sohnes
einverstanden. Sie mochten die junge Frau, die einen welt-
gewandten Eindruck machte, offen und herzlich auftrat. Geld
brauchte sie nicht mitzubringen, das hatten sie selbst und sie
gingen großzügig damit um. Herberts Eltern unterstützten
Fritz-Karl mit Schulgeld und ließen Kohlen nach Eisenach
liefern, ohne sich als Absender zu nennen. Ein Gegenbesuch
in Eisenach führte dazu, dass sie die Kaution für eine größere
und angenehmere Wohnung gleich neben der früheren über-
nahmen und so den zukünftigen Schwiegereltern ihres Sohnes ein deutlich besseres Leben ermöglichten.

Die Familien waren sich einig, die jungen Leute glücklich.
Aber Herberts Berufslaufbahn steckte noch in den Anfängen.
Eigentlich hatte er Architekt werden wollen, aber das passte
dem Vater nicht. Sein Sohn sollte, der Familientradition ge-
mäß, ins Bankgewerbe gehen, Erfahrungen sammeln und Kontakte knüpfen. Dazu wurde er im Anschluss an die Ausbildung
in Berlin nach Barcelona geschickt.

Erika und Herbert schrieben einander Briefe. Er berichtete
knapp und sachlich, sie legte ihm ihr ganzes Leben zu Füßen,
ihre Naturbegeisterung, Einzelheiten aus dem Leben im Büro,

Träume und Begegnungen. Nachdem sie im Juni 1929 mit ihrer Mutter an der Beerdigung eines Schauspielers nach anthroposophischem Ritus teilgenommen hatte, teilte sie dem fernen Liebsten mit:

Ich befürchte, dass das, was manche als rein geistig bezeichnen, nur verstandesmäßiges ist. Die Seele ist für mich das reinste Gefäß für geistiges Geschehen. Wo sie nicht erfasst ist, besteht ein Mangel, wo sie nicht schwingt, ist die Verbindung zwischen Mikrokosmos und Makrokosmos nicht geschlossen.

Sie holte graphologische Gutachten ein, um ihre Beziehung auf ein als wissenschaftlich geltendes sicheres Fundament zu setzen, was gar nicht nötig war, denn kein Zweifel klingt in den Briefen an: Er war der Mann, mit dem sie ihr Leben teilen wollte und dem sie sich ganz offenbarte, denn er sollte auch von Anfang an über ihre Interessen Bescheid wissen.

Sie wusste, dass Herbert eigentlich gar keine Neigung für das Bankgeschäft hatte. Er ließ wohl seine Zweifel auch in dem Brief anklingen, auf den Erika am 20. 6. 29 antwortete:

Sicher schläfst Du schon, Herbertlein, es ist halb drei Uhr nachts …

Was war es denn, mein Liebling, was dir beruflich so Sorgen macht? Du schreibst mir gar nicht, ob das Arbeiten in Barcelona erträglich ist oder ob Du in irgendeiner Weise darunter leidest. Ich fragte schon so oft danach, oder dachte ich es nur? Es ist nämlich im Grunde genommen nicht der richtige Beruf für Dich, aber jede Tätigkeit ist schwer und bringt im Alltag Monotones mit sich. Oder meintest Du nur die pekuniäre Seite? Du weißt ja, mein Liebling, dass ich mit sehr, sehr wenigem auskommen kann.

Der Sommer 1929 war eine schwierige Zeit für Erika. Sie hatte sich gebunden, konnte aber für die nächste Zeit kein Leben mit dem Liebsten planen. Gern wäre sie wieder nach Berlin zurückgekehrt, aber sie mochte die Eltern nicht allein lassen. Ihre ungeliebte Anstellung in Eisenach half der Familie finanziell. Bis Weihnachten werde sie vielleicht noch durchhalten, schrieb sie Herbert, dann aber müsse sie sich neu orientieren. Es ist von Möglichkeiten in der Münchner Kulturszene die Rede, die sie auch auf einer Reise eruierte, aber sie fand nicht das, was sie suchte. So steigerte sie sich in die Korrespondenz hinein, in so umfangreiche und häufige Briefe, dass man sich fragen mag, ob der Verlobte Zeit hatte, das alles so genau zu lesen. Hin und wieder schrieb Edelgard ein paar Zeilen dazu, manchmal sogar einen ganzen Brief. Sie stehe als Ehefrau zur Verfügung, falls ihre große Schwester vorzeitig sterben sollte, vertraute sie Herbert an.

Diese aber spielte in ihren Briefen die Möglichkeiten eines gemeinsamen Lebens durch, erwog sogar, zu ihm nach Barcelona zu ziehen, falls er sich dort für längere Zeit niederlassen wolle. Es sei doch schöner, schrieb sie, zunächst ganz für sich zu leben, und erst später in die bereit gestellte Wohnung im Haus seiner Eltern zu ziehen. Vielleicht gerade weil Herberts Eltern ihr so zugetan waren, fürchtete sie eine allzu starke »Beanspruchung« von deren Seite und unterstellte Herbert, dass er das doch sicher auch so sehe.

Vielleicht spürten Herberts Eltern, dass ihnen die jungen Leute möglicherweise entgleiten würden, und als Herbert eine gemeinsame Spanienreise vorschlug, luden sie Erika dazu ein. Schon im Sommer 1929 stand der Vorschlag im Raum und traf Erika ins Mark. Ins Ausland reisen, mit dem Liebsten, das war eine überwältigende Aussicht. Wollte er sie mit den Reiseplänen trösten, da er doch noch viele Monate fern seit würde? Erika schrieb dazu – wieder einmal mit der von der Mutter übernommenen russischen Anrede für »Liebling«:

Duschenka,

den Satz betreffend einer eventuell gemeinsamen Reise im nächsten Frühjahr bin ich leider nicht in der Lage, in nähere Erwägung zu ziehen. Es überfällt mich dabei ein Taumel, ein Gefühl gänzlicher Besinnungslosigkeit genauso wie bei dem Gedanken eines späteren ständigen Zusammenseins mit Dir. Das ist ein Zustand der Schwäche gegenüber einem großen Glück, das man noch nicht fähig ist zu tragen. ...

Das Gefühl des sich immer näher Kommens muss immer wirken, muss immer zwischen uns bleiben, es ist der Zeiger unserer Liebe, die nicht still stehen darf. Auch sie weist auf Bewegung und Vollendung. Ich hätte kaum geglaubt, dass unsere Trennung so viel Schönheiten trotz allem zeigen würde, so viele Stunden, in denen der Raum überspannt und besiegt ist von der Kraft unserer seelischen Nähe.

Erika konnte die Reise noch nicht »in nähere Erwägung ziehen«, sie ging auch in ihren nächsten Briefen nicht darauf ein, aber der Vorschlag muss heftig in ihr gearbeitet haben.

Mehrmals besuchte sie Herberts Eltern und berichtete ihm davon. Sie wohnte dann in seinem Zimmer, schlief in seinem Bett. Manch einer der langen Briefe wurde unterbrochen, weil zum Tee gerufen wurde. Gäste gingen aus und ein, der jungen Frau wurden schon die späteren gesellschaftlichen Pflichten vorgeführt. Diese würden ihr bestimmt nicht schwer fallen, denn auch ihre Mutter pflegte seit ihrer eigenen Jugend die Teenachmittage mit schön gedecktem Tisch und anspruchsvollen Gesprächen.

In Frankfurt erlebte sie auch schon die nächtliche Störung durch den Luftverkehr. Eines Nachts um vier Uhr wurde sie durch großen Lärm geweckt: »Der Zeppelin, der Zeppelin!« rief es von allen Seiten, und sie hatte Gelegenheit, das 236 Meter lange Luftschiff »unter einem prachtvollen Sternenhimmel« dahinfliegen zu sehen. War es das Exemplar, das in jenem Jahr die Erde umrundete?

Erika fühlte sich in Frankfurt bald wie in einer zweiten Familie. Sie unternahm Ausflüge mit Herberts Vater, wie jene Radtour in den Stadtwald, auf der sie anhaltender Regen überraschte und sie völlig durchnässt nach Hause kamen. Sie ging seiner Mutter zur Hand, plauderte mit seiner Großmutter, die ihr eine Brosche und Spitzentaschentücher schenkte. Von einem Zusammenleben mit Herbert in Barcelona war nicht mehr die Rede. Sie schrieb ihm aus Eisenach nach der Rückkehr von einem Besuch in Frankfurt:

Deine lieben Eltern haben mich so verwöhnt, dass ich fast verschämt bin. Hoffentlich habe ich ihnen auch etwas Freude gemacht. Ich liebe sie sehr.

Und vor dem nächsten Besuch: *Ich freue mich wirklich unendlich auf Frankfurt.*

Erika berichtete Herbert vom Tod seiner Großmutter im September 1929 mit so tiefer Trauer, dass man spürt, sie fühlte sich der Familie zugehörig. Wie lange es auch noch dauern würde, sie waren sich einig, dass ein gemeinsames Leben nur in der Frankfurter Cretzschmarstraße begonnen werden konnte. Brieflich stellte Erika klar, dass sie dazu bereit war, aber auf keinen Fall nur Hausfrau sein würde. Vielleicht könnte sie ja sogar mit ihrer Leidenschaft für das Schreiben zum Haushaltseinkommen beitragen, falls Herbert auf einen weniger einträglichen Beruf umschwenkte. Es war nämlich immer öfter die Rede davon, dass Herbert sich im Bankgeschäft nicht richtig am Platz fühlte. Jedenfalls zeigte Erika in der Planung des Ehelebens in einem Brief vom 30. Oktober 1929 auch praktische Seiten:

Nun zu Deinem Brief. Für Kleidung etc. verbrauche ich jetzt von meinem Gehalt monatlich ungefähr 50 Mark. Dafür kann man sich so gerade auf dem Laufenden halten. Das erscheint mir selbst sehr hoch, aber beim Nachrechnen ergab sich eigentlich nur das Notwendigste. Das heißt, natürlich ist in schweren Zeiten das Notwendigste nicht notwendig. So habe ich in Berlin zum Beispiel höchstens 5 Mark verbraucht. Wenn es Dir zu viel erscheint, musst Du es eben beschneiden. Mich würde das nicht weiter aufregen oder mir unmöglich erscheinen. Dienstmädchen brauchen wir jetzt jedenfalls vorläufig nicht, für unabsehbare Zeiten kann man das natürlich nicht voraus bestimmen. Eine Aufwartung für wenige Stunden zweimal in der Woche genügt. Wäsche und so weiter soll mir abgenommen werden, sagte Deine Mutter. Dieser Punkt würde also wenig Unkosten bringen. Auf meine Einnahmen darfst Du nicht rechnen. Ich würde sie an Deiner Stelle bei Deiner Kalkulation nicht einbeziehen. Manchmal wird es viel sein, manchmal gar nichts. Arbeite ich an einer geistigen Zeitschrift wie »Die Literatur« mit, ist auch Laufendes vorhanden, das lässt sich natürlich nicht auf weiteres bestimmen. Ich hoffe mir in München noch viele Beziehungen zu schaffen. Sehr viel verdienen könnte ich, wenn ich Journalistin würde. Dann hättest Du mich allerdings keinen Abend zu Hause, darum kommt es wohl nicht in Frage. Das eine, mein Liebling, aber musst Du wissen: wenn es eines Tages notwendig würde, könnte ich Dich auf diese Weise mit Übersetzungen unterstützen: russisch, französisch – englisch habe ich leider schon wieder verlernt.

Ich werde mir morgens neben der Hausarbeit geistige Arbeitsstunden legen. Auf diese Weise werde ich es erreichen und manches schreiben können. Für jeden Artikel erhält man 25 bis 50 Mark, das ist doch ganz nett, nicht wahr? Nun bürgt natürlich niemand dafür, dass täglich die Muse und täglich ein Abnehmer dafür vorhanden ist. Aus diesem Grund ist es schade,

*dass ich nicht wie Karin mit diesem Intellekt schaffen kann,
sondern doch letzten Endes auf eine gewisse Intuition angewiesen bin. Meinen Eltern werden meine Einnahmen nicht so fehlen, weil doch dann auch meine Existenz bei ihnen fortfällt.
Wenn ich eine Notwendigkeit sehe, muss die Muse fleißiger sein.
Ich fände es scheußlich, wenn wir mit Dienstmädchen beginnen müssten. Das Arbeiten in so schönen Räumen macht doch
nur Freude.*

Als sei es ihr dann zu viel der praktischen Erwägungen, fügt
sie noch ausführliche Naturbeschreibungen an und Gedanken
zu Stefan George.

Das so detailreich geplante Eheleben stand noch lange nicht
bevor.

Spanien: 1930

*Abends spät, wenn die Eltern schliefen, gingen wir beide aus,
tanzten uns in Tanzlokalen ins Leben ein oder gaben unserer
Verliebtheit nach. Deutschland lag bereits hinter uns. Die weite
Welt öffnete ihre Tore!*

Das Wiedersehen, das erste längere Beisammensein fiel zusammen mit Erikas erster Auslandsreise. Während die meisten jungen Leute sich mit ganz bescheidenen Mitteln auf den Weg
machen, in spartanischen Verkehrsmitteln unterwegs sind und
mit primitiven Unterkünften vorlieb nehmen, war Erikas erste
Auslandsreise auch die luxuriöseste. Sie saß in einem großen
Mercedes, den ein »Herrenchauffeur« steuerte, gemeinsam mit
den zukünftigen Schwiegereltern, brauchte sich um nichts zu
kümmern. Die Hotels waren schon reserviert, sie musste nicht
einmal ihr Gepäck selber tragen. Am 14. März brachen sie auf,
besichtigten unterwegs die Schlachtfelder von Verdun und er-

reichten abends Paris. Von dort aus schrieb Erika dem Liebsten, den sie nun doch bald sehen würde, von ihrem Entzücken an der Stadt. Sie schrieb auf Briefpapier des Hotels Scribe am Boulevard des Capucines, kurz nur, denn demnächst werde man sich ja mündlich alles berichten können. Heinrich de Bary machte es offensichtlich große Freude, seiner zukünftigen Schwiegertochter die »Stadt der Liebe« zu zeigen und sie ins Theater auszuführen: In Versailles sahen sie ein Stück mit dem Titel »Le sexe faible« (Das schwache Geschlecht). In einem zweiten Brief berichtete Erika von einem nächtlichen Ausflug auf den Montmartre, der Fanny de Bary zu hoffentlich nicht ganz ernst gemeintem Tadel wegen unsoliden Lebenswandels veranlasste. Was faszinierte die junge Frau mehr: das unmittelbar bevorstehende Wiedersehen mit ihrem Liebsten oder die Begegnung mit einer Stadt, die damals in Deutschland geradezu ein Mythos war? Mit Begeisterung ließ sich Erika von Sehenswürdigkeit zu Sehenswürdigkeit führen. Ahnte sie schon, dass diese Stadt später ihre geistige Heimat werden würde, Ort einer immer währenden Sehnsucht?

Aber diesmal war Spanien das Ziel. In Barcelona erwartete Heriberto – wie er sich dort nannte – seine Eltern und seine Verlobte. Er zeigte ihnen die Stadt und die nähere Umgebung, dann brachen sie zu einer zehnwöchigen Rundreise auf. Es muss ein Traum für alle gewesen sein: das alte Spanien, seine wundervollen Landschaften und die großartigen Städte.

Madrid – Toledo – Cádiz – Málaga waren die wichtigsten Stationen. Die Fähre über das Mittelmeer brachte sie sogar nach Tetuan, damals Hauptstadt Spanisch-Marokkos. Sie habe das durchgesetzt, schrieb sie später: *Eka will nach Afrika!*

Nun war sie da, mit dem Liebsten, und in sorgender und komfortabler Begleitung seiner Eltern. Von nun an war das

Reisen in fremde Welten zugleich eine Reise in die Liebe. *Ich Weltreisende* nannte sie sich. Nach der Rückkehr schrieb sie poetische Skizzen des Gesehenen, die sie Heriberto widmete, der sie in dieses zauberhafte Land eingeführt hatte. Erika war sich auch bewusst, dass sie das Erlebte in Dichtung umsetzen musste, sonst, so schrieb sie, seien Depressionen zu gewärtigen. Reisen und Schreiben, das gehörte fortan für sie zusammen, und die »Spanischen Impressionen« sind ihr erster poetischer Reisebericht. Hier dominiert noch die Bewunderung für das Archaisch-Unveränderte, wie sie es sah und sehen wollte; Stein gewordene Geschichte und »urzeitlich« wirkende Landschaften sind wichtiger als die Menschen, die hier leben.

Die alltäglichen Probleme unter der Diktatur von Primo di Rivera interessierten sie kaum, sie erlebte Spanien vor allem in seinen maurischen Bezügen, denn sie nannte die Reise später »ein arabisches Märchen«, als sei die iberische Halbinsel immer noch Teil des nordafrikanischen Reiches und von jeder sozialen und politischen Realität abgekoppelt. In Tetuan, von wo aus die Spanier ihre marokkanischen Besitzungen mit aller Strenge verwalteten, sah sie vor allem weiße Siedlungen vor schroffen Berghängen und grünen Hügeln. In der »Impression«, die sie dieser Stadt widmete, erscheinen die dort lebenden Menschen genau so, wie die europäische Tradition des Orientalismus sie seit Jahrhunderten zeigt:

Überall schöne und kühne Profile, die aus Religion und Tradition ihre edlen Linien ererbten. Ruhe und Klarheit in den Augen, Harmonie und Würde in jeder Bewegung, Stolz und Bewusstsein im festen Schritt. Gesichter aus testamentarischer Zeit, Gesichter aus alten, arabischen Märchen. Auf den Treppen zu einer Moschee sitzen Mädchen mit braunen Händen, die fester das schützende Linnen raffen. – Eine heisere weibliche Stimme singt Stunde für Stunde langgezogene, monotone Töne

mit dunklem Klang. Sie gleichen Gesängen der indischen Spra-
che. In ihnen ruht das Nirwana. In ihnen ruht ihr fatalistischer
Glaube. Weit, unendlich weit, rauscht in ihnen das Meer, rauscht
in ihnen die Ewigkeit, die hinter dem Leben kreist. Es sind
Töne einer Ausgestoßenen, die klagen. Es ist das Dunkel der
Schwermut, die eine Brücke zu Allah spannt.

Es dauerte noch einige Reisen, bis sie den Grund für das
Ausgestoßensein hinterfragte, das Dunkel der Schwermut
durchleuchtete. Aber sie beschrieb auch immer wieder die
sinkende Sonne, die mit ihren letzten Strahlen die afrikanische Erde rot aufleuchten lässt, ehe die Nacht sie in tiefes
Dunkel und Schweigen hüllt; ein Bild, das auch heute noch
manchen Afrikareisenden entzückt.

Frankfurt: 1931–1936

Meine eigenen Interessen waren auf Literatur, Kunst, die ei-
gene Schriftstellerei gerichtet, auf Spanien, Frankreich, Russland,
die Russische Revolution, auf die Welt schlechthin. Nur Deutsch-
land war uns unwichtig; Vaterland, Militär, Krieg war uns
fremd.

Am 21. Mai 1931 fand die Hochzeit statt, nach einer »Vor-
Trauung« durch Pastor Gitzke im Wald nach einem Ritus der
Christengemeinschaft und mit einer bescheidenen Feier im
Hause von Düsterlohe in Eisenach. Immerhin war ein »Diener« gemietet worden, der bei den Vorbereitungen zum Fest-
mahl half und voller Entsetzen erlebte, wie dem Geschirr-
schrank ein Fuß abbrach und die Teller aus den Fächern
rutschten – ohne dass nur einer von ihnen zerbrach, was man
rückblickend durchaus als Omen für eine lange glückliche
Ehe – mit einigen Schieflagen – deuten darf.

Das jung vermählte Paar zog nach Frankfurt in die große moderne Villa in der Cretzschmarstraße 14, in der Heinrich und Fanny de Bary ihnen anderthalb Stockwerke zur Verfügung stellten. Herbert hatte seinen Vater überzeugen können, dass er nicht der Richtige für das Weiterführen der Bankgeschäfte war. Noch während seiner Zeit in Barcelona hatte ihn ein Freund mit der Weinimportfirma Schulz & Wagner zusammengebracht, die ihm ein bescheidenes Auskommen bot. Der Vater bestand noch auf einem dreimonatigen Aufenthalt in London, wo er sich mit der Sprache und den britischen Geschäftsgepflogenheiten vertraut machen sollte. Der junge Mann, der gern in Barcelona gelebt hatte und weltläufiges Flair mochte, musste gewiss nicht allzu sehr zu diesem weiteren Aufschub des Ehelebens gedrängt werden. Aber Herbert hatte offenbar nie Zweifel, dass Erika die Richtige für ihn war, auch wenn das Zusammenleben mit ihr seine Langmut gelegentlich ziemlich strapazierten sollte.

Die politischen Veränderungen, die sich um sie herum anbahnten, versuchten sie und ihre Freunde zu ignorieren. Das junge Paar war gegen die nationalsozialistische Verführung durch seine Auslandsreisen und seine über die deutschen Grenzen – auch die geistigen – hinausreichende Weltsicht gefeit. Sie sahen, wie so viele damals, in dem aufkommenden Nationalsozialismus kleinbürgerliches und kleinkariertes Deutschtümeln, das ihnen völlig fremd war. Es gab auch viel wichtigeres: Am 14. März 1932 kam Tochter Erdmuthe zur Welt. Eine junge Französin sorgte für die Kleine, die Großeltern waren zur Stelle, so dass die Eltern nicht sonderlich eingeschränkt waren und ihrer Reiselust nachgeben konnten. Sie waren gerade wieder einmal in Berlin, aßen bei Kempinski, als der Wirt laut und begeistert dem ganzen Lokal zurief: »Hitler ist gewählt worden!« und sich über die zurückhaltende Reaktion der Gäste wunderte. Eine Hoffnung allerdings wurde

erfüllt: Edgar von Düsterlohe bekam endlich eine hundert-
prozentige Erwerbsunfähigkeitsrente, die seiner Familie ein
bescheidenes Einkommen sicherte.

*Die große Not lief also 1934 aus. Es folgte die allgemeine Not
unseres ganzen Volkes.*

Zunächst aber waren ganz andere Probleme zu bewältigen.
Der Briefwechsel der ersten Ehejahre zeigt, dass Erika sich
schwer tat mit dem Leben in der Cretzschmarstraße, trotz der
komfortablen Wohnung, trotz der Unterstützung bei Haus-
haltsführung und Kindererziehung. Ihre Mutter beriet sie
brieflich aus Eisenach und ermunterte sie, ihr eigenes Schreiben fortzusetzen. Tante Edith schrieb regelmäßig aus Sommerau. Die junge Mutter war offensichtlich nicht mit ganzem
Herzen in ihrer eigenen Familie angekommen. Sie sehnte sich
nach den Eltern, obwohl sie doch nun endlich mit dem geliebten Mann zusammenleben konnte. Auch da hatten sich im
Laufe der langen Verlobungszeit die Erwartungen so hoch ge-
türmt, dass Enttäuschungen nicht ausbleiben konnten. Es habe
öfter zwischen ihnen heftigen Streit gegeben, berichteten beide
später ihren Kindern. Herbert war häufig zu Einkäufen für
die Weinfirma unterwegs und arbeitete daran, ein Kenner der
Materie zu werden. Seine Eltern waren verwundert darüber,
dass die Schwiegertochter wenig Interesse an der Gestaltung
ihres Heimes hatte, das sie so oft wie möglich zu Vorträgen
und anderen kulturellen Veranstaltungen verließ.

Die weltoffene Universitätsstadt Frankfurt bot der jungen
Frau viele Möglichkeiten, ihren geistigen Interessen nachzugehen. Die Frankfurter Universität hatte schon lange eine
enge Beziehung zur japanischen Kultur und lud Anfang der
30er Jahre Professor Yunyu Kitayama als Lektor für Japa-
nisch ein. Er baute ein kleines Japaninstitut – ein kyo-shitsu –
auf. Erika erfuhr davon *durch einen Zettel, der auf meinen
Schreibtisch flog,* ging hin und war fasziniert. Auch als sie

schon schwanger war, besuchte sie eifrig das Zen-Kolleg, in dem es auch um japanische Dichtung ging. Nachdem im Hörsaal Theorie vermittelt worden war, fand sich ein kleiner Kreis in der Cretzschmarstraße zu privaten Seminaren zusammen. Freda Kretschmar, Kitayamas Gefährtin, kam so ins Haus und wurde eine enge Freundin. Man übte sich im Dichten, Blumenstecken und in der Teezeremonie. Auch mit Yunyu Kitayama freundeten sich die de Barys an: Er und Freda wurden 1935 Paten ihres Sohnes. Der Zen-Buddhismus, die Lehre der Leere, füllte in Erika die Leerstellen, die die Anthroposophie gelassen hatte. Er lenkte aber nicht von ihrem Afrika-Interesse ab, dem sie in Frankfurt genauso gut nachgehen konnte: Nicht weit von ihrer Wohnung hielt der Afrikaforscher Leo Frobenius seine Vorlesungen und nährte Sehnsüchte, die die Familie nicht stillen konnte. In der unveröffentlichten Erzählung »Eine Liebe« schrieb sie:

Ich bin eine junge Frau von 26 Jahren. Ich habe einen Mann, der mich liebt und zwei kleine Kinder, ich habe ein Leben mit Hilfen und ohne Sorgen. Ich bin jung, und wenn auch sehr zart, so doch sehr zäh. Ich habe alles, um glücklich zu sein, um ein Leben zu führen ruhig und voller Gleichmaß. Aber das ist es, was mich erkranken ließ. Ich bin wie ein Vogel in einem Käfig, der sich in seiner Sicherheit die Flügel wund stieß und den Glauben an ein Draußen verlor.

Schuldbewusst betrachtet die Erzählerin ihre Kinder: Warum kann sie nicht sein wie all jene Frauen, die glücklich mit einem solchen Leben wären? Sie hat sich in einen Mann verliebt, mit dem sie nicht zusammenkommen kann. Im wirklichen Leben war es nicht der Ruf eines anderen Mannes, der die junge Ehefrau und Mutter im trauten Familienidyll nicht zur Ruhe kommen ließ, es war der Ruf der Ferne, das Echo des trotzigen »Eka will nach Afrika!«, das sie als Kind schon sang. Dabei hatte sie doch ein unglaubliches Glück mit ihrem

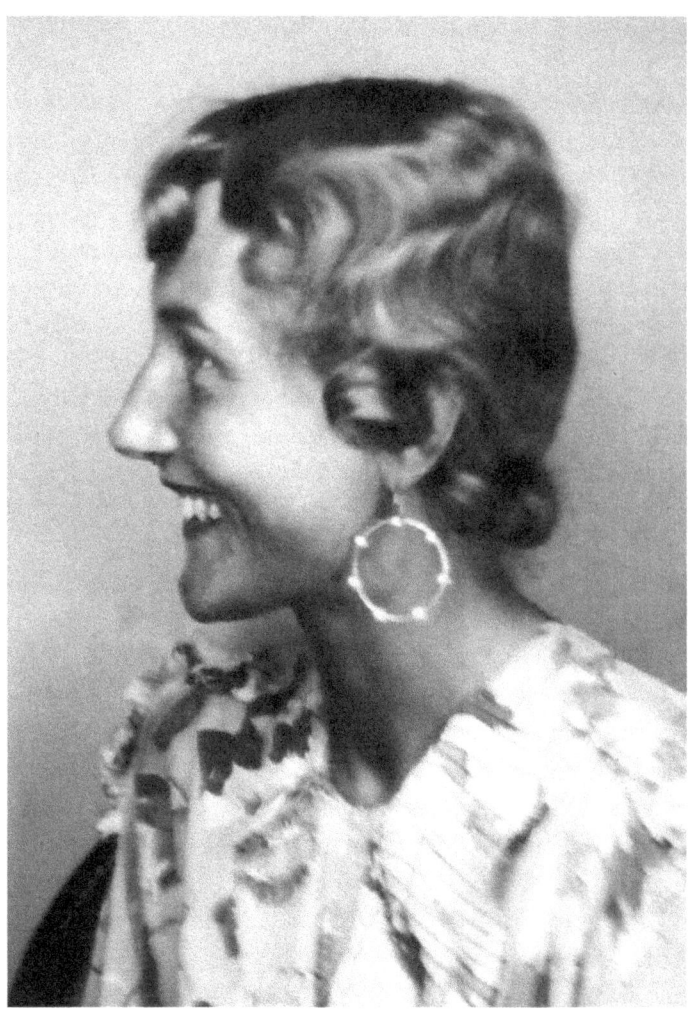

Mann: Herbert liebte die Geographie, reiste als Junge schon mit dem Finger auf dem Globus und hatte tiefes Verständnis für die Sehnsüchte seiner Frau. Durch ihn hatte sie Spanien kennengelernt, er begleitete sie in den Jahrzehnten ihrer Ehe zu allen ihren Wunschzielen, zunächst nach Norden.

Finnland – Lappland: 1934

Die Lappen waren höchst erstaunt, Zivilisierte in unzivilisiertem Zustand vor sich zu sehen. Ungläubiges Fragen und Misstrauen stand auf ihren Gesichtern. Was wollt ihr hier, wie kamt ihr her, diese Frage lauerte überall. Nach und nach wuchs ihr Vertrauen, als sie sahen, dass wir nichts Böses wollten. Sie erzählten von ihrem Leben, von ihren Rentieren, nötigten uns, in das sehr kleine, dunkle und nicht allzu saubere Zelt zu treten und kredenzten uns eine Holzschale mit Rentiermilch. Die Nacht blieben wir dort in der Nähe der Zelte und nahmen an dem Lagerleben teil. Erst am nächsten Morgen begann der nicht weniger beschwerliche Rückweg, und wir kamen wirklich wieder nach sechstägiger Wanderung in von Finnen besiedelte Gebiete.

Nein, das ist nicht aus dem Reisetagebuch, sondern aus einem Vortragstext, mit dem sie ihre Darstellung der nördlichen Wildnis schriftstellerisch ausschmückte. So exotisch ihre Reisen auch damals schon waren, es scheint immer, als könne sie sich noch etwas Interessanteres vorstellen, noch einen drauf setzen. Vielleicht wäre sie auch wirklich gern so unterwegs gewesen: Zu Fuß mitten durch den nördlichen Urwald, in dem Bären und Wölfe hausen, zu Menschen fern jeder Zivilisation, mit denen aber dennoch freundliche Verständigung möglich gewesen wäre. In Wirklichkeit reisten Herbert und Erika ganz normal, wie Touristen ihrer Zeit, mit Schiff, Bus und Bahn unter dem weiten Himmel des Nordsommers. Das Tagebuch nennt die Stationen: Stettin – Reval (heute Tallinn) – Helsinki, von dort mit dem Schlafwagen nach Wipuri, dann wieder mit dem Schiff nach Savonlinna, Zugfahrt nach Vuonislakri, Bus nach Sondankyla. Sie hatten Gelegenheit, sich von den niedrigen Temperaturen der nördlichen Ostsee auch im Hochsommer zu überzeugen, sie verzichteten auf das Baden, machten aber Segel- und Motorboottouren. Ihre Bewunderung galt vor allem der weiten und stillen Natur, den lange leuchtenden Farben des sommerlichen Abendhimmels über den dunklen Wäldern, dann den Bauwerken der nördlichen Städte. Die Begegnung mit einem Laulaja, einem Sänger traditioneller Lieder, wird zu einer Abenteuererzählung: Zufällig erfährt sie von seinem Auftritt, nur drei Stunden entfernt. Sie nimmt den Weg in der Abendhelle auf sich und trifft in jenem abgelegenen Gehöft *einen alten Mann mit durchdringenden blauen Augen, einer hohen faltenreichen Stirn und wallendem Bart.* Die Reisende bejubelt die Gunst des Schicksals, das ihr eine solche Begegnung ermöglichte. Die Zivilisationskritik, die den Unterton aller späteren Reiseberichte bilden wird, spricht deutlicher aus der Beschreibung dieses Musikereignisses, als das Bedürfnis nach völkerkundlicher Information:

Von zäher seelischer Willenskraft besessen, wirkte er fast wie ein Magier und verfügte über Anlagen seltenster Art, an denen auch die großen Brandungswellen der Zivilisation zerschellten. Es ist die geballte Kraft des Leibes und der Seele, die zum Äußersten bereit sich einem Glauben hingibt und dadurch über sich hinauswächst. Es ist die Mystik des naturverbundenen Menschen.

Seine Musik ist uralter Gesang in eindringlicher monotoner Melodie, der von der Kantele, einem Saiteninstrument mit dunklen Tönen, begleitet wird.

Nach einer großen Rundreise durch Finnland bestiegen Erika und Herbert am 8. August 1934 ein dreimotoriges Junkers-Flugzeug, das insgesamt sieben Passagiere nach Tallinn flog. Sie hatten Zeit für eine ausführliche Stadtbesichtigung mit russischem Markt und auch sonst manchem Anklang an russisches Leben, ehe sie mit dem Passagierdampfer »Rügen« nach Stettin zurückkehrten. Es folgten noch ein paar Tage in Berlin, wo sie Karin und andere Freunde besuchten, und ein

Aufenthalt in Weimar, ehe sie in Frankfurt wieder zu ihrem Familienleben, dem Weinhandel, dem Japankolleg und den Afrika-Vorlesungen zurückkehrten. Im Jahr 1935 blieben sie in Frankfurt: Sohn Harald wurde am 6. August geboren, zur besten Reisezeit.

Im Sommer darauf ließen sie beide Kinder in der Obhut der Großeltern und des Kindermädchens zurück und machten sich wieder auf, Neuland zu erkunden, diesmal im Osten.

Russland: 1936

———

Stimmungsbild auf der Wolga

Still bricht das Schiff
den breiten Wolgastrom
in Wellen auf,
die schweigend wieder fließen
in sich zurück und alle Wasser schließen.
Ein Vogel kreist
auf wolkenlosem Grund
mit sanft gezognen
großen Schwingen,
die tief das Leuchten
dieses reines Tags
im blauen Glanze
zur Erfüllung bringen.

———

Am 27. Juni, einem Samstag, reisten Erika und Herbert mit dem Zug nach Berlin, wo sie am nächsten Morgen das Flugzeug bestiegen. Es brachte sie mit mehreren Zwischenlandungen in insgesamt zehn Stunden nach Moskau. Die Annäherung aus der Luft bot ihnen wunderbare Sicht über Ostpreußen, Lettland und die großen Wälder westlich von Moskau, weckte aber keine heimatlichen Gefühle. Ihr Ziel war die aktuelle Sowjetunion, das Reiseprogramm war sozialistisch-propagandistisch ausgerichtet. Im Sommer 1936 stand dem stalinistischen Terror der Höhepunkt noch bevor; der gute Ruf, den Stalin bei den linksgerichteten Intellektuellen Europas noch hatte, begann gerade erst zu kippen. Französische Autoren wie Céline und Gide reisten 1936 in die Sowjetunion und distanzierten sich danach vom Kommunismus: Die Realität löse nicht ein, was die Idee versprochen habe. Dem Regime lag daran, sich als fortschrittlich zu präsentieren, zugleich auch als legitimer Erbe des alten Russland. Auf dem Besichtigungsprogramm standen also moderne Verwaltungsgebäude und Klöster, das Lenin-Mausoleum und die Basilius-Kathedrale, der Besuch von Theateraufführungen und Museen. Die Reisegruppe bekam Kolchosbetriebe und riesige Kindererholungsheime zu sehen, die großzügig ausgestattet waren. Die Tagebuchschreiberin vermerkt bewundernd:

Alles ist kostenlos in Russland: Schule, Universität, Berufsausbildung, Arzt, Erholung, Kinderheime und Kindergärten. Keine Arbeitslosen. Im Gegenteil.

Wie das aber funktionieren konnte und ob es überhaupt funktionierte, darüber gibt es keine Anmerkungen. Die Beschreibung einer Fahrt mit der Straßenbahn in die Peripherie mündet in das Klischee niedriger Holzhäuschen vor goldenen Kirchenkuppeln, betrunken herumsitzender Männer und verhutzelter Mütterchen, und einem wundervollen Sonnenuntergang über der Moskwa.

In Moskau trafen Erika und Herbert den belgischen Expressionisten Frans Masereel, der dort seit dem 8. Juni zu seinem zweiten, diesmal dreimonatigen Aufenthalt weilte. Er war jetzt privat da, nicht auf offizielle Einladung, was ihm ermöglichte, sich freier zu bewegen, aber die Presse nicht davon abhielt, über seine Ankunft mit Foto zu berichten, so bekannt war er schon durch seine Ausstellungen. Der Künstler war von dem Frankfurter Ehepaar offenbar sehr angetan, noch Jahre später schickte er ihnen seine Bücher.

Am 1. Juli trafen die Reisenden nach einer Nachtfahrt im Schlafwagen in Gorki ein, dem heutigen Nischni Nowgorod. Auch hier bewegten sich die de Barys im Spannungsfeld zwischen russischer Geschichte und sowjetischer Lebensweise, versuchten, Bilder von Menschen zu erhaschen, das Gesehene zu deuten. Dazu kam dann noch die gewaltige Natur: Sie erlebten die Wolga vom Dampfer aus, auf einer Schiffsreise nach Kasan, das durch sein orientalisches Flair faszinierte: Moscheen mit ihren Minaretten neben den blauen Kuppeln der russischen Kirche aus dem 17. Jahrhundert. Auch die Menschen wirkten orientalisch – hier mit dem Zusatz »fremd«:

… schlitzäugige Frau aus einer Tasse trinkend, Kinder schlafend, in Lumpen gehüllter alter Tatare, Lastträger, die oft singen beim Lasten tragen …

Und in Samara wurden

… abgefallene Lasten mit Gesängen gehoben. Gewitterstimmung. Sonnenuntergang hinter Wolken. Abends vom Volk gesungene Wolgalieder. Mutter und Kind unter roter Decke schlafend. Blondes stehendes Mädchen. Vier Sänger mit Ziehharmonika. Zerlumpte schlafend auf Maschinenteilen. Tungusen in Weiß, Kirgisen. Wolgadeutscher.

Mit dreizehn Stunden Verspätung kamen sie in Stalingrad (heute Wolgograd) an, das nur kurz besichtigt wurde – beeindruckend der Friedhof ohne Kreuze; fröhlicher erschien den Reisenden die nächste Station: Rostow. Hier erwartete sie wieder ein sozialistisch inspiriertes Besichtigungsprogramm: eine Kinderkrippe, Kühlhäuser für das Gemüse, ein beeindruckender Theaterbau. Es war sogar Zeit für ein Bad im Don, allerdings erreichten sie den Zug nach Ordschonikidse dadurch in letzter Minute. Die Notizen im Tagebuch wiederholen sich: auch hier Moscheen, Kulturpark, zur Ziehharmonika singende Männer. Nach Tiflis führte die Reise durch grandiose Berglandschaften, nun waren sie tief im Wilden Osten, in Georgien angekommen, das damals Teil der Sowjetunion war. In Batumi, der Hauptstadt Adschariens, erreichten sie das Schwarze Meer, nur wenige Kilometer von der türkischen Grenze entfernt. Tropisch heiß war es dort, wunderbares Badewetter, sehr entspannt klingen jetzt die Tagebuchnotizen: zur Balalaika singende hübsche »Zigeunermädchen« und immer wieder Bäder im warmen Meer an der ukrainischen Küste, die auch viele Sehenswürdigkeiten bot: die malerische Stadt Jalta, das Seeheilbad Alupka mit Tuberkulosesanatorium und dem prachtvoll-orientalischen Schloss der Woronzows vor italienisch anmutender Vegetation. Auch das »machtvoll« gelegene Livardia präsentierte sich wie eine Mischung aus Italien und Orient; Sewastopol imponierte durch den gewaltigen Kriegshafen. In Odessa bestiegen sie den Nachtzug nach Kiew, teilten den Schlafwagen mit französischen Touristen. Kiew muss eine schon damals recht moderne Stadt gewesen sein. Es gab die beeindruckende Aussicht auf den Dnjepr, natürlich das berühmte Lawra-Kloster, aber auch angenehme, breite Einkaufsstraßen mit schönen Läden für die Mitbringel, und abends eine Theateraufführung. Von Ermüdung ist nie die Rede, dass es vielleicht allmählich zu viel werde des Herumreisens und Schauens. Für die Rückkehr findet nur Erwähnung:

Guter Zug. Neue Holzbahnhöfe, 24. Juli morgens Ankunft
Warschau. Abends Ankunft Berlin und weiter Nachtfahrt bis
Frankfurt.

Dänemark – Schweden – Finnland – Leningrad: 1937

Ich fahre nicht zwischen Ausländern in der bevorzugten »wei-
chen« Klasse, sondern stehe in der »harten« mitten unter dem
russischen Volk. Die Nachfrage ist größer als das Angebot, das
merkt man schon hier, – aber man ist es gewohnt und gibt sich
zufrieden. Sitzplätze sind nicht genügend vorhanden, und bei
jedem unsanfteren Stoß werde ich gegen eine festgedrückte
Menschenwand geworfen, die zwischen Bänke gepresst ist. Trotz-
dem zwängt sich ein Mädchen mit einem großen Korb durch
die Menge, aus dem sie Eis an Holzstäbchen für einen Rubel
verkauft, denn die Wärme ist unerträglich.

Dieser Text stammt aus der unveröffentlichten Erzählung
»Mascha«. Wie schon in der Geschichte über den sechstägigen
Marsch durch den Urwald im Hohen Norden vermischen sich
Erlebtes, Gesehenes und Gelesenes mit Erwünschtem. Es ist
leicht, in diesen Texten Widersprüche aufzudecken. Einen ganzen Rubel für ein Eis am Holzstäbchen? Unerschwinglich. Das
Eis in einem Korb transportiert bei unerträglicher Wärme?
Unvorstellbar. Nun hat die Autorin später mehrere sehr gut
komponierte und eng an die Realität gebundene Bücher veröffentlicht, diese Erzählungen hingegen nicht. Sie sind als literarische Übungen zu sehen, Ergänzungen zu dem gerade auf
der zweiten Skandinavien- und Russlandreise äußerst knapp
gehaltenen Tagebuch. Parallel zum Tagebuch entstanden, geben sie Stimmungen und Anschauungen wieder, die über die

Aufzählung von Stationen und Sehenswürdigkeiten hinausgehen. Die Reise im Sommer 1937 führte über Rügen nach Malmö, Kopenhagen und Stockholm, von da nach Helsinki, wo sie vor zwei Jahren schon waren. Von Sortavala an der Nordspitze des Ladogasees, die damals noch zum finnischen Karelien gehörte, fuhren sie zur Pilgerinsel Walaam und verbrachten einige Tage im Kloster. Das war eine sehr heftige, nachhaltige Begegnung mit dem russisch-orthodoxen Kult, den ihr die Mutter nahegebracht hatte: Messe um fünf Uhr morgens, einfaches Essen – Männer und Frauen getrennt in großen Speisesälen, zwischendurch Spaziergänge und Gespräche. Wie nahe sich Erika dieser Form von Religiosität immer gefühlt hat, zeigte sie in hohem Alter, als sie einmal, nach ihrer Religionszugehörigkeit gefragt, spontan »russisch-orthodox« antwortete, zum Erstaunen der anwesenden Familie.

Über Wyborg reisten sie weiter nach Leningrad, wo sie eine Woche lang die bekannten Sehenswürdigkeiten der Stadt und ihrer Umgebung besichtigten. Aber kehren wir zur Erzählung »Mascha« zurück, in der die Erzählerin nicht wie die Autorin als Touristin reist, sondern sich unter den Leningradern wie eine Freundin bewegt:

Auf dem Leningrader Bahnhof wird die Erzählerin von der Studentin Mascha erwartet, bei der sie wohnen wird, nachdem sie im Hotel Europa Pass und Fahrkarte abgegeben hat. Dann wandert sie vorbei an Adelspalästen und golden betürmten Kirchen zu der von Mascha angegebenen Adresse, die sich als verwahrlostes altes Fabrikgebäude entpuppt.

Endlich entdecke ich eine Tür und steige eine völlig verwahrloste, schmutzige Treppe empor, die mit Cigarettenstummeln wie belegt scheint. Ein enger Korridor zeigt viele Türen, an denen beschriebene Zettelchen haften: die Namen der Bewohner. Mascha ist nicht darunter. Auf mein Klopfen an einer der Türen öffnet ein Mann im Russenhemd. »Die vierte Tür links«, antwor-

tet er erstaunt. Er hat mich wohl, trotz der einfachen Kleidung,
als Ausländerin erkannt. Der geöffnete Spalt gewährt einen Ein-
blick in das Zimmer. Eine Frau liegt im Bett mit einem Stoß
getürmter Bücher. Sie scheint zu lernen, während drei Männer
in der einen Ecke des Raumes laut diskutieren.

Mascha erläutert der Besucherin die Lebensumstände im
Jahr des »Großen Terrors« und lässt sie in ihrem Bett schlafen. Am nächsten Tag laufen beide durch die Stadt und sehen
heruntergekommene armselige Viertel, fast leere Läden, Buch-
handlungen, die nur Propagandaliteratur verkaufen. Die alten Holzhäuser sind genauso verwahrlost wie die ehemaligen Paläste. Im Intourist-Hotel Astoria dagegen gibt es Kaviar
und sonst noch alles, was das Herz begehrt. Dann wieder ein
scharfer Kontrast: Straßenkinder, die aus dem Stadtzentrum
ins Hafengelände verbannt wurden.

Sie strolchen einher, von gelegentlichen Razzien geängstigt,
halb verhungert, ohne Schuhe, in Lumpen, verwöhnt durch
unbegrenzte Freiheit eines Banditendaseins, unbrauchbar für
jede menschliche Gemeinschaft. Sie ziehen auf Raub und le-
ben von Abfällen, wie kleine, wilde Tiere ... Die Enterbten des
Schicksals, genauso wie früher, gequält und geschunden, arm
und vergessen. War einst die Parole nicht Gleichheit? Wo bleibt
das Versprechen, Genossen?

Und über der sozialistischen Verwahrlosung schwebt die
antifaschistische Propaganda, begleitet von einem hier doch eigentlich unerklärlichen Antisemitismus. War Erikas Russland-
bild nun ins Wanken geraten? Hat sie, wie viele Schriftsteller
Frankreichs und Spaniens, dem kurzzeitigen Faszinosum des
Kommunismus den Rücken gekehrt? Es ist nicht belegt, dass
sie überhaupt jemals kommunistische Anwandlungen hatte.
Sie selbst sah sich eher als unpolitisch. Was sie in der Sowjetunion suchte, war das alte, vorrevolutionäre Russland mit seinem Geistesleben und der ländlichen Idylle, die natürlich auch

eine Illusion war und nur hin und wieder in den Landschaften aufblitzte. Ihnen hatte sie die »Gedichte an Russland« gewidmet, die schon nach der Wolgareise von 1936 entstanden waren. Mit ihrer Offenheit für die Gegenwart und mit der Wissbegierde, die immer mitreiste, nahm sie natürlich auch die aktuellen Umstände zur Kenntnis. War es überhaupt möglich, in jener Zeit auf unpolitischer Haltung zu beharren? Die Erzählung »Mascha« scheint die schlimmstmögliche Verderbnis des »lichten Ostens« durch den Stalinismus zu beschreiben. Und doch wird sich Russland als Quelle des Guten im Bewusstsein der Reisenden erhalten.

Frankreich: 1938

Herbert empfand durch das Herkommen seiner Eltern stark das französische Blut. Die französische Sprache war ihm seit dem Kindergarten geläufig, die französische Kultur anerzogen.

Da mag es fast verwundern, dass Frankreich erst im Juli 1938 als Reiseziel ins Auge gefasst wurde. Erika war zwar mit den Schwiegereltern schon quer durch Frankreich gereist, mit Aufenthalt in Paris, aber damals, im Frühjahr 1930, war Barcelona das Ziel und die Spanienrundreise das große Erlebnis. Nun wollte sie mit ihrem Mann das westliche Nachbarland genauer in Augenschein nehmen. Bei den Frankfurter Nachkommen der Hugenotten hatte sich die Affinität zu Frankreich erhalten: Der Gottesdienst in der Französischen Reformierten Kirche wurde hin und wieder in französischer Sprache gehalten; französisch zu lernen war Ehrensache, und junge Französinnen lebten in vielen dieser Familien, um die Kinder von klein auf mit der Sprache ihrer Vorfahren vertraut zu machen.

Natürlich war Paris die erste Station. Die Stadt war geschmückt für den Staatsbesuch aus England: Das britische Königspaar Georg VI. und Elizabeth hatten sich angesagt; Bündnisse waren zu schmieden, alte, wenn auch nicht immer ungetrübte Freundschaften zu erneuern, denn Europa begann, sich ernsthaft Sorgen in bezug auf Hitlerdeutschland zu machen. Im März war Hitler in Österreich einmarschiert – aus allen Teilen des Reiches waren junge Menschen herbeigeschafft worden, die jubelnd an den Straßen stehen mussten. Die Ansprüche auf die Tschechoslowakei standen bereits im Raum: Das Karlsbader Programm vom April forderte weitgehende Autonomie für die Sudetendeutschen, und die tschechische Armee war bereits mobilisiert worden; Großbritannien und Frankreich gaben Garantien und konnten diesmal die unmittelbare Kriegsgefahr noch abwenden. Von alldem steht nichts im Tagebuch; es listet die Besichtigungen und Besuche auf, vermerkt auch ein Abendessen im Café Dôme in Montparnasse, das nur wenige Jahre später ihr Stammcafé werden würde.

Drei Wochen lang reisten sie durch Frankreich, freuten sich an den Kathedralen von Chartres und Bourges, genossen die Vulkanlandschaft des Zentralmassivs und die malerischen Städtchen der Auvergne. Aurillac feierte bei brütender Hitze seinen tausendsten Geburtstag mit einem historischen Markt und Tanz in den üppig geschmückten Straßen. Sie fuhren die Loire entlang bis zur Industriestadt Saint-Etienne, die Rhone von Lyon bis Arles. Es war brütend heiß, und einmal steht dann doch im Tagebuch: *Nach dem Essen Ruhen.*

Bis in die Camargue kamen sie, nach Saintes-Maries-de-la-Mer, zum Pont du Gard und nach Avignon, sogar bis zur Vaucluse-Quelle. Zurück in Paris: Das Tagebuch enthält eine Liste der im Louvre besonders wahrgenommenen Kunstwerke. Im Châtelet-Theater sahen sie eine Revue mit dem

Thema »In achtzig Tagen um die Welt«, die nicht weiter kommentiert wurde. Der Eintrag des letzten Reisetages, eines Sonntags im August, heißt:

Louvre: die großen Säle mit Italienern, Raffael, Tizian, Spanier, Franzosen. Essen hinter der Madeleine. Express nach Bar le Duc. Straßburg.

Nichts ist zu lesen darüber, wie Deutsche zu jener Zeit in Frankreich aufgenommen wurden; vielleicht gaben sie sich ja auch nicht als solche zu erkennen. Nichts ist zu lesen über politische Gespräche, aber es gibt auch keine Tourismuskritik. In welchem Rahmen reisten sie? Frankreich war zu jener Zeit Exilland für deutsche Intellektuelle, in deren Hochburgen wie etwa Sanary am Mittelmeer kamen sie aber nicht. Sie hatten ja auch ihre Heimat in Frankfurt, wo die Kinder auf sie warteten. Trotz des ausländischen Namens gehörten sie nie zu den verfolgten und geächteten Minderheiten. Aber der Krieg warf seine Schatten voraus, denen sie durch ihre Reisen auswichen. Noch im Sommer 1939 unternahmen sie eine Donaufahrt bis Budapest.

KAPITEL 4

In Terrorzeiten

Die Scherben lagen umher: sie hatten bereits Klaviere, Kleider, Teller, Töpfe aus den Häusern auf die Straße geschmissen, ein Alter im Nachthemd wurde johlend verfolgt. Ich bückte mich, um einen Gegenstand aufzuheben, ein SA-Mann rief: »Achtung! Nicht berühren! Nicht aufheben! Jüdisches Zeug ist giftig!«

Frankfurt: 1938 – 1941

Der Pöbel hatte unter offizieller Anleitung sein Werk schon getan, als Freda mit der Nachricht von den Pogromen der »Kristallnacht« aus der Universität in die Cretzschmarstraße eilte. Sie holte ihre Freundin ab und beide liefen in die Altstadt, um sich selbst von dem Unglaublichen zu überzeugen. Nun hatte sich ja schon lange angebahnt, was hier so sinnfällig beschrieben wird. Es lag auf der Hand, was bevorstand, aber wie so viele versuchten auch Herbert und Erika, es zu verdrängen, oder sich doch zumindest in ihren Lebensgewohnheiten nicht einschränken zu lassen. Aber das war nicht mehr lange möglich.

Wir wehrten uns auf persönliche Art, zunächst unbeschadet. Im Badezimmer, beim Frisieren, stampfte ich mit dem Fuß auf, sah zu Heriberto hinüber, der vor seinem Waschtisch stand, kämmte wiederum mein Haar und sagte: »Wir wollen nicht den Krieg! Wir wollen nicht unter diesem Krieg leiden!«

Doch sie konnten ihn nicht verhindern, nicht einmal ignorieren. Das französische Mädchen, das so lange bei ihnen gewohnt hatte, musste Deutschland verlassen, ebenso wie Lydotschka, die mit einem Norweger verheiratet war, und manch anderer Freund. Herbert wurde eingezogen. Er winkte aus dem Fenster des Zugabteils am Frankfurter Bahnhof seiner tränenüberströmten Frau zu, zuversichtlich, dass ihm, dem »Antisoldaten«, wie Erika ihn nannte, schon nichts passieren würde. Mit stummer Wut erlebte die Familie in Frankfurt die immer schärfer werdenden Vorschriften und den inneren Rückzug der Regimegegner. Herberts Eltern hatten Sorge um ihren Sohn, aber auch, dass Erika in ihrer lockeren, freimütigen, sogar naiven Art Ärger bekommen und sie da hineinziehen könnte. Schon mancher war wegen eines einzigen unbedacht dahin gesagten Satzes nach Buchenwald gekommen.

1940 versuchte Erika in Deutschland mit ihren Texten Fuß zu fassen. Sie sandte eine 34 Seiten starke Erzählung an den Berliner Kiepenheuer Verlag: »Die Todeserfahrung«. Darin erzählt eine junge Frau, wie sie in einer Zelle aufwacht, in der neben zwei erhängten Menschen eine dritte Schlinge für sie angebracht ist. Die Geschichte spielt zwar in Sowjetrussland, aber die geschilderten Erfahrungen hätten auch nach Nazideutschland gepasst. Die Antwort war freundlich, aber ablehnend.

1941 kam Nachricht von Herbert aus Schwerin, wo seine Truppe auf den Russlandfeldzug vorbereitet wurde. Da erinnerte sich Erika an Hilde von Kalckreuth, die Berliner Bekannte, bei der sie sich kennengelernt hatten. Hildes kleine Tochter war an Diphtherie gestorben, ihr Mann hatte sich das Leben genommen. Nun war sie mit einem Oberbefehlshaber der Luftwaffe verheiratet und Erika flehte ihren Mann an, diese Bekanntschaft zu nutzen, um dem drohenden Russlandeinsatz zu entgehen. Herbert fuhr an einem Feiertag nach Berlin und wurde empfangen.

»*Was können Sie – als Soldat?*«

»*Ich spreche Französisch.*«

»*Das ist wenig!*«

Rüde und abweisend sei er gewesen, aber vielleicht hatte Hilde noch ein gutes Wort eingelegt. Jedenfalls wurde Herbert nach Paris versetzt, im Leutnantsrang als Adjutant und Dolmetscher des kommandierenden Generals der Luftwaffe in Paris, Friedrich-Carl Hanesse, und blieb dort bis zum Abzug der deutschen Truppen im August 1944.

Paris: 1941 – 1944

Aus Träumen steigt sie, die dämmernde Stadt. Ein fahles, mondhaftes Gestirn glänzt hinter weißen, wehenden Schleiern. Silberner Dunst irisiert in der Luft. Lautlos schieben sich Kuppeln und Dächer und bewahrende Hallen zusammen, streben Türme und Türme empor, zeichnet der Fluss die schönen, breitgewundenen Bogen. Brücken schwingen von Ufer zu Ufer, hell, mit geleitenden Geländern, schwebend und leicht im matten Licht. (»Chimären der dämmernden Stadt«, 1947, S. 1)

Herbert fand bald eine Möglichkeit, seine Frau aus der immer schwieriger werdenden Lage in Frankfurt heraus und in seine Nähe zu holen. Um die Kinder mussten sich beide keine Sorgen machen. Sohn Harald war gut aufgehoben: Das Dienstmädchen Sophie kümmerte sich liebevoll um den Jungen, der die Bockenheimer Grundschule besuchte, und die Großeltern waren ja im selben Haus. Erdmuthe kam, wenn auch widerwillig, in ein Internat ganz in der Nähe. Dass die Familie über die »Rabenmutter« den Kopf schüttelte, focht diese nicht an.

Im Herbst 1941 reiste sie nach Paris, wo sie auf Herberts Betreiben Mitarbeiterin der Pariser Zeitung wurde. Das war das Organ der Besatzungsmacht, mit Sitz in der rue Réaumur Nr. 100. Die Zeitung erschien vom 15. Januar 1941 bis zum 16. August 1944, zeitweise auch mit einer französischen Ausgabe.

Das besetzte Paris war keineswegs ein freudloser Ort, im Gegenteil: Auf ausdrücklichen Wunsch der Besatzungsmacht fand ein reges kulturelles Leben statt, sogar der in Deutschland verpönte Jazz durfte gespielt werden; Maler und Schriftsteller konnten ihrer Arbeit nachgehen, solange sie nicht allzu auffällig gegen die Vorschriften der Zensur verstießen.

Es gab Theateraufführungen, besonders beeindruckend »La Reine morte« von Montherlant, und zwei neue Stücke Sartres; die Kinos zeigten vor allem deutsche Filme, und Offiziere luden elegante Pariser Damen, aber auch Intellektuelle, die sie für sich gewinnen wollten, in Luxusrestaurants ein. Der künstlich festgelegte Wechselkurs machte all das für die Deutschen erschwinglich, ja sogar lächerlich billig.

Die zahlreichen Artikel, die Erika für die Pariser Zeitung verfasste, zeichnete sie mit dem Pseudonym Erika von Ruthenbeck, nach einem de Baryschen Vorfahr, oder von Düsterlohe, meist auch nur mit dem Kürzel E. v. D., damit ihre Verbindung zum deutschen Militär nicht offensichtlich wurde. Sie schrieb über französische Geschichte und Literatur, über Rilke und Voltaire, über altfranzösische Wandbehänge und über Begegnungen in Pariser Hausfluren. Sie berichtete von Kunstausstellungen und Theaterereignissen, etwa die Uraufführung des »Seidenen Schuhs« von Claudel, von Zirkusveranstaltungen und Ballettabenden. Sie beschrieb in poetischen Skizzen die Stühle im Tuileriengarten, die Kastanienbäume im Jardin du Luxembourg, die Trödelmärkte und den Zauber der Seinebrücken im Nebel. So konnte sie sich überall in der Stadt be-

wegen und hatte immer einen Anlass, sich dort aufzuhalten, wo es ihr gefiel. Sie besuchte Kunstausstellungen und Malerateliers.

Sie wohnte im Hôtel de l'Université, in der Rue de l'Abbé de l'Epée Nr. 3, nur ein paar Schritte vom Jardin du Luxembourg entfernt. In diesem Hotel hatte auch Rilke zeitweise ein Zimmer gehabt. Das war Empfehlung genug. Und Rilke brachte sie auch mit französischen Literaten zusammen. Sie saß auf einer Bank im Jardin du Luxembourg, ein Bändchen Rilke-Gedichte in der Hand, als sich ein etwa gleichaltriger Herr neben sie setzte, näher rückte und sagte: »Ah, Sie lesen Rilke!« Dankbar griff sie das Gesprächsangebot auf und machte so die Bekanntschaft von Arthur Adamov, der später, nach dem Krieg, mit Beckett und Ionesco zu den bedeutendsten Dramatikern des Absurden Theaters gehörte. Damals, im Herbst 1941, war er gerade aus dem Konzentrationslager in der Nähe der spanischen Grenze zurückgekommen, in dem er als Staatenloser und Kommunistensympathisant einige Monate verbringen musste. Ern, wie er sich von seinen Freunden nennen ließ, lud die Deutsche zu einem Treffen junger Autoren ein. So lernte sie die Gruppe um Antonin Artaud kennen – er selbst war nicht in Paris –, befreundete sich mit der Germanistin Marthe Robert, die damals Kafka entdeckte, den sie später übersetzte. Kafka war im besetzten Paris ein Geheimtipp. Er stand natürlich auf der schwarzen Liste der Besatzungsmacht, was aber die Begeisterung der französischen Intellektuellen für ihn nicht schmälerte, im Gegenteil. Albert Camus gehörte zu den Kafka-Begeisterten, war sogar auf seinen Spuren in Prag unterwegs gewesen. Dennoch entfernte er auf Befehl der deutschen Zensurbehörde das Kapitel über Kafka aus seinem Essay »Le mythe de Sisyphe«, damit der im Oktober 1942 erscheinen konnte. Marthe Robert, Erikas engste Freundin in Paris, hatte in Frankfurt studiert. 1941 lebte sie mit dem Psychoanalytiker Michel de M'Urzan zusammen, den sie später heiratete und der ihre Begeisterung für Kafka teilte. Er erwarb seinen medizinischen Doktorgrad mit einer 1948 veröffentlichten Dissertation über Kafka.

Gewiss öffnete die Begeisterung für Kafka wie die für Rilke der Deutschen, die doch zur Besatzungsmacht gehörte, die intellektuellen Kreise. Aber es war auch ihre weltläufige Art, ihre Offenheit und Wissbegierde, mit der sie auf die Franzosen zuging. Nirgendwo wurde sie angefeindet. Sie ging durch Paris, als wäre sie dort zu Hause, und das war sie auch sehr bald. Ihr eigenes gebrochenes Verhältnis zu Deutschland, ihre Abneigung gegen alles »typisch Deutsche«, ihre Vorliebe, sich als Baltin, ja womöglich sogar als Russin auszugeben, all das machte es ihr leicht, sich in diesen Kreisen zu bewegen, die allerdings nicht prinzipiell deutschfeindlich eingestellt waren. Deutscher Geist, deutsche Literatur, Kunst und Musik wurden weiterhin geschätzt; mit Widerständlern kam sie – zumindest bewusst – nicht in Kontakt. Alle diese recht jungen Leute, mit denen sie sich anfreundete und die ihre beste Zeit noch vor sich hatten, lebten damals in einfachen Hotelzimmern, saßen in den Cafés, wo es warm war, diskutierten und schrieben, lasen einander vor. Ihr Stammcafé war das Café Dôme am Boulevard du Montparnasse, wo schon seit Ende des 19. Jahrhunderts Künstler und Schriftsteller verkehrten. Der unangefochtene Dichterfürst jener Zeit war Paul Valéry, Mitglied der Académie française und Professor für Poetik am Collège de France. Valéry hatte zwar Mussolini besucht, die Zusammenarbeit mit den deutschen Besatzungsbehörden aber verweigert und musste deshalb seine Professur und die Präsidentschaft der Académie française aufgeben. Sein poetisches Kolleg konnte er jedoch halten, und Erica, wie sie sich von nun an schrieb, besuchte seine Vorlesungen und erreichte es, dass er sie wahrnahm. Von ihm empfangen zu werden, war für sie ein ganz besonderes Ereignis, über das sie begeistert nach Hause berichtete.

Meine Aufregung lässt sich nicht beschreiben. Ich schwankte nur so auf der Straße. Von 11 – 12 hörte ich noch sein sehr schönes Kolleg, um mich danach noch schwankender in die Rue de Villejust 40 nach dem Etoile zu begeben. Ein schönes, hohes gepflegtes Haus mit einer strengen Concierge. Er wohnt im dritten Stock. Ein Mädchen noch jung in Schwarz mit weißem Schürzchen öffnete und führte mich in den Salon. Originalbilder von Berthe Morizot und Degas, Fotos von Mallarmé. Ein großer Raum mit Spiegeln und steifen Stühlen nach französischer Art. Er kam herein, klein, zart, beweglich, etwas nervös und bat mich Platz zu nehmen. Seine erste Frage war nach meiner Herkunft. »Je viens de l'Allemagne.« Erstaunen und kaltes Zurückziehen seinerseits. Ich sagte ihm aber dann, wie ich die Kriegsjahre mit seinem Werk verbracht hätte, wie ich es mit einem Freund gelesen und teils übersetzt habe, wie ich Mut geschöpft hätte aus der Reinheit seiner Poesie. Er war darauf reizend, ging ganz aus sich heraus und es kam ein sehr, sehr schönes Gespräch zustande, das wirklich als Lichtpunkt in meinem Leben steht.

In direkter Rede gibt sie in diesem Brief an ihre Mutter Valérys Worte über Goethe und Rilke wieder. Auch seine Klagen, dass Kino und Radio den Geist verdürben. Selbst das Telefon mit seinem befehlerischen Klingeln sei eine schreckliche Entwicklung, obwohl es – zugegeben – auch seine praktischen Seiten habe. »Rasend glücklich« und mit einer Widmung in ihrem Exemplar der »Jeune Parque« verließ Erica den Verehrten.

Hin und wieder veranstaltete sie auch Lesungen in ihrem Hotelzimmerchen, dann drängten sich an die fünfzehn Personen auf dem Bett und dem Fußboden zusammen und lauschten Poetischem und Märchenhaftem, wie sie es liebte.

Sonntags trafen sich die Eheleute, wanderten stundenlang durch Paris. Herbert fotografierte, daraus entstand der Bildband *Das verschleierte Bild von Paris*, der 1943 in der Pariser Prisma-Edition erschien, mit Texten von Erica Ruthenbeck. Verschleiert war Paris durch die sichtbare Präsenz deutscher Macht. Vom Eiffelturm wehte die Hakenkreuzflagge, das Stadtbild war von deutschen Straßenschildern geprägt. Notgedrungen hatten sich die Pariser an die Uniformierten gewöhnt. Sie nannten sie »Fritz« oder »Boches« und bewunderten sogar gelegentlich deren Jugend und gutes Aussehen. Höflich waren sie, diese jungen Wehrmachtsangehörigen: In der Metro boten sie den Damen ihre Plätze an, gern tätschelten sie Kinderköpfe, und in den Geschäften stellten sie sich an und trugen ihr Anliegen in ordentlichem Schulfranzösisch vor.

Wer aber in der Nähe des Innenministeriums wohnte, konnte immer häufiger die Schreie der Gefolterten hören. Der Terror hatte Hausnummern: Er residierte in der Nummer 64 der Avenue Henri-Martin und in Nr. 83 der Avenue Foch. Hinrichtungen von willkürlich gewählten Opfern als Rache für Sabotageakte wurden auf roten Plakaten verkündet. Nicht nur die Gestapo folterte und exekutierte; auch die französische Miliz, eine paramilitärische Organisation von Freiwilligen, geleitet von Joseph Darnand, war für ihre unbarmherzige Verfolgung der »inneren Gegner« berüchtigt.

Ab Mai 1942 mussten Pariser Juden den gelben Stern tragen, im Juli wurde ihnen das Betreten sämtlicher öffentlicher Einrichtungen verboten. Am 16. Juli wurden etwa 13 000 noch in Paris lebende Juden verhaftet, ins Radsportstadion »Vélodrome d'Hiver« gesperrt und dann deportiert. In Ericas Tagebuch findet sich die eine oder andere kurze Notiz, einer der Bekannten sei »verschwunden«, wohl in ein Lager. Man sieht dem Text das bedauernde Achselzucken geradezu an. Wie sonst hätte sie in dieser Stadt leben und für eine deutsche Zeitung arbeiten können?

General Hanesse, Herberts Chef, galt als »Salongeneral«. Er residierte im Palais der Familie Rothschild in der Avenue de Marigny Nr. 21. Der Besitzer, Robert de Rothschild, war mit seiner Familie schon im Juni 1940 nach Amerika geflohen. Sein Palast war ein Schmuckstück, voller wertvollster Möbel, persischer Teppiche, edlen Geschirrs und teurer Kunstgegenstände. General Hanesse wusste das zu schätzen. Er hatte auch Rothschilds Butler übernommen und gab Gesellschaften für Pariser Intellektuelle und Künstler. Jean Cocteau, der häufig Gast der Rothschilds gewesen war, zitiert in seinem Tagebuch den Butler, den er von früher kannte und nach seinem neuen Leben unter dem deutschen General befragte. Ach, antwortete der, eigentlich habe sich nichts geändert. Es gebe immer noch wunderbare Gesellschaften mit denselben Gästen wie früher. Sollte General Hanesse Distanz zum Regime gehabt haben, konnte er sie jedenfalls gut verbergen. Immerhin war es möglich, dass Adjutant de Bary sich von der Anwesenheit bei Hinrichtungen entschuldigte; nur einmal musste er dem grausamen Ritual zusehen. Wenn Göring nach Frankreich kam, begleitete Herbert ihn. Göring, den schönen Dingen zugetan, besuchte gern das berühmte Juweliergeschäft Cartier an der Place de la Concorde und bezeichnete mit einer Bewegung seines Marschallstabes die Preziosen, die ihm gefielen – und das waren so gut wie alle ausgestellten Stücke –, bat dann seinen Begleiter um die Geldbörse, um die Rechnung in bar zu bezahlen. Herbert beteuerte dem konsternierten Inhaber, wie peinlich ihm das sei, aber verhindern konnte er es natürlich nicht. Er konnte aber Pakete mit Butter, Kaffee und anderen Delikatessen, an denen es in Deutschland mangelte, nach Frankfurt schicken und erwarb im Tauschhandel gegen Lebensmittelmarken und Zigaretten Goldstücke, die ihm später noch sehr nützlich sein würden.

Seine Frau genoss die täglichen Wanderungen durch die Stadt und die kulturelle Vielfalt. Ein besonderes Ereignis war die Vernissage von Raoul Ubac in der Rue de Tournant. Er stellte Fotografien und Grafiken aus, die einen deutlichen Bezug zum Surrealismus hatten, etwa die Fotomontage »Hommage à Chirico«, die eine Straße an der Gare de Montparnasse zeigt: In bröckelnde Mauern sind weiße Statuen eingelassen. Zu dieser Vernissage *erschien geschlossen die ganze N.R.F.,* die »Nouvelle Revue Francaise«. Das war die berühmte Kulturzeitschrift, die Surrealismus und Dadaismus bekanntgemacht hatte, unter der Besatzung von dem faschistischen Schriftsteller Drieu la Rochelle geleitet wurde, also zum Organ der Kollaboration mutiert war. Wen genau Erica bei dieser Vernissage sah, schrieb sie leider nicht.

Wenn sie gelegentlich nach Hause reiste, wurde Tochter Erdmuthe aus dem Internat geholt. Mutters Besuche waren Festtage. Sie brachte Kunstpostkarten aus Paris mit und hielt mit ihren Kindern »Kunststündchen« ab, sensibilisierte sie für Werke, die in Nazideutschland nicht zu sehen waren. Nach wenigen Tagen musste Erdmuthe zurück ins Internat, und Erica bestieg den Zug nach Paris, wo sie sich wieder in das Leben der »bande« stürzte. Dann fiel ihr der Kontrast zwischen dem deutschen und dem Pariser Leben besonders auf. In Frankfurt herrschten Ernst und Getriebensein, in Paris – wie ihr schien – plätschernde Betriebsamkeit. Am 11. September 1942 beschrieb sie den Menschenstrom in den Pariser Straßen so:

Man hat das Gefühl, dass sich alle mit dem neckischen Schaum schillernden Wassers bespritzen, einmal darin eine Runde tanzen und im Weiterhüpfen an den Tropfen, mit denen sie den Anderen bespritzten, erfreuen. Sie scheuen Strudel und Tiefe. Und so bin ich jetzt in dem plätschernden Wasser ein eckiger Stein, der mitstürzt, doch an dem man sich reißt.

Wenn Herbert frei hatte, schlenderten sie gemeinsam durch die Stadt oder fuhren hinaus in die liebliche Landschaft der Ile de France, nach Port Royal, wo Pascal einst über Gott nachdachte, wo sanfter Glockenklang aus der Ferne an deutsche Romantik erinnerte und für Momente aus dem quälenden Zwiespalt zwischen ersehnter Geistigkeit und alltäglicher Realität erlöste.

Meistens aber war sie allein unterwegs, oder mit ihren Pariser Freunden, von denen der eine oder andere, wie sie ihrem Tagebuch anvertraute, ihr ein Leben zu zweit antrug. Je länger die Besatzung andauerte, desto seltener konnte sie ihren Mann sehen; es war auch schwierig, ihn anzurufen. Private Telefongespräche waren nicht erlaubt. Am 18. Mai 1943, seinem 38. Geburtstag, richtete sie ihren Tagebucheintrag an ihn: Wie in einem Brief beschrieb sie die Fotos, die sie von ihm in ihrem Zimmer aufgestellt hatte, neben einer russische Lebenskerze, und wie dringend sie auf Post von ihm wartete. Danach geht die Tagebucherzählung zur Arbeit im Verlag über und zu einem ganz besonderen Ausflug.

Und dann ging ich nach Hause, zog mich um und fuhr ganz allein nach Schloss Sceaux. Es dauerte sehr lange, bis ich den richtigen Zug fand. Ich musste an Kafka denken: hatte Kafkasche Angst. Ich werde etwas darüber schreiben, denn immer stieg ich in einen falschen Zug, musste im letzten Augenblick hinaus; der richtige fuhr wieder ohne mich ab, und so weiter. Endlich landete ich und fand den Park gleich. Es war göttlich. Kein Mensch da. Ich konnte so schön an Dich denken!

Natürlich hatte sie auch ein Buch dabei, um es auf einer Parkbank zu lesen: diesmal die Gedichte von Milosz. Auch diesmal setzte sich jemand in ihre Nähe: zwei junge Franzosen, die ihr den Park genauer zeigen wollten, von Deutschland schwärmten und sie gar nicht mehr losließen, bis es dunkel wurde und sie nach Hause mussten.

Am nächsten Morgen stand sie um vier Uhr auf, um den Sonnenaufgang auf Montmartre zu erleben:

Es war so schön wie noch niemals etwas schön war. Das kann ich heute noch nicht beschreiben. Ich ging zur Seine hinunter, und ein wundervolles graues Licht lag über allem. Alles war neu, alles war ohne Vergangenheit, fast körperlos und sehr rein.

Von der Concorde aus nahm sie die Metro und lief dann die Stufen zum Sacré-Coeur hinauf, war rechtzeitig da, als die Sonne aufging, weit hinter den Häusern, begrüßt vom Gesang der Vögel. Kein Mensch weit und breit, nur ein sonderbar singender Priester in der gerade geöffneten Basilika. Auf der Place du Tertre dann die Begegnung mit dem Alltag: Eine Frau auf Strümpfen sammelte Zigarettenkippen auf. Erica ging wieder hinunter auf die Boulevards, wo sie jene Gestalten antraf, die sie später in den »Chimären der dämmernden Stadt« schildern würde. Danach ging sie nicht etwa nach Hause, sondern begann einen ganz normalen Arbeitstag mit Tätigkeiten für den Verlag und später der Arbeit an ihren eigenen Übersetzungen und schaute noch im Café Dôme vorbei, wo sie aber keine Bekannten antraf. Dem Tagebuch vertraute sie an, dass sie abends um neun dann doch sehr müde war!

Herbert hatte in der Zwischenzeit auch seine Schwägerin Edelgard nach Paris holen und ihr eine Stelle als Schreibkraft im Büro des Generals verschaffen können. Sie wohnte nicht weit von der Redaktion der Pariser Zeitung in der rue Réaumur entfernt, und die Schwestern besuchten sich häufig. In einem ausführlichen Brief an ihre Mutter schrieb Erica, dass es der Schwester ganz wunderbar gehe, sie habe gut zu essen und eine interessante Arbeit. Hin und wieder aßen sie mit Herbert in der Kantine des Fliegerheimes, meistens aber kam Herbert zu seiner Frau ins Hotel. Wenn er nicht zur verabredeten Zeit da war, durchlitt sie die tiefe Sorge aller Soldatenfrauen: Was ist passiert, warum kommt er nicht? Dann lief sie in den Jardin du Luxembourg, oder über die Seine hinüber zur Ile Saint-Louis, und wenn sie dann zurückkam, und er fröhlich lächelnd in ihrem Zimmer stand, sich ihrer Ängste gar nicht bewusst, dann erlebten sie, was sie immer wieder schrieb: *Wir haben ein wunderbares Leben hier.* Und das, obwohl ab 1943 immer häufiger alliierte Geschwader über die Stadt flogen und

Eisenbahnlinien und Brücken bombardierten. Die Innenstadt war nicht tangiert, in ihr ging das normale Leben weiter – soweit es unter der Besatzung normal genannt werden konnte.

Anfang Oktober 1943 war sie bei einem historischen Ereignis dabei:

Im Archiv-Verlag deutete ein großes Schild vorübergehendes Geschlossensein an. Ich trat ein. Sechs Männer der deutschen Polizei verteilten sich im Raum und stellten Untersuchungen an. Die Angestellten standen steif, verängstigt und gaben sich mir nur durch ein Augenzwinkern zu erkennen. Der Verleger wurde in Haft genommen, alles geht in andere Hände über. Ich bin noch eine Erinnerung an das Alte. Sie aber wollen sich in das Neue hinüberretten. Daher das Zwinkern zu mir herüber, das so viel heißt wie »Vorsicht! Beunruhige nicht!« Menschliche Verwicklung, Tragik hier und dort und ein Weitergehen!

Der Archiv Verlag war Lieferant der Luftwaffe. Er unterhielt auch ein Lager für Mangelware wie Zigaretten und Damenstrümpfe, das aus Paris bestückt wurde, und wurde mit Korruption in Verbindung gebracht. Möglicherweise hat Erica die Verhaftung des Gründers Rolf Roeingh miterlebt, denn Matthias Lackas, der Geld aus dem Verlag abgezweigt hatte, wurde schon im August 1943 verhaftet. Das war aber ganz bestimmt kein Thema für die Pariser Zeitung, eher, was sich drei Tage später, am 8. Oktober im Tagebuch findet:

Diese Tage sind von einer einzigen wundersamen Müdigkeit. Gelbes Laub, Häuser, Straßen, alles steht in leichtem, grauem Herbstdunst. Und dies ist nur angehaltener Übergang, der ganze Tag eine Dämmerung --- Nicht mehr Schwere, noch nicht Leichtigkeit – (Lässt sie nicht an die Gestalten Eduards von Kayserling denken?)

Um diese Zeit begegnete sie der Kultur des afrokaribischen Raumes. Sie hatte einen Holländer zu Gast, Hendrik Kramer, der ihr und den Freunden von Haiti erzählte, den Ritualen, dem trancefördernden Tanz. Schutzgeister habe man ihm verschafft, und es sei ihm tatsächlich gelungen, auf der Rückreise über das Meer die heftigen Wogen durch Hineinwerfen dreier geweihter Maiskörner zu beruhigen. Während Ericas Gäste danach schnell zu anderen Themen übergingen, versuchte sie, mehr zu erfahren, dem Gehörten noch nachzusinnen. Es passte wunderbar zu dem, was sie in Frankfurt in den völkerkundlichen Vorlesungen von Leo Frobenius gehört hatte. Transzendentale Vorstellungen und Riten überall außerhalb Europas – von Japan über Mittelamerika bis Afrika.

Eines Tages stand sie am Empfang ihres Hotels und nahm ihren Schlüssel entgegen, da streckte sich neben dem ihren ein brauner Arm aus, sie wendete den Kopf und schaute in ein lächelndes Gesicht mit asiatischen Zügen, das ihr sofort sympathisch war. »Der kleine Malaie«, wie sie ihn fortan nannte, war Jacques Rabemananjara, der madagassische Dichter, den die Besatzung in Paris festhielt. Er war, nach dem Verbot der von ihm geleiteten politischen Zeitschrift »Revue des Jeunes de Madagascar« in den Kolonialdienst eingestellt und 1939 an das Kolonialministerium nach Paris geschickt worden. Den mehrjährigen Zwangsaufenthalt nutzte er zum Studium der Literaturwissenschaften und der Politologie, während er weiter für das Kolonialministerium tätig war. 1940 erschien in Paris sein Gedichtband »Sur les marches du soir« (Auf den Abendstufen). Zwischen den beiden Hotelgästen entstand eine tiefe Freundschaft. Er nannte sie seine Muse, seine blonde Penthesilea, und sie ließ sich von ihm die ferne Große Insel erklären. Er las ihr seine Gedichte und die seiner Landsleute Rabearivelo und Ranaivo vor und nahm sie mit zu Lesungen afrikanischer Poesie, die ein in Paris lebender Gymnasiallehrer aus dem Senegal veranstaltete: Léopold Sédar Senghor, der aus deutscher Kriegsgefangenschaft zurückgekehrt war.

So tauchte Erica in Paris nicht nur in die Welt der surrealen Poesie und des absurden Theaters ein, sondern sie begegnete auch Politikern und Dichtern aus jenem Afrika, von dem sie schon als Kind geträumt hatte. Sie sammelte deren Werke und begann sie zu übersetzen.

Als Frankfurt Ende Januar 1944 massiv bombardiert wurde – mit 500 bis 600 Flugzeugen, die auch Bomben mit Langzeitzündern abwarfen, die oft erst Tage später explodierten – war Erica gerade wieder zu einem kurzen Besuch bei ihren Kindern. Im Gewimmer des Luftschutzkellers fühlte sie sich seltsam ruhig:

Das Leben gibt mir größere Angst als der Tod. Als ich herauf-steige, brennt alles rings umher. Die Stadt ist übersät von Scher-ben und Balken. Und schon beginnen diese deutschen Menschen, kaum dass die Sirene entwarnt, aufzuräumen. Ist es Wille oder Gewohnheit?

So schnell wie möglich musste sie diese Stadt und diese Menschen verlassen und nach Paris zurückkehren. Sohn Harald wurde zu den Großeltern nach Eisenach gebracht, wo er sicherer war, Tochter Erdmuthe nahm sie mit und kam damit der für Februar angesetzten Evakuierung von Frauen und Kindern zuvor.

Erdmuthe war überglücklich. Ihr Vater hatte die nötigen Reisedokumente für sie besorgt; im Zug ging es am 4. Februar in die Stadt, die von der Mutter geliebt, von der Tochter ersehnt war. Herbert holte seine kleine Familie an der Gare de l'Est ab und brachte sie zu ihrem Hotel, wo ein Dachzimmerchen für Erdmuthe reserviert war. Wenn er mit Frau und Tochter unterwegs war, dann nur in Zivil. Auf der Straße sprach man tunlichst kein Deutsch, war doch in dieser Zeit die Widerstandsbewegung schon stärker geworden; Sabotage und Feindseligkeiten gegenüber den Besatzern nahmen zu. Mutter und Tochter aßen täglich im kleinen Nebenraum des Restaurants in der Rue Jacob, der Vater kam gelegentlich dazu. An Wochenenden machten sie Ausflüge zu dritt, etwa zum Flohmarkt an der Porte de Clignancourt oder in Museen und Gemäldegalerien. Manchmal holte der Vater Erdmuthe mit dem Fahrrad ab, dann unternahmen sie größere Touren bis in die Vorstädte. Paris war autofrei, denn die Besatzungsmacht hatte Privatwagen konfisziert. Fahrräder waren teuer, aber fast jeder der rund zwei Millionen Einwohner besaß eines. Die Metro fuhr wochentags bis 23 Uhr, am Wochenende gar nicht. Sperrstunde war üblicherweise um 24 Uhr; als Revanche für Attentate wurde sie immer wieder vorverlegt. Verdunklung war Pflicht: Auf erleuchtete Fenster schossen die deutschen Patrouillen.

Tagsüber waren viele Menschen zu Fuß unterwegs, und zwischen ihnen wanderte die Zwölfjährige herum, während die Mutter ihrer Arbeit nachging oder Freunde besuchte. Erdmuthe konnte sich frei bewegen. Sie lief durch den Jardin du Luxembourg, oder in die andere Richtung, zum Boulevard Saint Michel, ans Seine-Ufer hinunter: Bei den Bouquinisten, den Antiquaren in ihren Bretterverschlägen, gab es immer das eine oder andere Jugendbuch, für das ihr Taschengeld reichte. Dann ging sie wieder zurück in die Dachkammer im Hotel, wo sie ihre Französisch-Aufgaben machte. Dreimal die Woche kam die Lehrerin von der Klosterschule in der Rue Notre-Dame-des-Champs, in die sie nach den Sommerferien aufgenommen werden sollte. Verbformen waren zu lernen, Grammatik- und Wortschatzübungen zu schreiben. Unterhalten konnte sie sich schon, schließlich war lange Zeit eine Französin in ihrem Elternhaus gewesen und hatte ihr das Rüstzeug für die Alltagsplaudereien ganz nebenbei mitgegeben.

Jacques Rabemananjara, in die Mutter verliebt und der Tochter zugeneigt, bewohnte ein Zimmerchen neben ihrem, gelegentlich passte er auf ihre Puppen auf, wenn sie ausging, das versprach er ihr jedenfalls.

Ihre Mutter bewegte sich in dieser Zeit nicht mehr nur in den Bohémien-Kreisen armer Dichter und Maler, sie genoss auch Einladungen in adlige Familien, etwa beim Comte Jacques de Ricaumont, selbst Schriftsteller und als Lebemann und Sympathisant rechten Gedankengutes bekannt. Sie hatte Skizzen von ihm für die Pariser Zeitung übersetzt. In seinem Salon verkehrten kostbar gekleidete Menschen, die das faschistische Deutschland offen bewunderten. Bei Tee und feinem Gebäck wurden die verwandtschaftlichen Beziehungen unter den Adelshäusern erörtert.

Eine junge lispelnde Princesse erstaunt durch einen sehr unfeinen Mund, trotzdem gerade sie aus dem ältesten französischen Adel stammt. Contesse Monyout kommt auf mich zu und fragt mit dem Charme französischer Liebenswürdigkeit nach meiner Adresse. Im Ganzen gesehen die Atmosphäre Prousts, sehr viel geistvoller, freier, leichter, eleganter, aber auch sehr viel dekadenter als im deutschen Adel.

Dann kehrte sie wieder in ihre »bande« zurück, den gegensätzlich ausgerichteten Kreis um Marthe Robert und Adamov. Dieser Kreis weitete sich ständig aus. Adamov machte sie mit dem Schriftsteller Georges Bataille und dem Maler Gustav Bolin bekannt.

Später notierte sie einmal erstaunt, sie habe trotz engen Kontaktes mit Bolin nie ein Bild von ihm gesehen. Junge Dichter lasen ihr vor und wollten ihr Urteil hören, der Philosoph Gaston Bachelard empfing sie zum Gespräch: Sie hatte ihre Position als Muse der jungen Künstler etabliert.

Einen starken Kontrast bildeten die Lesungen in der deutschen Buchhandlung »Rive Droite«. Die Werke der Dichter Alard von Schack, Herbert Günther und Hubertus von Beyer fanden keine Gnade vor Ericas Augen. Da war das Werk des Comte Ricaumont, der sie gerade besucht hatte, um weitere Übersetzungen mit ihr zu besprechen, doch viel eleganter.

Die tiefste Freundschaft band sie aber immer noch an Arthur Adamov, der sie damals im Jardin du Luxembourg angesprochen hatte und den sie, wie alle seine Freunde, Ern nannte. Sie besuchte ihn in seinem völlig leeren Zimmer im Hotel Louisiana, wenn er – wie häufig – krank war, und ging mit ihm ins Café, wenn er sich besser fühlte. Das angesagte Café war seit Frühjahr 1944 das »Flore« in St-Germain-des Prés, in dem sich auch die »Familie« regelmäßig aufhielt, so wurde der Kreis um Jean-Paul Sartre und Simone de Beauvoir genannt.

Mit Ern im Café Flore, das jetzt zum Zentrum französischen Literatentums wurde. Zwischen fünf und sechs ist kein Platz mehr frei. Auch die letzten Getreuen des »Dôme« wanderten hier herüber. Es ist etwas mondainer und erzwungener als letzteres, es fehlt völligstes Bohème. Unerträglicher Anblick Sartres, der sich die Nägel reinigt. Er hat den Habitus eines Kleinbürgers, der sich vernachlässigt.

Erica besuchte weiterhin die Poetikvorlesungen von Paul Valéry, deren Inhalte sie im Tagebuch zusammenfasste. Sie lief durch Paris und wurde der Sehenswürdigkeiten nicht müde, die durch den Frühling soviel neuen Glanz bekamen. An einem diesigen Vormittag fuhr sie den Eiffelturm hinauf und sah dann, wie der silbern glitzernde Fluss aus dem Nebel auftauchte und die goldenen Kuppeln erstrahlten.

Alles ist ziseliert und doch in dies trunkene schimmernde Grau des Steines und der Atmosphäre gewoben. Das zu schreiben! Sie ist eine Geliebte, diese Stadt! Sie weiß immer neu, immer anders, immer verführerischer zu locken!

Sie schrieb es in den »Chimären der dämmernden Stadt«.

Am 14. April saß sie im Café Flore, wo Sartre und seine »Familie« an einzelnen Tischen schrieben, und diskutierte mit Adamov über die »Désincarnation«, über das Wesen der Dinge:

Ern behauptet, dass es unmöglich ist, die Brücke bei der Notre-Dame und die Lichtspiegelung unter ihrem Wasser so zu be-

schreiben, dass man das Wesen der Wasserspiegelung als solches und gleichzeitig den genauen Ort, eben unter der Brücke bei Notre-Dame, erkennt, was Jahrhunderte hindurch in der Literatur möglich war. Ich behaupte, dass es gelingen kann, wenn man das zu Beschreibende noch völlig erkenntlich, aber dämonisch steigert.

Die Steigerung ins Dämonische ist das Verfahren, das sie in den »Chimären der dämmernden Stadt« anwendete: Da hüpft die steinerne Chimäre auf den harmlos dahin spazierenden Menschen, würgt ihn, dringt in ihn ein; Masken tragende Komödianten werden zu Ungeheuern; der Seiltänzer stürzt und tritt zugleich auf seinen eigenen gefallenen Körper zu – das Doppelgängerthema, das Erica immer wieder beschäftigt hat, erscheint auch in diesem kleinen Parisbuch.

Dabei war das wahrhaft Dämonische der sich nähernde Krieg. Die alliierten Bomber ließen sich nicht mehr überhören. Im April 1944 traf ein schwerer Luftangriff Montmartre, es gab hunderte Tote, tausende Verletzte. Ein Flugzeug stürzt ins Dach des Louvre. Die Energieversorgung der Stadt wurde heftig gestört.

Erica aber suchte weiter nach Themen für den Kulturteil der Pariser Zeitung, etwa die zauberhafte kleine Bièvre, jenes Nebenflüsschen der Seine, das so idyllisch gurgelnd aus seinem unterirdischen Lauf wieder auftaucht.

Im Juni wurden alle privaten Theater geschlossen. Im »Vieux-Colombier« fiel ein Stück von Camus den Sirenen zum Opfer; das zweite, »Huis-Clos« (»Geschlossene Gesellschaft«) von Sartre, konnte aufgeführt werden und gefiel Erica besser als »Die Fliegen«. Der Tagebucheintrag sieht wie eine Besprechung in der Pariser Zeitung aus. Nach der Aufführung traf sich die »bande«. Gustav Bolin, der Maler, war gerade von einer Reise in die Touraine zurückgekommen und beschrieb begeistert die Blautönungen des dortigen Schiefergesteins.

Paris zeigte sich wieder einmal in der Pracht des Frühsommers. Die Parks strotzten nur so von Rosen.

Da sind duftlose Teerosen – ihre Fragilität erinnert an Orchideen, – da ist eine zartgehauchteste rosa Rose, die ein verschwimmendes Gelb in ihrem Gewebe trägt und die ein seltsam perlmutterfarbener Glanz überhaucht. Die weißen, kühlen Rosen sind noch nicht aufgegangen. Und auch die Wasserrose fehlt, die zur Lotosblume hinüberleitet. Das, was die aus dem Sumpf aufsteigende Lotosblume dem Buddhismus als Mysterienausdruck gewährt, bedeutet dem Christentum die am Dornenstamm erblühte Rose. Weniger ist der Akzent auf die innere Schau und damit auf Flüchtigkeit aller Erscheinung, als auf das Leiden gelegt.

Der Sommer begann erst, aber das braunrandige Altern und duftintensive Welken der Rose ließ die Betrachterin jetzt schon erschauern und an Rilkes Wort von den »Rosenerben« denken.

Manches hatte sich in Paris verändert, nicht nur durch die Luftangriffe. Das Marais, das ursprüngliche Judenviertel, war menschenleer, Fenster und Türen der unzerstörten Häuser zugemauert. Aber wo es ging, versuchten die Menschen ihr Leben normal weiterzuführen. Sie saßen an milden Sommerabenden draußen, plauderten, spielten Karten. Und die unvergänglichen Portalfiguren von Notre-Dame ruhten weiter in sich, die Brücken schwangen sich über die Seine – das alles sog die Deutsche mit vollen Blicken ein und wünschte sich, es malen oder zeichnen zu können, Worte erschienen ihr zum Beschreiben nicht mehr ausreichend. Mit Erdmuthe und Herbert fuhr sie am Wochenende nach Auteuil und labte sich am romantischen Angleridyll vor dem Hintergrund der aufragenden Fabrikschlote. Zu dieser Zeit waren die alliierten Truppen bereits in der Normandie gelandet und rückten auf Paris zu. Die kleine deutsche Familie ging im Jardin du Luxembourg spazieren oder besuchte den Zoo im Jardin des Plantes.

Am 14. Juli, vor und nach der Besatzungszeit französischer Nationalfeiertag, ging sie zu einer Lesung in eine überfüllte Bar. Valéry, den sie nicht mehr zu sehen gefürchtet hatte, ließ sie durch einen Kellner an seinen Tisch bitten. In der Pause erlebte sie, wie der Dichterfürst Hof hielt, sich von alten Bekannten begrüßen und neue Bewunderer vorstellen ließ.

Die Hitze ist unerträglich. Valéry lässt alles ohne Klage mit einem charmanten Lächeln an sich vorübergehen. Sein Kopf ist leicht nach hinten geneigt, auf seinen geöffneten Lippen liegt das Verlangen, bei nächster Gelegenheit eine geistreiche Antwort hervorspielen zu lassen.

Gemeinsam mit dem Comte de Ricaumont begleitete sie den Meister noch ein Stück, um sich mit ihm über das Gehörte auszutauschen.

In der zweiten Julihälfte durchdrang die Untergangsstimmung allmählich das sommerlich-prachtvolle Bild. Regenschwerer Himmel, angstvoll gleitende Vogelschwingen und patinabedeckte Dächer ließen Ahnungen durchschimmern, dass die schöne Zeit in Paris zu Ende ging. Wann wurde ihr klar, was sie erst am 20. Juli aufschrieb?

Wir müssen Paris verlassen. Ich kann es trotz aller Freunde nicht wagen, mit dem Kinde mich unbekannten Gefahren auszusetzen, die mir selbst eine Verlockung wären. Wie hellhörig ist jener, dem eine kürzeste Frist seines Lebens gesetzt ist. Wie hellhörig bin auch ich vor dieser schmerzlichen Trennung geworden. Während ich dies schreibe, klingen die verwirrenden Laute zwischen Abend und Nacht zu mir herauf. Alle sitzen auf der Straße vor den Türen und ihre vom Tage verbrauchte Kraft erholt sich in den dämmernden Gesichtern.

Den erwarteten Einmarsch der alliierten Truppen als »verlockende Gefahr« zu verstehen, zeigt, in welchem Maße Erica jenseits der kriegerischen Realitäten lebte. Natürlich wurde im deutsch kontrollierten Pariser Rundfunk nicht berichtet, was sich in der Normandie abspielte, aber Radio BBC konnte man hören, und es ist schwer vorstellbar, dass nicht der eine oder andere der »bande« über das Vorrücken der Truppen Bescheid wusste.

Erica wäre jetzt lieber denn je Französin gewesen, aber sie musste sich der Tatsache beugen, dass sie nicht mehr dazu gehörte. Sie saß in ihrem Zimmer und grämte sich. Es war, wie einen Geliebten zu verlassen.

Noch einmal ging sie in den Jardin des Plantes zum Orang Utan, dessen tiefschwarze Augen zugleich Exotik und Trauer ausstrahlten. Bei einem letzten Abendessen in einem der kleinen Restaurants nahe der Place d'Italie beobachtete sie das lebhafte Treiben auf den Boulevards, fühlte sich durch die großen Glasscheiben von ihnen getrennt, jenen flanierenden Menschen, die ihre Befreiung von der deutschen Besatzung erwarteten. Zeichen des Übergangs waren die hohen, gelbweiß getünchten Häuserwände, von denen die Propagandaplakate verschwunden waren.

Das Haus der Pariser Zeitung ist leer bis auf einzelne, verstörte Redakteure, eine einzelne Elsässerin. Dazwischen Collaborateure, die ich kaum wiedererkenne: sie ließen sich einen Bart wachsen, um unkenntlich zu sein, sie verkrochen sich und sind wie der Hauptredakteur, der so große Worte zu schreiben wusste, eine einzige Silhouette aus Feigheit.

Auf der Ladefläche eines mit Landsern überfüllten Lastwagens, von denen immer einer gern mal die Zwölfjährige auf den Schoß nahm, verließen sie die Stadt ihres Glücks. An den Straßenrändern standen die Menschen und sahen mit unverhohlener Freude den abziehenden Deutschen nach.

Zum Abschied verneigte sich der kleine Malaie, der über meinem Pariser Zimmer wohnte, vor mir und rief den Geist seines

Großvaters, von dem er mir sprach und den er als seinen eige-
nen Beistand empfindet, mir zum Schutz auf. Möge er mir in
dem Engpass meiner Verzweiflung beistehen!

Frankfurt – Eisenach:
August – Dezember 1944

Wo ich auch bin, wo ich mich auch befinde: ich bin immer im
Aufbruch. Und wandere zudem in Gedanken ständig nach Pa-
ris zurück – es gibt keine Hindernisse. Das Schlachtfeld über-
quere ich, ohne dass mich ein Splitter trifft. Die Wachtposten
lassen mich hindurch. Die Feinde geben mir Geleit. Ich über-
stehe Hunger und Kälte und übernachte in Gräben. Und dann
sehe ich Paris wieder. Ich küsse das Pflaster. Ich gehe im Strom
der Menschen innerhalb des Quartier Latin. »Ach, ein zweites
Mal fahre ich aber nicht fort!« denke ich erleichtert und erwa-
che betäubt, erschreckt, angstgeschüttelt.

Die erzwungene Abreise aus Paris, die Rückkehr ins inzwi-
schen ungeliebte Frankfurt stürzte Erica de Bary in eine tiefe
Depression. Tot fühle sie sich, schreibt sie, gelöst von allem.
Bücher und Manuskripte waren ihr egal, nur Paris zählte, und
das war verloren. Warum konnte sie nicht in einem befreiten
Paris leben? Mit allen Mitteln versuchte sie, die Kontakte zu
halten. Zurück in Frankfurt besuchte sie Adamovs Schwager
Stepanov, der in Heddernheim im Kupferwerk als Ingenieur
zwangsverpflichtet war. Stepanov war Russe, der orthodoxen
Religion zugetan. So repräsentierte er gleichermaßen das verlorene Paris und den ersehnten Osten. Mit ihm konnte sie über
die Zukunft sprechen, vielleicht hat er ihr auch den Kopf ge-
waschen und sie so aus ihrem Selbstmitleid gerissen.

Und plötzlich werde auch ich von der Sucht nach einer Zu-
kunft befallen. Reisen, reisen können durch fremde Erdteile hin.

*Mit schwarzen Menschen leben, die breiten Flüsse Chinas be-
fahren, indischen Heiligen begegnen, wandern durch weite Flä-
chen hin, fern sein von allem, was an Europa erinnert.*

Frankfurt war weitgehend zerstört, im Haus in der Cretzschmarstraße wohnten fremde Menschen, die keine Bleibe mehr
hatten, Kleinbürger, wie Erica verächtlich schrieb. Drei Wochen hielt sie es aus, dann fuhr sie mit Erdmuthe nach Eisenach. Dort war ihre Familie: Elisabeth, die sich um die Enkel
kümmerte und ihren schwer kranken Mann versorgte, auch
Edelgard lebte mittlerweile wieder dort. Harald ging in die
Grundschule, Erdmuthe wurde zu Hause unterrichtet; sie
hätte als Schülerin an einer staatlichen Schule BDM-Mitglied
werden müssen, und das wollte die Mutter auf keinen Fall.
Wann immer es ging, kam Herbert, der nach dem Rückzug
aus Paris zunächst in Wiesbaden stationiert war, zu Besuch.

Erica erneuerte auch eine Vorkriegsfreundschaft: Sie fuhr mit Erdmuthe nach Dresden, wo sie Aljoscha besuchte, der dort eine Assistentenstelle an der Technischen Universität hatte und seine Promotion vorantrieb.

Wie soll ich ihn nennen? Freund oder Feind? Gebieter? Lehrer? Geliebter? Wen ich auch neben ihm Platz nehmen lasse: Aljoscha wird diesen Menschen nicht anerkennen! Dessen Unvollendetheiten stören ihn. Er will sie ausgefeilt wissen. Zum Ruhm oder zum Untergang. Er ist Musiker, Dichter, Physiognomiker, Philosoph.

Sie hatte ihn 1938 in Frankfurt kennengelernt. In der Nähe der Cretzschmarstraße wohnte eine ältere Freundin, die Erica hin und wieder besuchte. Das war eine Jüdin, die dem wachsenden Antisemitismus trotzte, und Erica machte sich Sorgen. Wieder einmal stieg sie an jenem Maientag die Treppen zur Wohnung der Freundin hinauf, da kamen ihr die Klänge einer Mozartsonate entgegen. Die Freundin öffnete, legte den Finger auf die Lippen und deutete auf den schwarzhaarigen Pianisten, der temperamentvoll in die Tasten griff. Stumm lauschten sie, bis der Satz zu Ende war, dann stellte die Freundin sie einander vor. Ob sie vielleicht Zigaretten habe, fragte er, und Erica nickte nur und eilte wieder die Treppe hinunter, verließ das Haus. Während oben der nächste Satz erklang, lief sie die kurze Strecke nach Hause, holte das Gewünschte und eilte atemlos zurück.

Wie stieg ich so behend die Treppenstiegen hinan, die volle Zigarettenschachtel in der Hand, wie beflügelte mich sein Mozartspiel am Flügel, wie flog ich als Schwalbe zu meiner alternden Freundin, der Jüdin, in die Wohnung hinein, sahen wir uns an, Mondphasen im Blick; wie hatte ich vorher die Mailuft empfunden, wusste ich mich noch in der Jugend, im Reiz? Du nahmst die volle Zigarettenschachtel entgegen und danktest mir, war es doch ein Unterpfand unserer Bindung.

So lernte sie Aljoscha kennen: Alfons Clemens Kensik, der eigentlich Kensikowski hieß und aus Polen stammte, obwohl er sich lieber als Russe sah. Er sei ein Wunderkind am Klavier gewesen, gab als junger Mann Konzerte, musste aber wegen seiner schwachen Gesundheit diese Karriere aufgeben und arbeitete nun an einer Dissertation über den österreichischen Kulturphilosophen Rudolf Kassner. Er brachte Erica dessen Ideen nahe. Sie interessierte sich besonders für die »Physiognomik«. Diese Lehre behauptete, früher seien die Gesichter der Menschen Ausdruck ihrer sozialen und geistigen Zugehörigkeit gewesen, während bei den modernen Menschen sich diese physiognomischen Züge verwischten und vereinheitlichten. In Ericas späteren Tagebüchern finden sich häufig solche Versuche, aus den Gesichtszügen der Menschen, denen sie begegnete, Schlüsse auf ihr kulturelles und geistiges Niveau zu ziehen. Die Begegnung mit Aljoscha Kensik eröffnete Erica neue geistige Welten. Er teilte Ericas Interesse für die russische Kultur, war belesen und diskussionsfreudig. Kurz vor dem Krieg zog er nach Dresden, wo es ihm gelang, der Einberufung zu entgehen. Dabei soll ihm Erica geholfen haben.

Im Herbst 1944 besuchte sie ihn von Eisenach aus. Dresden war noch in seiner alten Pracht zu sehen. Aljoscha lebte mit einer jungen Tänzerin zusammen, die Erica kaum älter erschien als ihre eigene Tochter. Gisela hatte die Tanzschule der berühmten Gret Palucca besucht, diese Schule war aber jetzt – wie auch alle Theater – geschlossen.

Zurück in Eisenach wurde Erica krank, eine Operation war notwendig, die Genesung langwierig. Die Familie konnte sie nicht auffangen; das Glück ihrer Schwester stieß sie noch tiefer in die Depression.

Die Hochzeit Edelgards. Wie alle gemeinsamen Feste war mir auch dieses eine Qual. Ich habe nichts mehr zu tun mit dem allen. Ich werde vor mir selbst eine lächerliche, groteske Figur,

meine eigene Marionette, in ein altes, längst verschabtes Etui ge-
steckt. Zwar rührt mich die Schönheit Edelgards, die so bewusst
ihr Fest feiern will, entzückt mich die zarte Gestalt Haralds,
der die Schleppe trägt, aber wozu, wozu bin ich unter ihnen?...
Noch bin ich unendlich müde, schwach. Ich möchte mir nach-
geben, weiter nur in weichen Kissen leben können, doch ich
muss mir vor mir selbst mein Zigeunertum beweisen. Es darf
nicht nur ein Träumen um Möglichsein bleiben. Nachdem ich
Paris verlor, werde ich ein Wandernder bleiben. Immer in
Flucht, immer vorüber... Und es zeigt sich auch: nirgends fin-
det sich für mich ein bleibender, ein geschlossener Raum, wurde
ich doch zum Parasit in einer kollektiven Bürgerlichkeit – über-
flüssig.

Die Möglichkeit, aus dieser ihr immer fremd gebliebenen
Bürgerlichkeit auszubrechen und wieder auf Wanderschaft
zu gehen, stand schon im Raum: Herbert war in die Slowakei
versetzt worden, und seine Frau reiste ihm am zweiten Weih-
nachtsfeiertag 1944 zum Entsetzen ihrer Mutter und zum Be-
fremden der Tochter dorthin nach, um, wie sie schrieb, »unter
abenteuerlichsten Bedingungen« in der Nähe ihres Mannes
zu sein. Dennoch drängt sich der Gedanke auf, dass ihr das
»Wohin« weniger wichtig war als das »Weg von hier«. Jedenfalls wählte sie den Weg, der sie am sichersten aus ihrer unerträglichen Lage befreite, und sie träumte ihn nicht nur, sondern sie ging ihn. Kaum hatte die Bahn das »Reichsprotektorat
Böhmen und Mähren« erreicht, atmete sie freier, fühlte sich der
deutschen Enge entkommen. Im kleinen Triebwagen freute
sie sich über exotische Erscheinungen wie eine schöne
schwarzhaarige Ungarin, die ihr Kind wiegte, die lachenden
jungen »Dandys« und den freundlichen Schaffner mit seiner
Pelzkappe. Sie alle strahlten östliche Kultur aus, ganz anders
als die spießigen Mitreisenden auf den innerdeutschen Strecken.

Biskupice: Dezember 1944 – Februar 1945

*Die Ruhe, Weite und Zeitlosigkeit des Ostens haben zu mir zu-
rückgefunden.*

In Biskupice brachte ein heller Mond die gefrorene Landschaft zum Glitzern, die Hunde bellten über eine scheinbar
friedliche dörfliche Landschaft hinweg. Herbert hatte ein Zimmer für sie bei einem Bauern gemietet, den sie aus dem Bett
holen mussten, so spät war es, als sie ankamen. Das hindert
ihn nicht, Kirschlikör als Willkommenstrunk zu servieren. Ein
großes ebenerdiges Zimmer stand bereit, leider völlig un-
möbliert und schrecklich kalt. Herbert schlug vor, Möbel aus
Nachbarhäusern zusammenzutragen, aber sie suchte sich eine
andere Unterkunft bei einer ungarischen Familie. Im selben
Absatz schon schrieb sie über die armseligen Wohnverhält-
nisse der Einheimischen, ihre Sprachlosigkeit, die von Schmutz
starrenden Kinder. Die Verhältnisse waren komplizierter, als
es auf den ersten Blick aussah. Im Vielvölkerland Slowakei
hatte sich jede Gruppe ihre Umgebung gestaltet: Es gab schwä-
bische Straßendörfer, ungarische, slowenische und tschechische Siedlungen und die Hütten der Roma. Biskupice liegt in
der Steppe und schützt sich mit hohen Dämmen gegen Über-
schwemmungen aus den beiden hier zusammenfließenden
Wasserläufen. Erica war wieder bereit, sich von allem entzücken zu lassen, von den kecken Buben mit ihren umgekehrten
Schirmmützen, der alten Bäuerin mit dem Reisigbündel auf
dem Kopf. Ihr fiel auch gleich ein grundlegender Vergleich
zum Leben in Paris ein: Im Osten ordnet sich der Mensch der
Landschaft unter, in Frankreich macht er sie sich untertan.
Zwischen diesen Extremen bewegte sie sich, Hauptsache, sie
befand sich nicht in Deutschland – der Mitte zwischen beiden.
Paris war die intellektuelle Hochburg, der Osten erfüllte die
Sehnsucht des Herzens. Aber hier war es nicht möglich, die

Menschen zu übersehen, zu deren Elend noch der Krieg kam. Das Land war besetzt, und die Beobachterin gehörte – wie schon in Paris – zu den Besatzern. Ganz offensichtlich versuchte sie, sich das schön zu reden und sich auf eine poetische Position zurückzuziehen, wenn sie schrieb:

Ich erlebe eine gewisse Romantik des Soldatenlebens. Wie Quartier gesucht wird… Wie sich Bekanntschaften, Liebschaften anbahnen.

Volkssturmmänner aus Wien waren da, die nichts als nach Hause zurück wollten, ungarische Truppen, die aus Siebzehnjährigen bestanden, abgerissene, geschwächte slowakische Soldaten. Die Menschen hatten nichts abzugeben, keinen Wohnraum, keine Nahrungsmittel. Das einzige, was sie im Überfluss hatten, war Angst.

Ein Volkssturmmann suchte Unterkunft und Erica dolmetschte, vermutlich auf Russisch. Dann wanderte sie durch die vereiste aber schneefreie Puszta, allein oder auch hin und wieder mit ihrem Mann. Sie nahm am Dorfleben teil, ging in die Kirche, zu einer Beerdigung, machte Ausflüge und erfuhr so einiges über das, was sich unter den deutschen Offizieren abspielte, notierte aber nur kurz »Intrigen um den General«.

Auch wenn Krieg war, gab es viel zu feiern, mit Alkohol, versteht sich. Etwa, als der Sohn des Müllers wider Erwarten doch nicht eingezogen wurde oder als ein Volkssturmmann nach Wien zurückkehren durfte. Ein junger Ungar spielte schwermütige russische Lieder auf der Mandoline und wagte nicht, an seine Eltern in Budapest zu denken, von denen er schon so lange nichts mehr gehört hatte.

Aber die Russen rückten näher. Noch war der Januar nicht zu Ende, da hörte man von den Niederlagen der ungarischen und slowakischen Heere.

Ist es nicht, als hörte ich die Pferdehufe Asiens, kleine helle Hufe über die Steppen? Und vor ihnen die Flüchtlinge in Scha-

ren, ein Knäuel dunkelsten Menschengewoges, eine Orgie des Todes. Unter ihnen gegen den feuerflammenden Himmel die Arme einer hageren Frau, die ein steifes Bündel über sich hält: ein kleines, ein erfrorenes Kind.

Was hier noch als Vision geschildert wird, war weiter nördlich längst grausame Realität: In Ericas geliebtem Ostpreußen waren die Menschen schon auf der Flucht über Land und Wasser – jene apokalyptischen Bilder sind oft genug beschrieben worden. Die de Barys wussten zu jener Zeit vermutlich nichts davon.

Anfang Februar verließen sie Biskupice. Herbert brachte seine Frau zum Zug nach Wien. Etwa eine Stunde vor der Ankunft dort geriet der Zug in einen Bombenhagel. Alle Passagiere sprangen eilends aus dem Waggon, nur Erica zögerte zu lang. Sie kauerte sich auf den Boden, machte sich so klein es ging und dachte darüber nach, wie der Tod sie ereilen würde.

Wie werde ich zusammengedrückt werden, von der Seite? Von oben? Welcher Körperteil sozusagen soll sich auf die vernichtende Last vorbereiten? Trotz allem bemühe ich mich, mein Gesicht zu schützen. Und dann sehe ich plötzlich Herbert vor mir und seine Verzweiflung über meinen Tod. Ich stelle mir die Frage: Wie werden sie erfahren, dass ich hier umkam? Denn es ist mir klar: ich werde in Atome aufgelöst werden. Schon jetzt platzt mir fast das Trommelfell. Es herrscht ein ohrenbetäubender Lärm bei dem tiefen Surren der Flugzeuge.

Der Zug wurde nicht getroffen.

Eisenach: März – April 1945

Im März war Erica wieder in Eisenach, wo die Kinder bei der Großmutter gut aufgehoben waren. Harald und Erdmuthe beteiligten sich an der Nahrungsbeschaffung, indem sie Sauerampfer und Löwenzahn pflückten. Zwar war noch Krieg, aber die Kinder spürten vor allem den Frühling: Sie tobten ausgelassen im Freien, an der Tannenschonung auf dem Breitengescheid, während ihre Mutter der Freundin Karin aus den »Chimären der dämmernden Stadt« vorlas.

Plötzlich eine aufregende Nachricht: Herbert ist in Eisenach! Er hatte die Gelegenheit genutzt, dass seine Truppe auf dem Rückzug in der Nähe vorbeikam, versteckte sich in einem Gartenhüttchen und antwortete nicht, als man ihn rief. Die Kameraden hatten nicht die Geduld, auf ihn zu warten und zogen weiter. Er ließ seine Uniform im Wald, hatte zum Glück andere Kleidung dabei und schlug sich zu Fuß bis Eisenach durch. Bei einer Kontrolle durch SS-Leute wäre er beinahe aufgeflogen, denn er hatte noch den Wehrpass in der Tasche, aber in der anderen Tasche hatte er einen gefälschten französischen Ausweis. Den hatte er in Paris über eine Bekannte Ericas erworben und für alle Fälle immer versteckt bei sich getragen. So konnte er sich als Franzose ausgeben, der gerade aus dem Konzentrationslager komme. Da verzichteten die Soldaten auf die Leibesvisitation und ließen ihn laufen. In Eisenach nannte er sich Harald Strahl und behauptete, Karins Bruder zu sein. Die Familie, die Karin beherbergte, nahm auch ihn auf. Karin benachrichtigte Erica, die ihm diskret Essen und Kleidung brachte; seine Situation war gefährlich: Er hätte als Deserteur erschossen werden können.

Ende März rückten die Amerikaner näher.

Unruhe überfällt die Stadt. Die ersten Parteibonzen fliehen. Jagdflieger bedrohen tagsüber jeden Ausgang, während nachts schwere Bomberverbände über unsere Köpfe surren. Ich empfinde diese Art der Ungewissheit als wundervoll. Ich liebe die Gefahr. Ach, ich möchte nur auf diesen schwindelnden Graten entlanggehen, auf allen Planen des Lebens. Zukunft umbraut mich wie wallender Nebel. Alle Aktivität, die in schweren Ängs-

ten gebannt lag, steigt langsam bis in die äußersten Fingerspit-
zen wie der angestaute Saft in den Pflanzen im Frühjahr. Ich
möchte formen aus diesen noch ungeformten Nebeln: Gestaltun-
gen, Entwürfe meiner Zukunft, der Zukunft überhaupt. Mein
alter Trieb zum Wandern, Vagabundieren, Abenteuern wird
wach.

Je ängstlicher die Menschen sich gebärdeten, desto zuver-
sichtlicher, kraftvoller, ja, man kann sagen – glücklicher wurde
sie. Die Außenseiterrolle bescherte ihr hier all das, was den
Deutschen kurz vor der Kapitulation fehlte. Auch die Angst
vor den Bomben war in jenem Waggon vor Wien zurückge-
blieben. Am liebsten hätte sie den letzten Kampf um Eisenach
mitten in der Stadt erlebt, nur widerwillig, um der Kinder willen, zog sie mit Edelgard und den Eltern zu Bekannten auf
die Marienhöhe, wo sie alle zusammen in einem halb im Kel-
ler gelegenen Raum kampierten und dann doch ängstlich zusammen rückten, wenn Geschützdonner von der Stadt herauf
dröhnte. Erica las Rilkes Kriegsgedichte von 1914 vor, der
Vater suchte passende Stellen aus dem »Faust«.

Am 1. April – Ostersonntag – standen die Amerikaner vor
der Stadtgrenze. Da sich der deutsche Kommandant weigerte
zu kapitulieren, schossen sie die Innenstadt am 6. April stundenlang in Brand, dann wurde endlich auf der Wartburg die
weiße Fahne gehisst.

An allen Fenstern hängen weiße Tücher. Als eine Erlösung
von nationalsozialistischem Joch erwarten endlich die Einwoh-
ner die Feinde. Eine merkwürdige Zwischenstimmung, wie ich
sie schon in Paris erlebte: die deutschen Truppen sind abgezogen,
die amerikanischen Truppen noch nicht da…

Aber sie ließen nicht lange auf sich warten: Unter einem
strahlend blauen Frühlingshimmel rollten die amerikanischen
Panzer ein, und ab sofort wollte niemand mehr mit den Na-
tionalsozialisten auch nur das Geringste zu tun gehabt haben.

KAPITEL 5

Nachkriegsjahre

Kein Volk ist mir so unverständlich als mein eigenes deutsches Volk. Zwei Kriege, die zweifelsohne zwei Mal Deutschland heraufbeschworen hat, sind verloren. Jedes Mal nur größere Not, nur größeres Leid. Ist es denn wirklich nicht möglich, einen eigenen Stolz ohne das in Deutschland gänzlich missverstandene Wort »Ehre« und »Pflicht« zu bewahren und sich doch in die Mentalität anderer Völker einzuleben? Ich habe gehofft, mein Volk, das mir im Sieg unerträglich war, im Leiden lieben zu lernen. Aber ich fühle mich genauso entfremdet wie zuvor. Ich sehne mich so unendlich in die Welt zurück. Alle Türen sind zugeschlagen.

Die Kapitulation war erklärt, der Krieg zu Ende, das Land erstarrt in der Niederlage, die von vielen, wohl den meisten, auch als Befreiung erfahren wurde. Erica sah mit Erstaunen biedere deutsche Hausfrauen den amerikanischen Besatzungssoldaten erklären, sie seien niemals Nazis gewesen.

Und doch: wenn Hitler jetzt plötzlich hier stände, wieder liefen sie ihm zu. Er hatte eine Gewalt, sich die Menge hörig zu machen. Immer schaue ich ihn, wie ich ihn damals durch die Straßen Frankfurts fahren sah: stehend, im langsam rollenden Wagen, mit gestreckten Arm: eine leere Marionette, die von Dämonen an unsichtbaren Fäden willkürlich und furchtbar gezogen wird. Und so sehe ich ihn auch zum Schluss über dem gänzlich zerstörten Deutschland, aschgrau, ein grinsender Ahasver!

Eisenach: Frühjahr 1945

So wenig wie mit dem triumphierenden Nazideutschland
wollte Erica mit diesem zerstörten, unterlegenen Deutschland
zu tun haben. Wieder gingen ihre Gedanken nach Paris. Es
wurde möglich, Briefe dorthin zu schicken: Der französische
Beamte, der sich um die Rückkehr der Zwangsarbeiter und
Lagerinsassen kümmerte, war bereit, die Post zu besorgen.
Einer der französischen Offiziere stellte sich gar als entfernter
Bekannter aus Paris heraus, er wusste Neuigkeiten von den
Freunden dort. Eine freudig-schmerzhafte Begegnung: Als er
ins Auto stieg, schrie sie tonlos: »Nehmt mich mit, nehmt mich
mit!« Und immer wieder suchte sie die Nähe der Franzosen:

*Ach, ich würde mich unter sie mischen, nur fort, fort, wenn
nicht …*

… wenn nicht Herbert ihrer so sehr bedurft hätte an diesen
letzten Tagen, die er noch zeitweise wenigstens in ihrer Nähe
verbringen konnte. Er versuchte, den Amerikanern aus dem
Weg zu gehen, gab sich als Franzose aus, schlief mal hier mal
da, aber nirgendwo wollte man ihn behalten, es war zu gefährlich. Ein paar Nächte Ruhe hatte er in einem Altersheim, wo
es ab und zu einen Teller zusammengekratzter Reste zu essen
gab. Die seltenen und heimlichen Treffen des Ehepaars waren
von der Anspannung gezeichnet.

Und wenn beide zusammen nach Frankreich wanderten?
Endlich ergab sich die Gelegenheit, zu zweit zu fliehen, dieses
schreckliche Deutschland hinter sich lassen; vielleicht sogar
wieder nach Paris? Nein, sagte Herbert, der Vernünftige. Völlig unmöglich. Erica schien den Plan ernst genommen zu
haben, aber für ihren Mann kam so etwas natürlich nicht in
Frage, nicht nur, weil ihm immer noch das Kriegsgericht
drohte, sondern weil das seinem Wesen auch völlig widersprach. Gab es Streit? Vorwürfe?

Während ich schon mein Bündelchen geschnürt und mich in-
nerlich von den Kindern gelöst hatte, besann er sich plötzlich
auf seine bürgerliche Rolle in diesem Staat und meldete sich als
Wehrmachtsangehöriger bei der amerikanischen Behörde. Er ist
von seinem Vorhaben nicht abzubringen. Ich begleite ihn. Von
einem amerikanischen Büro werden wir ins andere verwiesen.
Schließlich wird ihm sehr freundlich anbefohlen, sich in seine
Uniform zu kleiden, und von einem amerikanischen Soldaten
bewacht, schreiten wir durch die kleine Stadt. Der Soldat war-
tet vor der Haustür. Nachdem sich Herbert umgekleidet und
wir Abschied genommen haben, wird er abgeführt. Ich bin ver-
zweifelt und weine ... Plötzlich, schon in der Dunkelheit, kommt
Erdmuthe zu mir hinauf: »Papi ist wiedergekommen!«

Die Amerikaner hatten nicht gewusst, wohin mit ihm, ihn
deshalb nach Hause gefahren und ihn angewiesen, sich am
nächsten Morgen im Rathaus zu melden. Das tat er – in Zivil.
Ein junges Mädchen notierte Name und Adresse auf einer
Liste und ließ ihn wieder gehen.

Die Stadt füllte sich mit Menschen, die unterwegs waren,
ohne recht zu wissen wohin. Ehemalige Häftlinge aus Buchenwald erzählten einer sie umringenden ungläubigen Menschenmenge, was ihnen angetan worden war. Franzosen waren
darunter, für die ein Hotel reserviert wurde als Durchgangssta-
tion auf der Heimreise. Sie erschienen wie Gestalten aus dem
Totenhaus, bleich mit leerem Blick, in abgerissener Sträflings-
kleidung, viele mit verstümmelten Gliedern, auf Krücken, an
Stöcken. Erica ging in die Hotelhalle, in der sie kauerten,
sprach viele an, fragte nach Hendrik, dem Pariser Bekannten,
der auch nach Buchenwald verschleppt worden war. Ein junger französischer Arzt, der ihn dort gesehen haben wollte, versprach weitere Auskünfte. Mehrmals suchte Erica ihn auf; er
hielt sie offensichtlich für eine Französin und genoss die lange
vermisste Ansprache einer Frau.

Der junge Arzt ist lebhaft, musikalisch, intellektuell und weiß als echter Marseilleiser in wundervollen Wendungen und Bildern seine eigene Sprache zu führen. Ich merke, wie er von Mal zu Mal zu sich als Mann zurückfindet, wie er immer werbender um mich als Frau wird. So leite ich ihn sanft hinüber ins Leben und bin glücklich, wieder die Musik dieser Sprache zu hören und auf diesen hochgeschwungenen Sätzen zu gehen, die kunstvollen barockverzierten Brücken gleichen. Sie bleiben ohne Beständigkeit. Sie fallen hinter uns wieder zusammen. Aber genügt es nicht, sie im Augenblick des spielenden Gespräches zu bewundern?

Erica genoss es, als Französin wahrgenommen zu werden. Andere kamen zu ihr, gaben ihr die Hand. Sie fühlten sich den Amerikanern und erst recht den Russen moralisch überlegen, wie Erica sich eingestehen musste. Und sie träumte von einer Welt ohne Hass der Völker aufeinander, in der das nun überstandene Leid alle einen würde.

Mit Herbert wanderte sie nach Tambach, um bei einer Bekannten nicht näher bezeichnete Sachen zu holen. Das waren 70 Kilometer, die sie in zwei Tagen bewältigten. Unterwegs begegneten sie seltsamen Gestalten, abgerissenen Einzelgängern – vielleicht waren das fahnenflüchtige Soldaten? Amerikanische Soldaten grüßten freundlich, und Erica bewunderte die schwarzen Gestalten. Die meisten Deutschen hatten noch nie einen dunkelhäutigen Menschen gesehen. Sie assoziierten mit schwarzer Haut entweder den Sarotti-Mohr oder die nickende Figur, die in Kirchen um Spenden warb. Für sie waren die afroamerikanischen Soldaten das Urbild des »Fremden«. Erica dagegen sah in ihnen die Träger jener poetischen Kultur, die sie in Paris kennengelernt hatte, Boten einer imaginierten Welt, die Verkörperung ihrer eigenen Sehnsüchte, wenn sie eine Szene beschreibt, in der man sich die amerikanischen Soldaten nur schwer vorzustellen vermag:

Und plötzlich sah ich: seltsam mischte sich sein grünlich-grauer Kakianzug mit dem Grün der Wiese, des Laubes, versank sein schwarzes Gesicht in der zunehmenden Dämmerung, wurde auf eine reine und schöne Art unsichtbar. Wie störte ein weißer Mensch, der hinter ihm auf dem Wege entlangging, wie hob er sich ab, wie verriet er den werdenden Abend ...

Unheimlich sinken sie alle zurück, die Schwarzen, in die dunkelnde Nacht.

Am Hang zwischen den Stämmen wurzeln sie, unbeweglich, angeglichen, nur die Augen blitzen. An einem Hoftor kauern sie um ein Feuer.

Und einer ihrer manchmal schrillen, doch schwermutsvollen Gesänge erklingt: schrill wie die grelle, afrikanische Sonne, die unendlich viel schwermutsvoller als ein regenschwerer, nordischer Himmel ist ...

Nach ein paar Tagen war Herberts unfreiwilliger Urlaub zu Ende. Er habe in Uniform am Bahnhof zu erscheinen, wurde ihm mitgeteilt.

Dort stehen Lastautos bereit, in die die versammelten Soldaten unter Bewachung der Amerikaner verfrachtet und fortgefahren werden. Der Abschied ist mir furchtbar schwer. Die Tränen stürzen mir aus den Augen. Alles ist so sinnlos geworfen. Hätte ich doch so gern gemeinsam den Plan wagen wollen, wäre er nur standhaft geblieben. Aber es ging über seine Natur. Und ich zürne nicht mehr. Hat er doch, wie kein anderer Mensch, mich immer geliebt, umpflegt, umsorgt mit so viel Zartheit und Reinheit des Herzens. Immer will ich ihm dankbar sein. Wie hätte ich ohne ihn die Grenzen dieses mich beengenden Landes bezwungen? Mit seinem Fortgang stürzen alle Entschlüsse zusammen. Ich fühle meine Weltfremdheit, meinen zarten Körper, ich fühle mich ohnmächtig ...

Sofort nach der Einnahme der Stadt hatten die Amerikaner mit der Reparatur vor allem des Bahnbetriebes und der Autowerkstätten begonnen. Sie waren so präsent, dass Erica sich motiviert fühlte, ihre Englischkenntnisse hervorzuholen und auszubauen.

Eigentlich mochte sie die angelsächsische Kultur nicht, aber das lag nicht nur an einer ursprünglichen Antipathie, wie sie eingestand, sondern auch an mangelnden Erfahrungen mit den anglophonen Ländern.

Allerdings wurde in Eisenach die englische Sprache nicht mehr lange benötigt, denn am 1. Juli 1945 mussten die Amerikaner die Stadt vertragsgemäß der Roten Armee übergeben. Nun war Familie von Düsterlohe mit ihren Sprachkenntnissen im Vorteil. Elisabeth kam mit den russischen Besatzern gut aus. Gelegentlich klopfte ein Soldat an die Tür: Sie wechselte mit ihm ein paar Worte auf Russisch, stopfte hin und wieder einen ihr zugeschobenen Strumpf und bekam immer mal ein Stück Brot zugesteckt oder eine russische Zigarette für ihren Mann.

Unterwegs in Deutschland: Sommer 1945

Doch je weiter wir ziehen, umso stärker fällt mich eine Depression der Landstraße an. Es ist eine Depression, die sich nicht beschreiben lässt, die nur der Abenteurer kennt und nur jene überfällt, die auf langen und staubigen Strecken zwischen zwei Zielen entlang ziehen. Meine Gefährten wollen noch am gleichen Tag in die Rhön abbiegen und mich allein lassen. Sie fürchten Kontrollen, denn wir sind ohne die nötigen Ausweispapiere. Aber nicht dieses ist es, das mich niederdrückt, vielmehr, dass ich nicht allein gehe. Der Stern der Wanderer steht nur über dem Einsamen. Und wenn ich vielleicht auch dieses Anstoßes zum Aufbruch bedurfte, – jetzt will, jetzt muss ich mich von den Anderen befreien.

Die unmittelbare Nachkriegszeit war die Zeit der Bewegung. Überall wimmelte es von Menschen, die zu Fuß unterwegs waren: Soldaten kehrten in wochenlangen Märschen zu ihren Familien zurück, die überlebenden Insassen der von den Besatzungstruppen geöffneten Konzentrationslager wanderten durch die Freiheit, als »displaced persons«, misstrauisch und ängstlich beäugt. Flüchtlinge suchten ein neues Zuhause. Und das alles in einem Land, dessen Infrastruktur am Boden lag, wo man froh sein konnte, eine Suppenküche des Roten Kreuzes zu finden, wenn man kurz vor dem Hungertod stand.

Auch Erica lief endlose Strecken zu Fuß, fuhr in banklosen Zügen, die im Morgengrauen starteten, so dass man die Nacht auf dem Bahnhof zwischen dort lagernden Menschenmassen verbringen musste und froh sein konnte, wenn man einen Sitzplatz auf einem Koffer bekam. Immer wieder wurde die alleinreisende Frau belästigt, bedrängt, musste sie sich gegen Zudringlichkeiten wehren, diskutierte und argumentierte auf französisch und immer öfter auf englisch. Über dem ganzen Elend schwebte die Erinnerung an Paris, der Wunsch, dorthin zurückzukehren, aber es gab kein Zurück. Das war unmöglich. Und selbst wenn sie hätte hinreisen können: Es wäre nicht mehr wie damals gewesen.

Meine Sehnsucht ist unsäglich und gleichzeitig weiß ich, weiß ich ganz genau, dass man niemals innerlich zurückkehren kann. Jede Rückkehr ist falsch oder erweist sich als falsch. Auch die Rückkehr zu einem Menschen.

So mühsam das Reisen in dieser Zeit auch war, es passte zum Nomadentum, das sie sich wünschte. Seit sie Paris verlassen musste, konnte sie sich an keinem Ort auf Dauer einrichten. Immer wieder schrieb sie im Tagebuch vom Aufbrechen, das auch ein Losreißen war, von der Mutter, die diesen Wandertrieb missbilligte, von den Kindern, die ihr mit Unverständnis nachschauten, als sie sich den schweren Rucksack, der vor allem Proviant enthielt, auf die zarten Schultern wuchtete, den Trenchcoat und ein rotes Kopftuch überzog. Aber sie musste die Lage in Frankfurt selbst sehen, sich um eine Schule für die Kinder kümmern, denn dort war ihr Zuhause.

Wandergefährten boten sich an. Man war nicht einsam auf den Straßen, fragte sich gegenseitig nach dem Woher und dem Wohin; manch einer konnte Orte nennen, wo es eine heiße Suppe, vielleicht sogar eine Unterkunft gab, etwa auf einem Strohlager in einer Schule. Manchmal nahm ein Ochsenkarren oder sogar ein Holzgasauto sie ein Stückchen mit. Aber immer wieder wurden sie von Kontrollposten der amerikanischen Besatzungstruppen aufgehalten, die vor allem nach deutschen Soldaten suchten. Erica sprach sie auf Französisch an, das erleichterte das Durchkommen. Es gab auch Hilfe von deutschen Weggefährten: Eine, Marie geheißen, erinnerte sich, dass eine alte Freundin ganz in der Nähe wohnte, und schon fand sich Erica im Lehrerhaus der Dorfschule wieder, in einer sauberen kleinbürgerlichen Wohnküche, in der *eine einfache Frau mit schönen Augen und reinem Herzen* den unangemeldeten Gästen eine Suppe kochte und Gläser mit eingemachtem Obst öffnete. Und beim Blick in den Bauerngarten, in dem die Bienen summten und die Rosen dufteten, wurde aus dem Nomadentrieb eine Sehnsucht nach Sesshaftigkeit: den ganzen Tag in diesem Garten sitzen, ein Buch auf den Knien, abends im Kreise gewohnter Gesichter trauliche Ruhe pflegen – eine ganz neue Utopie. Bei dem, was die Lehrersfrau auftischte, war allerdings klar, dass sie tagsüber im Garten anderes tat als ein Buch zu lesen, und dass sie gewiss auch abends die Hände nicht ruhen ließ. War sie, die ihr Leben nicht reflektierte und nicht aufschrieb, vielleicht in jener Zeit die Glücklichere? Solche sozialromantischen Betrachtungen entsprechen der poetisierenden Wahrnehmung der am Lagerfeuer singenden dunkelhäutigen Soldaten.

Die Reisegefährtin, die diesen nahrhaften und erbaulichen Aufenthalt ermöglichte, zeigte auch sonst ein gutes Herz. Einer Frau, kurz vor dem Zusammenbrechen vor einem Leiterwagen, auf dem ein erschöpftes und hungriges Kind saß, half sie beim Ziehen und organisierte im nächsten Dorf ein Butterbrot. Dann nahm ein Ochsengespann alle mit; der Leiterwagen wurde angehängt, es ging zu einer Molkerei, in der jeder ein Glas Buttermilch bekam. Auf einem anderen Hof gab es Brot und ein Lager in der Scheune – gegen Zigaretten. Trotz aller Erschöpfung hatte Erica die Muße, die dörfliche Abendstimmung zu genießen, nur widerwillig kroch sie ins Stroh, in dem es unangenehm knisterte und raschelte. Bei Sonnenaufgang ging es weiter, ungewaschen und mit Strohhalmen im wirren Haar. Sie überholte die Frau, die ihre Habe und ihr Kind auf dem Leiterwagen hinter sich herzog. Noch zwei Stunden lief sie bis Hünfeld, kein Auto hielt unterwegs, und nun hatte sie wieder einen ihrer Tiefpunkte: So würde sie es nicht bis Frankfurt schaffen.

Ich denke: Warum mich so abmühen? Warum nicht Französin sein und mit Amerikanern fahren? Ich frage nach der Kommandantur. Dort treffe ich einen netten Kreolen. Er ist groß und schlank gewachsen, warm ist die Tönung seiner Haut und die dunklen Augen blitzen mich an. Er verweist mich auf eine andere Dienststelle auf einem großen, runden Platz, indem wir vieldeutige Worte tauschen. Auch dort stoße ich auf einen netten jungen Amerikaner. Und ich sage ihm: »Ich bin Französin, ich will nach Frankfurt fahren! Sie können sich denken, dass ich nicht zu Fuß laufen will.« – »Warum sind Sie hier in Deutschland?« – »Weil ich hier gearbeitet habe.« Sein Gesicht beschattet sich, da spricht es weiter aus mir: »Mein Mann war im Konzentrationslager. Er liegt krank in einem Lazarett und ich muss zu ihm.« »Oh, I see!« ruft er freundlich, stürzt zu seinem Vorgesetzten und kehrt mit einem beschriebe-

nen Zettel zurück, der mir ermöglicht, mit einem amerikanischen Wagen zu fahren.

Ganz einfach war das nicht, denn nicht jeder amerikanische Chauffeur fühlte sich durch diesen Zettel zur Mitnahme einer unbekannten Person verpflichtet. Schließlich strandete sie in Steinbach, 60 Kilometer vor Frankfurt. Immerhin gab es ein Stück Brot und ein Glas Wasser in einer Wirtschaft. Ein Schlafplatz fand sich in einem friedlichen Bauernhof: Die Bäuerin, deren Mann in Gefangenschaft war, machte ihr im Ehebett Platz. Ein Käuzchen rief, und der kleine Junge, der im selben Zimmer schlafen sollte, fühlte sich zu philosophischen Gesprächen aufgelegt.

»Warum schlafen die Eulen nicht? Der Peter hat mir gesagt, wenn einer stirbt, dann rufen die Eulen vorm Fenster.« – »Dummer Bub, es lockt die Eulen das Licht, wenn einer beim Kranken wacht.« – »Nein, sie wissen, was der Tod denkt. Und am Tage bleiben sie unsichtbar, weil sie auf einem Ast in den Bäumen schlafen.«

Beim Abschied antwortete die Bäuerin auf den Dank und das »Gott vergelte es Ihnen!« mit der Überlegung, ihr könne das ja auch passieren, dass sie heimatlos auf der Landstraße unterwegs sei. Vielleicht bewahre sie diese gute Tat davor.

Dann hielt ein Möbelwagen. Ja, er fahre nach Frankfurt. Aber vorher habe er noch einen Auftrag auszuführen. Zwei Stunden lang wurden Möbel bei einer offensichtlich reichen Familie aufgeladen, so reich jedenfalls, dass Erica keine Skrupel hatte, einen herumliegenden Apfel zu stehlen. Sie war nicht der einzige Passagier, Soldaten fuhren mit, die sich von Stalingrad aus bis nach Deutschland durchgeschlagen hatten.

Nachdem sie lange durch die schöne und fruchtbare osthessische Landschaft gefahren waren, erreichten sie Gießen, wo Erica so oft die Großeltern besucht hatte. Die Stadt war eine trostlose Ruine. Sollte das der Ludwigsplatz sein, in dessen

Nähe sie lebten? Alles lag in Trümmern, nichts Bekanntes zeigte sich der Durchreisenden, die hoffte, in Frankfurt möge es nicht ganz so schlimm aussehen. Am Zoo setzte der Fahrer sie ab, es war wie eine Landung auf einem anderen Planeten.

Wie seltsam! Ich gehe die Zeil herauf. Rechts und links nur ausgebrannte Fassaden, nur Trümmer! Aber ein wimmelnder, dunkler Menschenstrom kommt mir entgegen, unzählig und eilig, wie im Traum! Kriechen sie aus Kellern empor, aus gespaltenen und brüchigen Räumen? Für welche Geschäftigkeit, welches Ziel? Ich aber eile ihrem Strom entgegen, auch an diesen Trümmern entlang, auf denen manchmal hochmütig und gelangweilt Besatzungstruppen hocken. So gelange ich an die Hauptwache, die Goethestraße, den Opernplatz. Ich gehe zur Gontard'schen Bank, um über das Ergehen von Herberts Eltern und ihres Hauses zu erfahren. Der Vater ist, ohne der Partei angehört zu haben, nationalsozialistischer Gesinnung angeklagt, aus der Bank gesetzt und seines Vermögens beraubt worden. »Er ist noch sehr aufgeregt!«, sagt man mir. Auch war das Haus drei Mal von Amerikanern belegt. Ich gehe jetzt die Bockenheimer Landstraße herauf, immer noch den Rucksack auf dem Rücken. Bald beginnt der Stacheldraht. Ein Viertel von Frankfurt ist in ihn einbezogen. Die Häuser in diesem Gehege wurden innerhalb einer Stunde geräumt und harren nun auf Eisenhower und sein Gefolge. Auch der Palmengarten und der Rothschildpark sind unzugänglich geworden. Ich gehe durch das Gartentor ins Haus. Niemand rührt sich. Da rufe ich »Mama« ... und da liegen mir Herberts Eltern schluchzend in den Armen.

War sie auch glücklich, die Schwiegereltern gesund anzutreffen, so fand sie doch das Frankfurter Heim der Vorkriegsjahre nicht wieder. Das Haus stand noch, war nur wenig beschädigt, aber es bot keine Heimat. Fremde ausgebombte

Frankfurter wohnten im Erdgeschoss. Die Kinder fehlten ihr, sie waren ja bei den Großeltern in Eisenach geblieben, wo es ihnen besser ging. Herbert fristete in irgendeinem Lager ein kümmerliches Dasein, in unbekannter Ferne unter Bedingungen, die sie sich gar nicht ausmalen durfte.

Das entsetzliche Haus! War es früher ein goldener Käfig, so ist es jetzt ein hässlicher, von fremden Menschen bewohnter Kerker geworden. Noch wohne ich oben in meinem Schlafzimmer mit dem großen runden Balkon, der mir immer wie ein Schiff erscheint, das nachts in den Sternenhimmel hineinfährt. Noch stehen die Pappeln im Nachbargarten. Aber auch dieser Raum wird mir genommen werden. Da das Vermögen verloren ging, wird alles in grauenhafter Weise in eine Geldsumme umgesetzt ... Was geht mich das alles noch an? Was habe ich mit diesen Menschen zu tun? Wollen sie mich doch umsonst in ihre Art, ihre Arbeit zwingen.

Die Natur bot Trost: Zwischen den Trümmern grünte es, die weißen Rosen im Garten blühten üppiger als je zuvor, als wolle die Natur die Menschen entschädigen oder doch wenigstens ein bisschen Schönheit in das graue Elend bringen. Auch den Vollmond, der durch die Balkontür schien, sah Erica als mystisches Sinnbild eines ganz anderen Lebens, des Nachkriegslebens, das begonnen hatte und genau so durchzustehen war wie der Krieg. War sie auch nicht heimisch hier, so würde sie sich doch hier einrichten müssen: Frankfurt war ihr offizieller Lebensmittelpunkt, auch die Kinder würden bald hier sein, wenn auch nicht im Haus, denn sie brauchten geordneten Schulunterricht. Die Anna-Schmidt-Schule bot als erste wieder Unterricht an. Ihre Leiterin Käthe Heisterbergk hatte die Schule mit großem Geschick durch die Nazi-Zeit gebracht und sich politisch nicht kompromittiert. Das Schulgebäude im Westend war zwar zerstört, aber in Niedererlenbach funktionierte der Unterricht, und das Internat nahm Schüler auf.

Die Stimmung in der Cretzschmarstraße war nicht gut. 300 Mark überreichte ihr der Schwiegervater im Beisein von Bekannten, und Erica fühlte sich bloßgestellt: Was war ihre Gegenleistung für dieses Geld? Sie fühlte sich zu *bürgerlicher Arbeit und bürgerlichem Geldsinn* gezwungen; gekauft, um ein armseliges, kleinliches Leben zu teilen. Ihr Leben mit der Pariser Bohème hatte zu einer Entfremdung von den Schwiegereltern geführt, die ihr nun als Kleingeister erschienen. Dass sie nach wie vor das finanzielle Geschick der Familie in den Händen hielten und von ihr keinen Beitrag dazu erwarteten, dass sie sich während des Krieges um die Kinder gekümmert hatten, dazu findet sich im Tagebuch keine Bemerkung.

Nach zwei Wochen trat sie die Rückreise nach Eisenach an. Herberts Vater begleitete sie bis zur Molkerei am Frankfurter Osthafen, von dort nahm sie ein Milchwagen bis Schlüchtern mit. Der Schwiegervater konnte nicht bis zur Abfahrt warten, er verabschiedete sich, und Erica fühlte sich auf einmal völlig verlassen, sie, die doch nie Probleme darin sah, andere allein zu lassen. Sie wollte ihn anflehen, noch zu bleiben, aber das tat sie natürlich nicht, und dann kam ja auch das Auto, eine Art Tankwagen mit großem runden Kessel, auf dem man sich nur mit Mühe festhalten konnte. Drei Stunden dauerte die gefährliche Fahrt, bis sie in einer Schlüchterner Wirtschaft verschnaufen konnte. Dort traf sie auf deutsche Soldaten, die gerade aus dem Lager entlassen worden waren. Sie hatten nichts mehr von der Schneidigkeit des deutschen Militärs, sondern waren nur ein heruntergekommener, verwahrloster Haufen Männer, kriegsmüde und enttäuscht. Am nächsten Morgen nahm ein Auto sie bis Hünfeld mit, weiter ging es zu Fuß, ein Stück weit auf einem Ochsenkarren; wieder gab sie sich als Französin aus, da war eher mal ein Platz für sie in den immer voll beladenen Autos. Zwischen zwei Mitfahrgelegenheiten ließ sie sich auf einer Wiese nieder und vertiefte sich in Platos »Gastmahl«, während ringsum Frauen die Sensen schwangen; ein Gewitter hing in der Luft. Ein Kloster bot ein bescheidenes Abendbrot und ein schmales Bett. In Eisenach schließlich spie sie das letzte Gefährt einer langen Kette aus.

Die elterliche Wohnung war ihr eher Heimat. Hier konnte sie ihren Geist beschäftigen: Heidegger lesen mit ihrer Freundin Karin. Die bevorstehende Besetzung Eisenachs durch die Rote Armee schreckte sie nicht, sie nährte sogar ihre Sehnsucht nach dem Osten. Nach Moskau reisen! Nach Sibirien! Alles, nur nicht Deutschland. Aber der deutsche Frühsommer zeigte sich in seiner ganzen Pracht: Die Rosen blühten, die Abende waren hell und mild.

Dann war doch Zeit für die Rückkehr nach Frankfurt, diesmal mit den Kindern, denen der Abschied von Eisenach genauso schwer fiel wie der Großmutter die Trennung. Und Tante Edelgard ließen sie zurück, die ein Kind erwartete.

Morgens um 7 Uhr hält der Lastwagen. Ich steige mit den Kindern und sehr viel Gepäck auf. Edelgard weint. Mami läuft hinterher: Ach, dass ich diesen Abschied ertragen kann! Am Stadtausgang warten weitere sechzig Menschen mit Säcken und Kisten darauf, mitgenommen zu werden. Sie drängen sich vor, so dass mein Gepäck irgendwo in der Tiefe des Wagens liegt, die Kinder getrennt von mir untergebracht sind und ich selbst so hoch auf der Mitte schwebe, dass ich befürchte, von den Telefondrähten zerschnitten zu werden. Sicher gebe ich ein seltsames Bild dort oben in meiner blau-roten Kapuze und meinem eleganten Pelz, ein Bild, das die Zwiespältigkeit meiner Existenz verrät, die in der Bohème wurzelt und sich doch in die Welt der Dame zeitweise einverwandelt.

Offenbar wirkte sie auf die anderen Passagiere so damenhaft, dass Feindseligkeit aufkam. Ein Hutkoffer wurde – womöglich absichtlich – zerdrückt; die dreizehnjährige Erdmuthe klammerte sich an ihre Puppe, Harald, noch keine zehn Jahre alt, konnte die ihm anvertraute Manuskriptmappe nicht festhalten, sie rutschte zwischen die Gepäckstücke in unerreichbare Tiefen.

»Mein Manuskript!« – »Ach!«, lautete die spöttische Antwort, »Schreiben Sie Romane? Wir erleben sie!«.

Mühsam ruckelte der Holzgaswagen durch die Landschaft. Im hügeligen hessischen Bergland mussten die Passagiere immer wieder absteigen und schieben.

Schließlich erreichen wir abends um neun Uhr die Trümmer Frankfurts. Am Hauptbahnhof müssen die Kinder und ich absteigen. Die übrigen Insassen fahren noch weiter. Meinen Koffer finde ich nur mit Mühe. Ein Kasten mit Kinderstrümpfen ist zertreten. Ich stehe mitten auf dem Fahrdamm. Und nun hagelt es Strümpfe wie Schneebälle um mich her, sie treffen mich hin und wieder, fallen hier und dort. Ich bücke mich im Pelzcape unter dem Gekicher der Menge. Wo ist die Manuskriptmappe? Die Menschen steigen nicht vom Wagen herab, ich muss mich zwischen sie klemmen und ihr Gespött erdulden. Niemand hilft mir außer Erdmuthe, die endlich die Mappe in einer Spalte eingeklemmt entdeckt.

Die Kinder gingen zu Fuß vom Hauptbahnhof bis in die Cretzschmarstraße, während ihre Mutter das Gepäck bewachte, das später mit einer Schubkarre abgeholt wurde.

Harald und Erdmuthe wurden im Internat in Nieder-Erlenbach, das jetzt »Boarding-School« hieß, aufgenommen. Sie brauchten dringend ein geregeltes Leben und ordentlichen Schulunterricht. Währenddessen empfing ihre Mutter Besuche, wanderte durch die zerstörte Stadt auf der Suche nach bekannten Orten und vielleicht noch dort lebenden Freunden. Die Amerikaner erwiesen sich als freundlich, verschenkten Zigaretten; die zerstörte Stadt zeigte eine neue Ästhetik: Ein Haus in der Zeil war so *wundervoll zerstört, dass man grie-*

chische Antike zu sehen glaubt. Die Mauerreste bildeten eine Art Säulen, die den poetisch verklärenden Blick eher anzogen als die zwischen den Trümmern lebenden Menschen.

Im Juli erreichte sie ein Brief von Herbert, datiert Anfang Mai. Zufrieden sei er, auch wenn er in selbst gegrabenen Erdlöchern hausen und von armseliger Kost leben müsse. Aber er rechne damit, nach Koblenz und dann weiter nach Frankreich, eventuell Toulouse, transportiert zu werden. Mehr erfuhr sie nicht. Auch mit der Mutter in Eisenach war kein Kontakt mehr möglich, da es weder Telefon noch Post über die Zonengrenzen hinweg gab.

Zu dieser Zeit starb »Muma«, Herberts Großmutter mütterlicherseits, die mit ihren 94 Jahren schon lange bettlägerig gewesen war und um ihren Tod gebetet hatte. Auch die Angehörigen drückten diese Hoffnung ganz offen aus. Dabei plagte sie nicht nur die Altersschwäche: Ein Fensterladen war ihr bei einem Luftangriff auf den Kopf geflogen, und sie sei auch nicht ausreichend ernährt worden, befand Erica. Während die Familie auf der Terrasse frühstückte, machte die Pflegerin trockene Mitteilung, dass es nun zu Ende sei.

Die Familie stürzte sich in Geschäftigkeit, niemand blieb bei der Toten, wie immer räumte das Mädchen das Silber ins Buffet. Während des Mittagessens kamen drei Männer, die einen Sarg aus rohen Brettern brachten, der für die Einäscherung gedacht war. Er wurde in die zerstörte Leichenhalle gebracht, in der viele gleichartige Särge standen, mit Nummern gekennzeichnet. Die Trauerfeier in der französisch-reformierten Kirche wirkte hastig, die Familie unkonzentriert. Lag es an der Zeit? Oder an der Religion? Auch hier zieht Erica im Tagebuch Vergleiche mit Sitten anderer Länder: Die slowakischen Totenklagen scheinen ihr ehrlicher, die französische Lebensart angemessener, das Deutsche dagegen grob, ja sogar lieblos.

Die Sommerferien standen bevor, die Kinder bekamen Zimmer eingerichtet in dem beschädigten Haus, das gerade erst von Amerikanern nach Waffen durchsucht wurde. Aber die vielen Spielsachen verdeckten die schäbigen Wände, den Schutt, die zugeklebten Fenster. Haralds zehnter Geburtstag fiel in die Ferien, sein schönstes Geschenk war ein Buch über griechische Kunstgeschichte. Er begeisterte sich in dieser Zeit für die Antike und verkleidete sich gern mit einem Laken als Grieche. Eifrig zeichnete er griechische Tempel und Säulen ab. Erdmuthe spielte immer noch mit ihren Puppen und verfasste eine Märchenoper in Versen. Aljoscha Kensik, der aus dem zerstörten Dresden nach Marburg gezogen war, verbrachte die Ferien bei ihnen, während Herbert irgendwo in einem Gefangenenlager ums Überleben kämpfte. Mehr denn je hatte Erica das Gefühl, zwischen zwei Männern zu leben, die sich als Widersacher begriffen. In dieser Zeit von Herberts Abwesenheit mochte sich Erica wohl stärker zu dem schwarzhaarigen Intellektuellen hingezogen fühlen. Die Missbilligung, mit der Herberts Eltern diesen Gast ihrer Schwiegertochter sahen, ließ sie kalt. Ebenso trotzten beide den Trümmern und dem Hunger. Sie hatten sich der Literatur verschrieben.

In dieser Zeit wurdest du, Aljoscha, mein Lehrer, hart und unversöhnlich. Zu wissen, was Dichtung ist, habe ich dir zu danken. Wir saßen während des damals sehr heißen Sommers nach Kriegsende auf dem großen Balkonhalbrund vor meinem Zimmer und fuhren auf diesem, unserem »Schiff« in die Weite, übertrugen »La jeune Parque«, »Die junge Parze« von Valéry aus dem Französischen ins Deutsche, eine ungewöhnlich schwere Aufgabe; ergingen uns in Gesprächen bis zum Morgengrauen über die Physiognomik Rudolf Kassners, der wiederum dein Meister war, deine Gespräche mit ihm sollten später gedruckt erscheinen; wir ergingen uns in Poesie, bis die Fensterläden von Sophie, unserem immer noch bei uns dienen-

*dem Mädchen, geöffnet wurden und wir zum Frühstück kein
Brot vorfanden, auf Nahrungsmittelmarken nur kümmerlich
pro Person bemessen.*

Aljoscha wandte sich mit seinem künstlerischen Feinsinn
auch den Kindern zu. Er besprach Erdmuthes Verse mit ihr
und half Harald bei seiner Beschäftigung mit der griechischen
Architektur, erklärte ihm Fachausdrücke und erzählte ihm
antike Göttersagen. Obwohl er selbst nicht malte, konnte er
doch dem kunstbegeisterten Jungen sachverständige Kritik
und wertvolle Anregungen geben. Harald malte damals Engel, das passte in die antirationale, mystisch-religiöse Welt
des Philosophen Rudolf Kassner, dem Aljoscha – und mit
ihm auch Erica – sich nahe fühlten.

Ende Juli tauchte Freda Kretschmar auf, die Freundin, die
Erica als Lebensgefährtin Kitayamas kennengelernt hatte, als
sie vor dem Krieg dessen Kolleg in Frankfurt besuchte.
Kitayama war 1944 Direktor des Ostasieninstituts der Universität Prag geworden. Freda hatte sich mit einem Inder verlobt, mit dem sie im März in die Schweiz geflüchtet war: Sie
durchschwammen den Rhein, hatten sich Geld und Pässe mit
einem Hut geschützt auf dem Kopf befestigt und die Kleider
in einen Gummimantel auf einem Floß mit sich gezogen. So
kamen sie zwar bis nach Zürich, hatten dort aber keine Möglichkeit, irgendeine Form von Leben aufzubauen, stellten sich
der Polizei, in der Hoffnung, interniert zu werden, wurden
aber nach Deutschland zurückgeschickt.

Entlassene Gefangene überbrachten widersprüchliche Nachricht von Herbert. Erst hieß es, er werde bald entlassen, dann
aber kam einer und sagte, sie könne ihn in einem Marburger
Lager besuchen. Erica packte Brot und Obst in den Rucksack
und fuhr nach Marburg. Sie gelangte zu dem Lager, aber man
schickte sie von einem Posten zum anderen, bis ein Captain ihr
einen Zettel gab mit einer von Herbert persönlich geschriebe-

nen Nachricht: Er sei gerade nach Allendorf verlegt worden. Dorthin konnte sie erst am nächsten Morgen fahren; die Nacht verbrachte sie in Aljoschas Wohnung gemeinsam mit Gisela, die mit Aljoscha zusammenlebte; er selbst war in Frankfurt.

Ich fahre also am nächsten Morgen nach Allendorf, einem kleinen Ort, in dem niemand etwas von einem Arbeitslager weiß. Vier junge Frauen ziehen vor mir auf der gleichen Suche einher, mit jener unerträglichen Deutschheit mit gestrafftem Haar, hartem Gesicht, harter Stimme und gewaltigem Rucksack. Sie empfinden mich sofort als fremd und stoßen mich ab. Gesondert gehen wir zusammen zunächst zu einem großen Werk zwischen hohen Kiefern, zu dem ein breites Einfahrtstor am Waldeingang führt. Der Posten lässt mich nicht herein und verweist mich auf ein anderes Haus, in dem ich mir einen Erlaubnisschein geben lassen müsste. Er wird mir verweigert, weil Sonntag ist und die Gefangenen nicht bei der Arbeit sind. Auch liegen keine Listen vor, so dass sich die Anwesenheit der Gewünschten gar nicht feststellen lässt. Ebenso weiß niemand, wo die Gefangenen untergebracht sind. Ein anderes Lager wird mir genannt.

Zwei weitere Lager suchte sie auf, keiner wusste Bescheid, bis eine Frau ihr die richtige Auskunft gab: Eine Stunde durch den Wald müsse sie laufen, dort gebe es ein Lager, in das gestern erst ein Transport eingeliefert wurde. Ja, dort kannte man ihn, aber er wurde schon wieder verlegt, vermutlich nach Gießen. Abgerissene junge Gefangene umringten sie und erzählten von ihrem Leben im Lager, von Hunger und vom Schlafen auf der blanken Erde. Etliche, die aus Frankfurt waren, gaben ihr Briefe mit. Dann ruhte sie sich im Wald aus und wunderte sich, dass afroamerikanische Soldaten kamen und zudringlich wurden. Immerhin begleitete sie einer durch den Wald.

Wieder übernachtete sie in Marburg. Am nächsten Tag wurde ihr bestätigt: Herbert muss in Allendorf sein. Ein neuer Anlauf brachte sie zum Bürgermeister des Städtchens, der sie anherrschte: »Was geht mich das Arbeitslager an?«, aber dann doch den Weg zum amerikanischen Kommandanten wies. Während sie auf ihn wartete, servierte ihr sein Koch Eierpfannkuchen. Auch der erneute Weg zum Lager blieb erfolglos, ebenso die Suche in Gießen. Auf der nächtlichen Heimfahrt im Zug musste sie sich zudringliche Amerikaner vom Leibe halten.

Wenige Tage später gelangte ein geheimnisvoller Mann bis in ihr Zimmer im Frankfurter Haus, überreichte ein Zettelchen und verlangte Bezahlung, ehe er genauso diskret wieder verschwand. Auf dem Zettel stand:

»Herbert de Bary erwartet Sie dringend. Seien Sie um 9 Uhr auf dem Bahnsteig. Ich trage ein blaues Kostüm und einen blauen Hut.«

Die Frau, die das geschrieben hatte, war am Treffpunkt, und obwohl sie ihr eigentlich unsympathisch war, ließ sich Erica auf eine gemeinsame Reise nach Gießen ein, in einem Zug ganz ohne Sitzbänke. Vom Bahnhof war es ein weiter Weg zum Lager, aber Herbert war tatsächlich da:

Endlich sehe ich jemand ganz Junges mit ganz hellem, blondem Haarschopf durch die Baumstämme springen. Und schon liegen wir uns in den Armen. Sein sonnengebräuntes Gesicht ist schmal geworden und zeigt an kleinen Linien unter den Augen – für den, der seine Züge kennt –, ein Zeichen, dass er gelitten hat. Jetzt geht es ihm gut, da er als Dolmetscher ausgewählt wurde.

Er erzählte seiner Frau, was er seit dem Frühjahr erlebt hatte, sie notierte die unvorstellbaren Lebensbedingungen der Kriegsgefangenen in ihrem Tagebuch.

Aus Eisenach wurde er damals in ein Sammellager nach Hersfeld expediert, wo sie zu tausenden drei Tage und drei Nächte eng gepfercht bei strömendem Regen ohne Nahrung standen und dann ohne Zelte auf dem nackten Boden im Freien schliefen, neben den Leichen der Verhungerten.

Oft war es so kalt, dass sie statt zu schlafen umherliefen. Als Proviant bekamen sie drei Teelöffel feines Ragout oder ein paar Kaffeebohnen, die zerkaut werden mussten, da sie weder gemahlen noch aufgebrüht werden konnten. Später ging es in tagelangen Fahrten im Viehwagen nach St. Avolt in Lothringen. Unter den Offizieren herrschte ein brutaler Kampf um das bisschen Proviant, die Gespräche kreisten um imaginäre Speisen. Einige begannen, aus Blechdosen irgendwelche Gegenstände zu hämmern, andere organisierten Unterricht, den Studienräte und Professoren abhielten, einen regelrechten Universitätsbetrieb mit Bescheinigungen für regelmäßige Teilnahme. Das war die ordentliche Seite. Die andere: Ein Studienrat, der verbotene Lebensmittel eingeschmuggelt hatte und sie vor der angekündigten Lageruntersuchung loswerden wollte, bemühte sich um eine gerechte Verteilung, da rissen ihm plötzlich die Mitgefangenen Wurst, Brot und geöffnete Sardinendosen so gierig aus den Händen, dass alles zu Boden fiel. Oder Gefangene, die ihr Essen nur in einem Versteck zu sich nehmen konnten, weil sie Angst vor den Blicken der anderen hatten. Schließlich wurden sie zurück nach Oberhessen transportiert, mit der Aussicht auf baldige Entlassung, die immer wieder unter Vorwänden wie fehlende Papiere verschoben wurde. Dahinter steckte die Idee, Offiziere, die als Kriegsgefangene nicht zur Arbeit herangezogen werden dürfen, zu »freiwilligen« Tätigkeiten zu drängen.

Herbert führt mich nun durch das Lager. Das Überqueren des Lagers durch Zivilisten ist verboten. Wir tun es trotzdem auf Schleichwegen durch die Kiefern, Überspringen von Gräben, geducktem Überlaufen von Wiesen. Dieses Lager ist ein riesiges, unabsehbares Gelände. Da ist ein Teil mit den Zelten für deutsche Gefangene. Da ist ein ganzer Distrikt mit Baracken für Polen. Da ist eine Zeltstadt für die amerikanischen Schwarzen. Ihr Tam-Tam und ihre monotonen Gesänge klingen herüber. Und da ist endlich auch ein riesiges Verpflegungslager, das größte amerikanische Verpflegungslager in der amerikanischen Besatzungszone. Es besteht aus riesigen Zeltstraßen, die unausgesetzt von Lastautos befahren werden, und einer eigenen kleinen Eisenbahn. Die grauen niedrigen Zelte sind Depots mit kostbarsten Lebensmitteln aller Art, Cakes, Tee, Schokolade usw. Das ganze Lager besteht daher nur aus Gangstern. Gangster sind die Polizisten, die Schwarzen, die Polen, die deutschen Soldaten, die sich herein schleichen und die, die zur Arbeit hereingeführt werden. Überall raschelt es, werden Säcke aufgeschlitzt, Büchsen geknackt. Es wird nicht nur gegessen, sondern auch heraus geschafft. Ein unheimlicher Schleichhandel beginnt. Überall sieht man durch das Gehölz zweifelhafte Gestalten verschwinden. Die Polizisten sind teilweise Komplizen. Ein Gefangener entdeckt einen Polizisten im Zelt, wie er mühsam Schokoladenbüchsen aus Kisten heraus langt. »Warum machen Sie es sich so schwer? Da stehen doch die offenen Stapel«, sagt der Gefangene und führt den Polizisten an die richtige Stelle. »Wo sind die Zigaretten?«, fragt er weiter, und der Polizist weist ihm den Weg.

Zwei Nächte konnte Erica beim Bürgermeister übernachten, um tagsüber ihren Mann zu besuchen. Aber da stand auf einmal ein Posten an ihrem Treffpunkt, der sie nicht durchlassen wollte.

Da mache ich mich kraft starker Konzentration unsichtbar und überschreite die Brücke. Herbert sagt, er sieht, wie ich unsichtbar werde.

Frankfurt – Bad Ems – Eisenach – Frankfurt:
1945 – 1947

Als sie nach Frankfurt zurückkam, gingen gerade die Ferien zu Ende. Das wurde mit einem Kasperlestück gefeiert. Aljoscha und die beiden Kinder bewegten die Puppen hinter einem vor die Badezimmertür gehängten Tuch.

Am nächsten Tag brachte Erica die Kinder wieder nach Nieder-Erlenbach, ein paar Tage verbrachte sie noch mit Aljoscha, dann kamen Herbert auf Hafturlaub und Gisela, um Aljoscha zu sehen.

Freda Kretschmar, die sich in Bad Ems, dem Zentrum der französischen Besatzung, aufhielt, vermittelte Erica das Angebot, beim Aufbau der Emser Zeitung und verschiedener Kulturmedien mitzuarbeiten. Da die Zeitung noch auf die Lizenz der französischen Besatzung wartete, bot sich zwischenzeitlich eine Tätigkeit beim Radiosender in Koblenz an.

Vom Radio Koblenz beziehe ich große Gehälter, ohne dass ich mich sehr bemühe. Weil nichts auf der Welt mir so gleichgültig ist wie Geld und Möbel, fällt mir dieses ununterbrochen zu.

Es gab auch Versuche, sie als die Spionin anzuwerben, für die sie wegen ihrer guten Französischkenntnisse sowieso hin und wieder gehalten wurde. Und es war ihr auch sehr recht, »anders« zu sein, das muss sie genossen haben.

Auf der Rückfahrt hasst mich das ganze Coupé. Ich habe meine großen runden Ohrringe angelassen und lese eine französische Zeitung. Sie finden sofort in mir ein fremd gesinntes Lager.

Dr. Krautz, der Chefredakteur der Emser Zeitung, bot ihr das ersehnte internationale Ambiente. Bei ihm traf sie einen Belgier und seine aus Luxemburg stammende Frau:

An kleinen Bewegungen erkannten wir uns gegenseitig als international eingestellte und bereiste Menschen. Es ließe sich schwer in Worten fassen, woran man diese Nuancen erkennt. Vielleicht nur, wie jemand eine Zeitung ergreift oder sie wieder fort legt.

Hin und wieder fuhr sie nach Gießen, Herbert besuchen, der immer noch nicht entlassen wurde. Aber es gelang ihm, gelegentlich das Lager für ein Wochenende zu verlassen und nach Frankfurt zu fahren. Jedes Mal brachte er Schokolade, Kekse und andere Köstlichkeiten mit, die er im Lager gestohlen, im Wald vergraben und dann in seiner bauschigen Hose transportiert hatte. Offenbar waren die amerikanischen Lagerwächter nachlässig oder großzügig, gewiss verhalf auch die eine oder andere Goldmünze, die Herbert immer noch in der Hose eingenäht bei sich trug, zu solchen Privilegien. Auch an Weihnachten 1945 konnte er, obwohl noch offiziell Kriegsgefangener, bei dem für die Familie so wichtigen Fest dabei sein.

Trotz aller Distanz zu einem sentimentalen deutschen Weihnachtsfest und jeglichem fehlenden Pathos solchen Erinnerungen aus der Kindheit gegenüber schmückte ich doch für die Kinder einen Baum, der besonders hübsch in den Proportionen in das Zimmer passte. Er reichte genau vom Boden bis zur Decke des Raumes und gab eine lichte und leichte Silhouette. Erdmuthe las ihr selbst gedichtetes Krippenspiel vor. Die Lichter brannten, wohl wegen des schlechteren Talgs, nicht wie in früheren Jahren …

Zum Jahresende 1945 war sie allein. Herbert war im Lager. Und seine Eltern? Wo war die Vertrautheit der Vorkriegsjahre? Erica gab sich depressiven Gedanken hin, sinnlos erschien ihr alles, in dem Haus war sie nicht mehr glücklich, Paris war und blieb der Ort ihrer Sehnsucht. Draußen übertönten Feuerwerk, Hupkonzert und angetrunkenes Grölen die Neujahrsglocken, die das erste Nachkriegsjahr einläuteten und alle optimistisch stimmten.

Gewiss hatte sie auch der zehntägige Besuch Aljoschas unmittelbar vor Weihnachten in Unruhe versetzt. Beide arbeiteten gemeinsam an Übersetzungen aus dem Französischen, und sie unterstützte ihn bei seiner Arbeit zum Thema »Der Doppelgänger«. Der Identitätsverlust, den romantische Dichter mit diesem Begriff benennen, und die Visionen einer Art Verschmelzung von Mensch und Maschine, die Rudolf Steiner in seinem Buch »Der elektronische Doppelgänger« (1917) beschreibt: Diese Vorstellungen ängstigten sie. Auch ihr Freund beunruhigte sie mehr und mehr. Er hatte alles im Feuersturm von Dresden verloren, seine Bibliothek, seine Dissertation, und nun stahl er sich Bücher zusammen, ohne die er nicht leben konnte. Trotz allen Verständnisses für seine Situation fühlte sich Erica unwohl.

Als A. mich verlassen hat, befällt mich wieder dieses nervöse Unbehagen vor meinem Bücherregal. Er hat mir das schöne und freie Verhältnis zu meinen Büchern genommen, nachdem er mir heimlich so vieles entwendet hat. Mag meine Liebe auch nach heftigem, inneren Auflehnen siegen, so kann ich keines der Bücher mehr in fremden Händen ertragen, ohne dass ein Trotz und eine Art Besitzsucht sich in mich einschleicht als Gegenwehr, betrogen gewesen zu sein. Diese Art Besitzsucht ist meinem ganzen Wesen fremd und quält mich.

Die Unruhe überfiel sie wieder. Zum Glück ergab sich schon im Januar die Gelegenheit, wieder auf Reisen zu gehen. Ein Bekannter, dessen Schwester in Eisenach wohnte, bot ihr an, sie dorthin zu begleiten. Sie traf ihn in Gießen. Für die Einreise in die sowjetische Zone brauchten beide einen Passierschein, den sie beim Bürgermeister von Guntershausen beantragten.

Zum ersten Male treffe ich einen Deutschen, der ohne jedes Entgelt einem Deutschen hilft. Auf Grund dieses Papiers erhalten wir in Bebra in einer Holzbaracke unsere sogenannte Registrierung, d. h. einen Schein, der uns dazu berechtigt, am nächsten Tag einen Austauschzug ins russische Gebiet zu benutzen. Die Fahrt von Bebra nach Eisenach dauert mehrere Stunden. In Gerstungen wechselt man in den »russischen« Zug! Wie oft bin ich nicht diese Strecke gefahren, wie urdeutsch ist dieses Thüringer Land. Trotzdem kann ich mich nicht der Suggestion entziehen, als wir das Niemandsland durchfahren haben und Barrieren und Zäune hinter uns liegen, dass nun Russland beginnt! Das mir innerlich so nahe, das mir verwandte Russland in Thüringen! Es dunkelt schon, als wir auf dem Eisenacher Westbahnhof einlaufen. Vorher wird in den Waggons bekannt gegeben, dass ein Durchlaufen in Eisenach durch das Flüchtlingslager und ein Entlausen erforderlich ist und ein Entfernen strengstens untersagt bleibt. Kurz vor Eisenach stehen bewaffnete Posten in regelmäßigen Abständen und pflanzen sich auf dem Perron fort. Trotzdem springen wir einen steinigen, vereisten Schotterweg herab. Man schreit hinter uns her, verfolgt uns eine Weile und verliert uns scheinbar aus den Augen. Wir überklettern einen Lattenzaun, einen zweiten …

Die Flucht führte zu einem Häuschen, in dem eine verständnisvolle junge Frau ihnen den Weg wies, den offenbar viele ehemalige Soldaten auf der Flucht einschlugen.

Das Wiedersehen mit den Eltern schockierte sie: Beide waren abgemagert, elend, kaum wieder zu erkennen, vor allem ihr Stiefvater, der geradezu entstellt erschien. Edelgards Baby weinte, Edelgard selbst hatte Fieber und stillte doch. Die Wohnung war in einem verwahrlosten Zustand, durchdrungen von kaltem Geruch nach Windeln und Exkrementen. Edgar konnte nicht mehr aufstehen, nur zu Elisabeths Geburtstag am 2. Februar ließ er sich ins geheizte Esszimmer tragen.

Das Leben in der sowjetisch besetzten Stadt war ruhig; es fuhren keine Jeeps herum wie in der amerikanischen Zone, sondern nur ärmliche russische Wägelchen. Die Soldaten hatten Bauerngesichter, oft mit mongolischem Augenschnitt.

Offiziere waren in Familien einquartiert. Hier waren die Russischkenntnisse der Düsterlohes sehr hilfreich. Die Soldaten freute es, jemanden zum Plaudern zu finden und sie revanchierten sich mit Zigaretten oder einem Stück Brot. Die Ernährungslage war so katastrophal, dass Erica bald wieder abreiste, um ihren Eltern nicht zur Last zu fallen. Ihr Reisegefährte von der Hinfahrt begleitete sie auch jetzt wieder und half beim Tragen des vielen Gepäcks, das ihr aus Eisenach mitgegeben wurde.

Im März kam Herbert endgültig aus der Gefangenschaft zurück. Aber beide hatten Schwierigkeiten, wieder ins Eheleben zurückzufinden.

Wir leben wie zwei Pensionäre in zwei verschiedenen Zimmern und treffen uns nur zu den Mahlzeiten. Er weiß ausgezeichnet, die mir nötige Distanz zu wahren.

Bald schon nach seiner Rückkehr fuhr sie nach Marburg, Aljoscha besuchen. Wie musste das auf den Mann, der aus Kriegsgefangenschaft zurückkam, wirken? Ihr gemeinsamer Hunger nach Kultur bildete eine Brücke. Wie so viele Menschen in der unmittelbaren Nachkriegszeit wollten sie sich endlich mit anderen Dingen beschäftigen als dem täglichen Überleben. Herbert und Erica fuhren mit Erdmuthe nach Wiesbaden zu einer Ausstellung altitalienischer und flämischer Malerei. Besonders beeindruckte sie »Jakobs Kampf mit dem Engel« von Rembrandt. Auch Erdmuthe begeisterte sich für die Kunst. Es war auch nicht mehr zu übersehen, dass die jetzt vierzehnjährige Tochter zur Frau wurde, was ihre Mutter mit *unbegreiflichem Widerwillen* sah:

Zu gleicher Zeit fühle ich mich viel mehr als das Kind und sie viel mehr als Mutter.

Dass sie Schwierigkeiten mit ihrer Mutterrolle hatte, sagen auch Zeitzeugen. Viele spürten ihren Wunsch nach freiem, ungebundenem Leben. Wenn sie zu Hause war, saß sie lieber an der Schreibmaschine als dass sie am Herd stand. Sie pflegte ihre eigenen Kontakte außerhalb der gesellschaftlichen Vorgaben des Frankfurter Lebens, die ihr ganz fremd waren. Eigentlich war sie immer noch selbst Kind und sah deshalb auch das Heranwachsen ihrer eigenen Kinder mit Unbehagen. Der überfällige Abschied von der Kindheit kam mit dem Tod ihres Stiefvaters am 1. März 1946. Eine Depesche meldete nach Frankfurt, dass ihn ein Herzversagen im Alter von 67 Jahren aus seinem langen Leiden erlöst hatte.

Mit Papi verlor ich mein Elternhaus, meine einzige und letzte Heimat.

Von nun an war das Haus in der Frankfurter Cretzschmarstraße ihre einzige Heimat, auch wenn sie es nicht gleich so wahrhaben wollte und immer wieder damit haderte. Sie war die Hausfrau, stand im Zentrum einer großen Familie, in die nun auch ihre Mutter aufgenommen wurde.

Der Haushalt in der Eisenacher Karthäuserstraße 72 wurde aufgelöst. Edelgard, die mit ihrem kleinen Sohn Henning dort gewohnt hatte, so lange ihr Mann in Kriegsgefangenschaft war, konnte zu ihm nach Godesberg ziehen, und Elisabeth kam nach Frankfurt. Das war eine beschwerliche Reise. Herbert fuhr ihr bis Fulda entgegen, suchte lange nach ihr, fand sie dann in einem Viehwagen, neben drei mit ihrer Habe hoch bepackten Leiterwagen. Es ging mit dem Zug weiter bis zum Frankfurter Güterbahnhof, von dort aus mussten die beiden bis zur Cretzschmarstraße zu Fuß gehen. Ein überaus dramatischer Einzug:

Herbert zog die drei aneinander gekoppelten schwankenden Leiterwagen, auf denen zwischen Kleidern und Bestecken, zwischen Büchern und Ikonen, zwischen Kochtöpfen und Kissen, zwischen Stößen alter Briefe, alter Bilder auch die Urne mit Papis Asche stand. Elisabeth folgte den drei Leiterwagen, um sich gelegentlich zu bücken und zu schieben. Starker Wind wehte, ihr bis zum Boden wallender schwarzer Trauerschleier blähte sich auf.

Harald rannte zum Bäcker und besorgte dunkle Brötchen, die der Großmutter paradiesisch erschienen, wie auch – bei aller Trauer – das Zusammenleben mit dem Schwiegersohn, den sie sehr mochte, und natürlich mit Tochter und den beiden Enkelkindern, die ihr ja längst vertraut waren.

Elisabeth von Düsterlohe wurde nun die Seele des Hauses. Sie verstand sich gut mit den Schwiegereltern ihrer Tochter und genoss die Gespräche mit den Freunden, die ins Haus kamen. Ericas russische Freundin Lydotschka, die mit einem norwegischen Maler verheiratet war, sprach gern mit Elisabeth russisch, ebenso wie Aljoscha Kensik, der weiterhin oft wochenlang zu Besuch kam. Bis spät in die Nacht gab es Gespräche über russische und deutsche Dichter und französische Malerei oder die Musik von Bach, Mozart, Chopin.

Diese Gespräche waren sicher eine Frucht der damaligen Zeit. Sie wären heute kaum möglich. Von niemand notiert, von keiner Feder festgehalten, führten sie uns in Bereiche, die nicht nur intellektueller, sondern geistiger Natur waren, das bedeutet wesenhafter Natur, wenn sie auch auf Genauigkeit und Wissen basierten.

Durch ihre tatkräftige Organisation des täglichen Haushaltes erlaubte Elisabeth ihrer Tochter, ihren Reise- und Fluchttrieb auszuleben. Schon im April 1946 fuhr Erica nach Eutin zu Fritz-Karl, von dessen Verlobung mit einer achtzehnjährigen Organistin sein Vater noch erfahren hatte: Renate Cramer, deren Eltern Besitz in Lauenburg in Pommern hatten. Die östliche Herkunft der zukünftigen Schwägerin gefiel Erica. Sie begleitete Renate nach Lübeck, hörte ihrem Orgelspiel in der Ägidienkirche zu, der einzigen der Lübecker Kirchen, die weitgehend unbeschädigt geblieben war; sie wurde sich des

»Eisernen Vorhangs« bewusst, der direkt an Lübeck grenzte, aber ihrer Leidenschaft für die russische Kultur keinen Abbruch tat. Fast trotzig schrieb sie in ihr Tagebuch:

Und doch: nur aus dem Osten kommt einst uns das Licht!

Mit dem Bus fuhr sie nach Travemünde und wanderte nach Niendorf, wo sie den ganzen Tag an der Steilküste saß und aufs Meer schaute:

Und plötzlich bin ich nicht mehr in diesem Käfig Deutschland hinter diesen mir so fremden und drohenden Gitterstäben, ich bin draußen, jenseits ... ich bin in einer Freiheit, die sich wie ein neues Land vor mir dehnt mit neuen Wiesen, neuen Weiden, wenn ich mich umwende und vor mir immer und immer das Meer. Und da beginne ich zu weinen, leise, unaufhaltsam, und der Schmerz der letzten beiden Jahre kreist mich ein ...

Nicht will ich dieses Land verleugnen, dem ich zugehöre, wenn auch nur dem Osten, aber es hat mich niemals zu mir selbst zurückgeführt, es hat mich in der Fremde gelassen, es hat mich nicht bergen, nicht aufheben können, aufheben in doppeltem Sinne.

Das Frankfurter Haus, das sie auch nicht bergen konnte, wurde noch ungemütlicher, als zeitweise amerikanische Offiziere einquartiert wurden. Aber die Glyzinien umrankten wie jedes Frühjahr den runden Balkon ihres Zimmers, den sie das »Schiff« nannte, Flieder und Pfingstrosen blühten. Ostern lag spät in diesem Jahr. Herbert war mit Sohn Harald unterwegs, Erdmuthe bei einer Freundin: freie Bahn für drei Tage Besuch von Aljoscha, der von Marburg nach Heidelberg unterwegs war.

Es gibt Andeutungen, dass Erica in dieser Zeit mit dem Gedanken spielte, die Familie zu verlassen. Ihr Mann muss davon gewusst haben. Bei einem der vielen Ausflüge, die er mit seinem Sohn unternahm, stellte er ihm die klassische Frage von Eltern, die über eine Trennung nachdenken: »Bei wem würdest

du lieber wohnen wollen, bei Papi oder Mami?« Das klare
Bekenntnis zum Papi, das mit dem Argument »Mami hat ja
gar kein Geld« untermauert wurde, freute den Vater, aber es
kam nicht so weit. Letztlich gewann Herbert den Kampf mit
dem »Widersacher«, wohl auch durch seine großmütige Dul-
dung des Freundes seiner Frau.

Am 21. September 1946 heirateten Friedrich-Karl und
Renate in Eutin im Beisein der ganzen Familie. Die Rückreise
führte über viele Stationen ganz Norddeutschlands.

Im Dezember wohnte Erica zwei Wochen lang in Freiburg
bei Freda und ihrem erst kürzlich geehelichten indischen
Gatten, dank dessen sie die britische Staatsbürgerschaft bekommen hatte. Erica gab sich als Französin aus, weil in dem
beschlagnahmten Haus keine Deutschen wohnen duften. Sie
las Kurzgeschichten von Steinbeck und sah im Kino »La belle
et la bête« von Cocteau. Das Freiburger Münster erhob sich
unzerstört zwischen den Häuserskeletten des Münsterplat-
zes. An der Universität wurde gearbeitet: Studenten und Professoren saßen in offenen Gängen und unbewohnbaren Räu-

men. Ein kurzer Besuch führte sie zum Philosophen Heidegger, dessen letzte Schriften gerade noch erschienen waren und der jetzt ganz zurückgezogen lebte. Sein Vermögen war beschlagnahmt, seine Frau als *furchtbare Parteigenossin* festgenommen worden.

Im Januar 1947 reiste Erdmuthe wieder nach Eutin zu Onkel und Tante. Die Mutter beneidete sie um die Möglichkeiten, auf dem Plöner See Schlittschuh zu laufen. Sie besuchte in dieser Zeit Aljoscha in Marburg und war dabei, als er über Professor Gadamer einen Brief von Rudolf Kassner erhielt. Der drückte ihm seine Freude darüber aus, dass er ihn noch lebend vorfand, waren doch so viele andere seiner Studenten im Krieg gefallen. Kassner wohnte jetzt in der Schweiz, im Wallis, in der Gegend, wo auch Rilke seine letzten Jahre verbracht hatte. Er lud Aljoscha ein, ihn dort zu besuchen.

Erica vollendete die »Chimären der dämmernden Stadt«, ihr Parisbuch, das im Dezember 1947 in der Kesselring'schen Verlagsbuchhandlung in Wiesbaden erschien. Wie sehr dieses Werk einer ganz persönlichen Stimmung geschuldet ist, war ihr selbst bewusst. Im November 1947, beim Durchsehen der Korrekturfahnen, notierte sie:

Ich würde sie heute nicht mehr so schreiben, aber ich habe sie gänzlich umzugestalten auch nicht mehr die Kraft. Man darf nicht vergessen, dass sie aus Nebel und Dunst gebildet sind.

Gleichzeitig stellte sie für denselben Verlag Märchen von Grimm und Hauff zusammen. Für diese Sammlung hatte sie Märchen ausgewählt und bearbeitet: Schönes ausgewählt, Grausames weggelassen.

Es wurde mir so recht der Unterschied zwischen Grimm und Hauff klar. Grimm schöpft aus einem alten Bilderbewusstsein des Volksgutes. Diese Märchen wurden geschaut und sind aus ihrer Schau zu verstehen. Bei Hauff dagegen spielt nur ein dichterischer Geist mit viel Phantasie und einem reizenden flüch-

tigen Humor, er spielt aus der Lust am Spiel, es ist wie ein lie-
benswürdiges Wellengeplätscher, dem man gerne lauscht, und
das gar nicht verführt in die Tiefe zu tauchen.

Als drittes Werk erschien in demselben Jahr »Ein Kind und die Welt«, eine Sammlung von 45 kleinen Szenen, die Erlebtes aus der eigenen Kindheit mit dem Abstand der Erwachsenen erzählen und die Phantasiewelt des Kindes beschwören.

Die Beschäftigung mit der Literatur war auch eine Rettung in dieser Zeit, in der nicht nur die materielle Versorgung, sondern auch die moralischen Qualitäten der Menschen ihrer näheren Umgebung deutlich nachgelassen hatten. Sie litt darunter, dass ihr Freund sich skrupellos aus ihrem Bücherregal bediente, auch mit den Schwiegereltern, die Aljoschas Besuche natürlich nicht guthießen, kam sie gar nicht mehr gut aus. Die Schwiegermutter nehme ihr alle möglichen Dinge weg, auch Spielsachen der Kinder, und verschenke sie an andere Leute, klagte sie im Tagebuch.

Es gab aber auch wundersam schöne Begebenheiten, wie die fast märchenhafte Geschichte von dem Ohrring: Sie beginnt in der ersten Zeit der Ehe. Freundin Lydotschka trug goldene Kreolen, in die Perlen eingelassen waren. Erica war von dem Schmuck hingerissen, so dass Herbert die Freundin fragte, ob er seiner Frau die gleichen schenken dürfe. Er ließ sie nacharbeiten, und Erica trug sie täglich, bis sie eines Tages einen verlor – den Herbert prompt ersetzen ließ. Nach dem Krieg stand sie in Frankfurt in der Schlange vor einem Milchgeschäft, als eine Frau hinter hier sagte: »Diese Ohrringe – haben Sie davon vielleicht mal einen verloren?« Und als Erica erstaunt bejahte, sagte die Frau: »Halten Sie mir bitte meinen Platz in der Schlange frei, ich bin gleich wieder da.« Und nach ein paar Minuten erschien sie mit dem verlorengegangen Ohrring, den sie vor vielen Jahren auf der Straße vor ihrer Wohnung gefunden hatte und nun der Besitzerin zurückgeben konnte.

Im August 1947 bewohnte Aljoscha wieder zwei Wochen lang Erdmuthes Zimmer, die mit ihrem Vater unterwegs war. Sie arbeiteten an Übersetzungen und diskutierten über die Möglichkeit, zu Rudolf Kassner in die Schweiz zu reisen.

Die Familie sah diese Beziehung immer kritischer, auch die Kinder empfanden Aljoschas Einmischung in ihr Leben zunehmend als lästig. Möglicherweise machte er der inzwischen fünfzehnjährigen Erdmuthe Avancen, denn sie war es schließlich, die die Dinge in die Hand nahm. Sie schrieb Aljoscha – ohne Wissen ihrer Mutter – einen Brief, in dem sie ihn aufforderte, seine Besuche in der Cretzschmarstraße einzustellen, was er auch tat. Erica blieb dieser Freundschaft dennoch treu, auch wenn er nicht mehr kam, um mit ihr in ihrem »Schiff« zu sitzen. Sie besuchte ihn immer wieder in der Schweiz, wo er später lebte.

Das Wesen Heribertos versöhnt, das Wesen Aljoschas verwundet. Faszination geht von ihm aus. Die Menschen fliehen ihn oder hängen sich ihm an. Er blessiert gern. Er will damit Schwächen aufdecken, um sie durch geistige Arbeit auszumerzen. Wie konnte und kann ich ihm standhalten? Zwischen den beiden Widersachern leben? Durch Heriberto lernte ich die Welt kennen. Durch Aljoscha den künstlerischen Geist. Dieser hat seine hohe Intelligenz geleitet, seine Begabungen in Musik, Dichtung, Philosophie geklärt. Geistige Eitelkeit erwürgt sie wieder. Ein Kampf zwischen Adler und Skorpion.

Paris: September 1948

Schon die Metro ist heimatlich, dieser Geruch, die kohlenglänzenden Treppen an der einen Station, die Tunnel, das Dunkel und wieder die Lichter. Das alles hat existiert, während ich fern war, das alles ist genau noch so da, merkwürdig unverändert.

Eine Reise in die Schweiz eröffnete die Möglichkeit für die so lange erträumte Rückkehr nach Paris. Madame Flory hieß die Dame, die Erica in einem eleganten Auto von Genf aus eines Abends nach Frankreich mitnahm. Der Pass einer Verwandten in Ericas Alter, mit dem sie sich notfalls hätte ausweisen wollen, wurde gar nicht benötigt. Die nette Dame setzte sie am Bahnhof von Annecy ab, wo unter einem leuchtenden Vollmond wildes Treiben herrschte, alles sehr chaotisch im Gegensatz zu den wohlgeordneten Schweizer Verhältnissen. Auch im Nachtzug nach Paris gab es keine Kontrollen, trotzdem konnte sich Erica nicht auf den Text des Theaterstückes »Die schmutzigen Hände« von Sartre konzentrieren. Aber irgendwann wurde das Licht im Abteil gelöscht, und sie döste bis zum Morgengrauen, in dem sich schon die Pariser Umgebung abzeichnete, vertraute Bilder, die Herbert seinerzeit für das Fotobuch aufgenommen hatte. An der Gare de Lyon holte ihr Mann sie ab. Er hatte ein Visum, war schon eine Weile in Paris auf der Suche nach einer Tätigkeit, die ihm einen längeren Aufenthalt dort ermöglicht hätte.

Ich springe aus dem Zug und schon winkt mir Herbert entgegen. Er umarmt mich und weint, und die Tränen der Erschütterung nehmen mir meine Erregung ab, die mich vielleicht zu einer Extase geführt hätte. Ich werde auf einmal unheimlich distanziert, wie ich es manchmal bei Abschieden bin, die zu furchtbar sind, als dass ich sie gleich erfassen könnte. Auch kenne ich die Gegend um diesen Bahnhof gar nicht. Herbert spricht die ganze Zeit von dem, was er nicht erreicht hat, was mich stört.

Es störte sie und sie hörte kaum zu: Erica war schon ganz in Gedanken bei ihren Pariser Freunden, der »bande«. Briefe waren gewechselt worden, ganz unvermutet tauchte sie nicht in Paris auf, aber die Suche nach den Freunden gestaltete sich doch schwierig, zumal sie auch nicht in ihr altes Hotel zurückkehren konnte, sondern außerhalb wohnte, in einem Zimmer, das ihr Herbert nicht weit von seiner eigenen Unterkunft besorgt hatte. Die freundliche Wirtin servierte ein üppiges französisches Mahl, aber Erica hatte es eilig, in »ihr« Paris zu gelangen. Auf dem Weg zur Bushaltestelle fielen ihr die gut bestückten Märkte auf, die vielen offenen Geschäfte, die temperamentvollen Frauen. Sie lief durch das Stadtzentrum, genoss die strahlend erleuchtete Place de la Concorde, setzte sich kurz an einen Bistro-Tisch und kam zu dem Schluss, dass sie besser nicht ständig Vergleiche mit früher ziehen sollte. Offenbar begleitete sie Herbert nicht auf diesen Spaziergängen, wohl auch nicht in den Louvre am Sonntag, wo ihr auffiel, dass vieles anders gehängt war. Im Jardin du Luxembourg fragte die Betreiberin des Karussels nach der Tochter, die doch jetzt schon groß sein müsste. Und um drei Uhr dann das Treffen im Café Flore mit Adamov, der unverändert war, allenfalls gepflegter, keine Sekunde gab es Fremdheit zwischen den beiden. Allmählich fielen die Ängste von Erica ab; sie hatte sich doch Gedanken gemacht, wie die Freunde jetzt zu ihr stehen würden. Während sie durch die Rue Jacob liefen, bog Marthe Robert um die Ecke, ihre engste Pariser Freundin, und traute ihren Augen nicht: Sie hatte wohl nicht wirklich mit Ericas Rückkehr gerechnet, lud sie aber gleich zu sich ein. Auch Marthes Zimmer war wie früher, genauso spartanisch eingerichtet, hässlich geradezu, eben wie früher.

Wieder sitze ich hier, als wenn nichts, nichts gewesen wäre, und die Tür öffnet sich, nacheinander kommen sie alle wie auf ein geheimes, verabredetes Zeichen ... sie treten alle an mich heran, sie nehmen abwechselnd meine Hände und sagen: »Dass du dich nicht verändert hast! Selbst die Locken liegen so wie damals. Und was zog nicht an dir vorüber!«

Ein seltsames Gefühl, die Rückkehr in die Vergangenheit, nach diesen mehr als vier Jahren, in denen sie so viel anderes erlebt hatte als die Freunde, die kaum aus Paris herausgekommen waren. Jeder berichtete von seinen Tätigkeiten: Adamov hatte neue Stücke geschrieben, Marthe Robert ihre Kafka-Übersetzung vorangetrieben. Es hatte Hochzeiten und Geburten gegeben, und der eine oder andere fehlte, etwa der »kleine Malaie«, Jacques Rabemananjara, der zu dieser Zeit schon in einem madagassischen Straflager saß, nachdem ihn die Franzosen der Rädelsführung beim Aufstand in Madagaskar 1947 für schuldig befunden hatten. Aber es war den Freunden gelungen, Antonin Artaud aus seinem psychiatrischen Gefängnis zu befreien. Stolz erzählten sie Erica, wie sie – mit Pablo Picasso und André Breton – Theaterabende und Kunstausstellungen zu seinen Gunsten veranstaltet hätten. Mit dem Geld, das sie so einnahmen, hatten sie ihm ein Zimmer in Paris gemietet, in dem er dann allerdings im März tot aufgefunden worden war – vermutliche als Folge seines Drogenkonsums. So konnte Erica den von allen Bewunderten nicht persönlich kennenlernen, aber sie erlebte den intellektuellen Sog, den er auf ihre Freunde ausübte, wenn sie sich gegenseitig seine Gedichte vorlasen.

So schön dieses Wiedersehen auch war, es löste sich doch schneller auf, als Erica gewünscht hätte: Marthe und Michel brachen zu ihrer Reise in den Süden auf, die anderen hatten ihre Verpflichtungen, und Erica fand sich allein auf dem Pont Alexandre wieder, in Tränen der Rührung angesichts der Schönheit des abendlichen Paris.

Das ist Paris, das ist die dämmernde Stadt, wie sie immer in meinen Träumen war, wie ich sie lieben werde bis über den Tod hinaus. Aber gleichzeitig rührt mich wieder der Schauer einer Unwirklichkeit an, vielleicht bewirkt es das Ineinandergehen der langen Dämmerung und der Lichtschein der Lampen, vielleicht rufen es die so bunten Blumenfarben hervor, die in die Schatten des Abends tauchen, die Weite der zauberhaft dunsti-

gen Atmosphäre zwischen Louvre und Tuilerien und jetzt die
geheimnisvolle Enge der Straßen, vielleicht macht es auch, dass
ich äußerlich die Gleiche geblieben bin und doch jahrelang wie
durch einen langen dunklen Kanal mit trübem Wasser immer-
fort geschwommen und geschwommen bin und dass ich doch
keine mir nur eigene Stelle mehr finde, eine Stelle, zu der ich
hingehöre, wie auch kein Raum mehr mir eigen ist.

Das Paris der Besatzungszeit war zur Erinnerung geworden,
die deutsche Nachkriegszeit hatte an Präsenz gewonnen. Erica
ging mit Adamov abends von Café zu Café, erzählte ihm von
ihren Reisen in Deutschland, von den zerstörten Städten, ihrer Suche nach Herbert. Adamov gab ihr das Manuskript seines Stückes »La Parodie«, das im Dezember in Paris aufgeführt
werden sollte.

Am nächsten Tag genoss Erica die Wiederbegegnung mit den
französischen Impressionisten, die jetzt in einem Pavillon an
der Concorde zu sehen waren. Die impressionistische Weltsicht sei die ihre, notierte Erica, die Bedeutung des Lichts und
der Spiegelbilder. So schreiben können, kraftvoll, leuchtend,
magisch – so ließe sich die Welt ertragen.

Bei einem kurzen Besuch im Hotel in der Rue de l'Abbé de
l'Epée, wo sie damals gewohnt hatte, erfuhr sie weitere Neuigkeiten von Rabemananjara. Ihm drohe die Todesstrafe, sagten ihre ehemaligen Mitbewohner und ihr schien, als lauerten
sie auf ihre Reaktion. Schließlich habe er sich gegen die Franzosen gewandt, da könne sie, die Deutsche, ihn ja schlecht
in Schutz nehmen. Auch bei einem anderen Besuch wurde
Erica auf einmal ihr Deutschsein klar wie nie während der Besatzungszeit. Man gab ihr zu verstehen, wie sehr Frankreich
unter den Deutschen gelitten hatte, die Ablehnung, die ihr
entgegenschlug, war eine völlig neue Erfahrung. Doppelt
schmerzhaft empfand sie ihre Isolation im zerstörten Deutschland. Nur die Pariser Freunde hätten sie da herausholen kön-

nen, aber sie durfte nicht bleiben, denn sie hatte keinerlei Papiere bei sich und bei einer Konfrontation mit Behörden wäre möglicherweise auch ihr Mann in Schwierigkeiten gekommen. Vielleicht könnte sie im nächsten Frühjahr zurückkommen. Ein Pole, der eine Zeitschrift gründen wollte, hätte sie gern als Mitarbeiterin, aber noch hatte er kein Geld zur Verwirklichung seiner Pläne und sie keine Aufenthalts- oder gar Arbeitserlaubnis. Dazu kam, dass alle Freunde der »bande« sich inzwischen zu Paaren gefunden hatten, nur Adamov war allein, aber er hatte keine Bleibe, wohnte mal hier, mal da und konnte Erica nichts bieten. Es musste also wieder ein Abschied sein, aber diesmal geplant und mit der Aussicht auf Wiederkehr.

Sie verabschiedete sich von der netten Zimmerwirtin. Wegen eines Streiks fuhren weder U-Bahnen noch Busse. Ein Taxi war unerschwinglich, und so wanderte Erica durch die ganze Stadt, traf ihren Mann im Café Flore und ging mit ihm durch das dunkelnde Paris zum Gare de Lyon.

Herbert bleibt noch da. Er hat eine Reise nach Korsika vor. Auch unser Verhältnis ist ein Roman, den ich nicht festlegen möchte.

In Annecy begrüßte sie ein heißer Sonnenmorgen, die Schönheit des Sees vor dem Bergpanorama tröstete sie ein wenig, ehe neue Aufregung bevorstand: Für die Überquerung der Schweizer Grenze war ein Ausweis nötig, den sie nicht besaß. Sie griff auf eine Suggestionstechnik zurück, die ihr schon im Krieg Bewegungsfreiheit ermöglicht hatte und die in einem völligen Rückzug ins Innere, ins Anonyme bestand:

Ich lösche mich sozusagen aus. Ich tue dies, indem ich mich vertrauensvoll in mein Geschick einlasse und ausgieße, ungefähr so: «Es ist mir ganz gleichgültig, was auch kommt, es wird schon gut sein, wie es auch kommt, auch wenn es das Ende ist, wird es gut sein, es ist alles nicht so wichtig, ich zerfließe im All, das mich im Ich zusammenhält.»

Es funktionierte auch hier wieder: Der Bus hielt an vier Posten, ohne dass die Passagiere kontrolliert wurden. Erst bei der Ankunft stand ein Passbeamter vor dem Bus und verlangte Ausweise. Langsam ging Erica an ihm vorbei, ohne ihn anzusehen, als habe sie selbstverständlich das nötige Dokument.

Er hält mich nicht an, sieht er mich nicht, interessiere ich ihn nicht, wer will es sagen?

War es doch ein Zauber?

Von Basel aus fuhr sie nach Dornach, ins Zentrum der Anthroposophie, dem Goetheaneum. Es war nicht ihr erster Besuch dort. Die zurückhaltende Neigung zu den Ideen Rudolf Steiners zeigten sich auch dieses Mal:

Jedermann malt in Dornach. Das mag gut sein zum Ausleben, gut sein für die eigene Entwicklung, gut sein zum Aufrufen der eigenen Kräfte, – aber man kann es nicht als Kunstwerke anderen Menschen vorführen.

Abschließend ein Besuch beim Maler Carl Bessenich, dem Leiter der Abteilung Kunst im Goetheaneum, der 1934 emigrieren musste und dessen Bilder wirklich Kunst sind. Abendessen gab es bei der Bankiersfamilie Alioth-Schlumberger, entfernte Verwandte der Familie de Bary. Wie ein Museum habe ihr großes Haus gewirkt, voll der kostbarsten Kunstschätze. Welche Wohltat für die Sinne, ehe sie wieder ins zerstörte Deutschland zurückkehrte. Dort nahm mit Währungsreform und Gründung der Bundesrepublik das normale Leben allmählich Fahrt auf. Herbert hatte in Frankreich keine Arbeit gefunden. Er kehrte nach Frankfurt und zu seiner Frau zurück. Aufgrund seiner Erfahrungen im Weinhandel wurde er am 1. März 1949 als »amtlicher Weinkontrolleur« – so die offizielle Bezeichnung – Angestellter beim städtischen Lebensmittel-Untersuchungsamt.

Frankfurt: 1949–1952

Ich falle im Laufen in ein mooriges Wasserloch. Unweit davon sitzen Herbert, Erdmuthe und andere an einem runden weißen Gartentisch. Ich fühle noch ihre Nähe, bin aber auf immer von ihnen getrennt. Mein Mantel füllt sich mit Wasser. Ich stecke in halber Tiefe. Ihre niemals mehr zu erreichende Nähe und der Verlust, ihnen Mit-Teilung machen zu können: ein alles zerreißender Schmerz. (Zen-Träume, unveröffentlicht)

Mitteilung wurde möglich: eine engmaschige Korrespondenz mit den Pariser Freunden, nach der Erneuerung der Freundschaft durch den Besuch 1948, und eine intensive Verarbeitung der in Paris gewonnenen Erfahrungen. Mitteilung war auch das eigene Schreiben, das sehr bald zwei Zielrichtungen bekam: einmal die kreativ-künstlerische Weiterführung der literarischen Skizzen, die sie in der Arbeit für die Pariser Zeitung für sich entwickelt und perfektioniert hatte. Diese expressionistisch anmutenden kleinen Szenen und Geschichten, die sie aufhob, aber wohl nicht zu veröffentlichen vorhatte, scheinen vor allem auch der seelischen Hygiene in jener schwierigen Zeit gedient zu haben. Der zweite Strang ihrer Arbeiten war auf das Wirken in der Öffentlichkeit gerichtet. Es stand eine gewissermaßen zivilisatorische Aufgabe an: nämlich die deutsche Leserschaft, die gerade aus der Barbarei des Nationalsozialismus auftauchte, an literarische Entwicklungen, die sie verpasst hatte, heranzuführen. Erica hatte schon in Paris begonnen, zu übersetzen, das führte sie in Frankfurt fort. Sie übersetzte Texte von Valéry und den Surrealisten, die in Deutschland noch unbekannt waren, aber bald die Feuilletons eroberten, genauso wie das absurde Theater der »Troika« Beckett, Adamov und Ionesco. Ionescos »Unterrichtsstunde« wurde in Düsseldorf in Ericas Übersetzung aufgeführt. »Invasion« von Adamov vermittelte sie nach Pforzheim, wo es in Anwesenheit des Autors am 29. Februar 1952 uraufgeführt wurde. Wie bekannt sie als Literaturvermittlerin bereits war, zeigt die Bitte des Hessischen Rundfunks vom 5. Januar 1951 um Vermittlung zu André Breton für eine Sendung im Abendstudio. 800 DM dürfe sie ihm anbieten.

In Paris hatte sie auch schon Gedichte aus Madagaskar übersetzt, die Jacques Rabemananjara, der »kleine Malaie«, ihr gegeben hatte.

Nun war aus Anlass des hundertjährigen Jubiläums der Revolution von 1848 und der Abschaffung der Sklaverei die »Anthologie de la nouvelle poésie nègre et malgache« von Senghor erschienen, zu der Jean-Paul Sartre einen umfangreichen und viel beachteten Essay mit dem Titel »Orphée noir« (Schwarzer Orpheus) beigesteuert hatte. Beim Rowohlt Verlag stieß Erica zunächst auf Interesse für eine deutsche Ausgabe, allerdings zierte sich der Pariser Verlag »Presses Universitaires de France« mit der Überlassung der Rechte. Die Verhandlungen zogen sich über 18 Monate hin. Parallel zu dem Bemühen um eine deutsche Ausgabe der »Anthologie« versuchte Erica, Senghor nach Frankfurt zu einer Lesung zu holen. Auch das zog sich eine Weile hin, weil Senghor immer wieder zum Wahlkampf nach Senegal reiste. Schließlich lud das Frankfurter Institut Français zu einem Vortrag Senghors über »Neue Negerdichtung« am 1. Dezember 1951 ein. Die Veranstaltung war gut besucht, und anschließend trafen sich Freunde und Bekannte in der Cretzschmarstraße. Der gesellige Kreis um den Gast aus Senegal war gerade in munterem Gespräch, als es heftig an der Tür klingelte. Die Hausherrin öffnete selbst. Ein hochgewachsener Mann stand vor ihr, mit blitzenden Augen und etwas zu lauter Stimme forderte er Einlass: »Ich habe gehört, dass Senghor bei Ihnen zu Gast ist. Ich muss ihn unbedingt sprechen.« Sie schaute ihn nur fragend an, bis er auf die Idee kam, sich vorzustellen: Janheinz Jahn, Schriftsteller aus Offenbach. Er war natürlich nicht eingeladen, niemand kannte ihn, und Erica de Bary fragte auch zweimal nach, wer er war und was er wünschte, ehe sie ihn achselzuckend aufforderte: »Nun gut, wenn Ihnen so viel daran liegt, dann kommen Sie halt herein.« Mit dieser Entscheidung trug sie unwissentlich dazu bei, dass ihre Pläne, Senghor in Deutschland zu publizieren, hinfällig wurden.

Senghor drängte seinen Verlag, dem er alle Rechte abgetreten hatte, mit der Begründung, eine deutsche Übersetzung sei der Verbreitung dieser »Negerdichtung« höchst dienlich. Auf deutscher Seite konnte Erica de Bary nicht erreichen, dass man ihr für die Übersetzung einen Vorschuss von 800 DM zahlte. Der Rowohlt Verlag wollte nur ein fertig übersetztes Buch überhaupt in Erwägung ziehen. In einem letzten Brief an »Presses Universitaires« vom 22. Januar 1952 drängte Erica auf eine baldige Entscheidung, aus Sorge, jemand könne ihr die Rechte und das Thema überhaupt wegschnappen. Sie ahnte inzwischen, was dem Rowohlt Verlag offenbar nicht klar war, nämlich dass die damals sogenannte »Negerdichtung« auch in Deutschland Furore machen würde. Senghor selbst rechnete nicht mit einem kommerziellen Erfolg, er begründete das Zurückhalten der Rechte in einem Brief vom 15. April 1952 an Herbert de Bary, mit dem er ebenfalls befreundet war, mit solchen Erwägungen: *Hélas, les éditeurs sont plus commercants que poètes!* (Leider sind die Verlage eher Händler als Dichter). Allerdings war er zu der Zeit auch mit anderen Dingen beschäftigt, er etablierte sich nämlich gerade in der senegalesischen Politik; seine Partei hatte, wie er in demselben Brief stolz berichtete, bei den Regionalwahlen 41 von 50 Sitzen gewonnen.

Während es also mit der Senghor-Übersetzung nicht so recht voran ging, konnten Erica und Herbert endlich ihre erste Afrikareise planen.

KAPITEL 6

Eka reist nach Afrika

Eine tiefe Sehnsucht treibt mich nach Asien und Afrika hin in unberührte Landschaft, die hier längst von Menschen bebaut und kultiviert, d. h. ihres ursprünglichen Antlitzes beraubt wurde.

»Kultiviert« wurde auch die Seele der Menschen, was hier so viel bedeutet wie ihrer ursprünglichen Werte beraubt. Erica hatte vor dem Krieg mit Begeisterung Vorlesungen bei dem Afrika-Forscher Leo Frobenius gehört. Nach seinem Tod 1938 blieben die de Barys mit Edita Frobenius, seiner Witwe, befreundet; später waren Harald und Sebastian Helberger-Frobenius, der Enkel von Leo Frobenius, Schulkameraden in verschiedenen Schulen.

Erica de Bary hatte sich ganz offensichtlich viele seiner – nicht unumstrittenen – Thesen zu eigen gemacht. Frobenius verachtete die Afrikaner, die sich der europäischen Zivilisation anpassten, als »Hosenneger« und schwärmte für die »Würde und Grazie« der noch ganz in ihrer von den Europäern behaupteten Ursprünglichkeit beheimateten Menschen: »Ich kenne kein Volk des Nordens, das diesen Primitiven in solcher Ebenmäßigkeit der Bildung vergleichbar wäre«, schrieb er in der »Kulturgeschichte Afrikas« (1933, S. 15). Gleichzeitig fürchtete er, man könnte zu spät kommen, denn: »Auch diese letzten ›Inseln der Seligen‹ wurden mittlerweile von den Sturzwellen europäischer Zivilisation überflutet.« (S. 14)

Erica teilte dieses Feindbild: Für sie war es vor allem der europäische Tourist, der das Ursprüngliche allein schon durch seine Anwesenheit zerstört. Alle ihre Reisetagebücher enthalten tourismuskritische Anmerkungen, stets betonte sie, Reisende zu sein, keine Touristin. In Goulimine im südlichen Marokko notierte sie glücklich: »Bis hierher ist der Tourismus noch nicht gekommen«, ohne sich einzugestehen, dass sie selbst doch als Touristin wahrgenommen wurde, ganz wie heutige Touristen sich freuen, »Geheimtipps« zu folgen und »unentdeckte Orte« zu finden, an denen es angeblich keinen Tourismus gibt, und wo sich jeder Reisende als »Insider« fühlen darf und der besuchte Einheimische für seine »Gastfreundschaft« gepriesen wird. Dazu gehören auch gelegentliche spitze Bemerkungen im Reisetagebuch über Personen, die sich in Hotels und Restaurants als Touristen zu erkennen gaben und mit denen näherer Kontakt keinesfalls erwünscht war.

Als Erica ihre erste Afrikareise unternahm, war sie 45 Jahre alt. Da hatte sich viel Sehnsucht aufgestaut, durch die Literatur geweckte Erwartungen und Wünsche, die ihrer Verachtung des deutschen Bürgertums entsprangen. Ob ihr Mann dies alles teilte, wissen wir nicht. Jedenfalls organisierte er die Reise nach Marokko.

Marokko: 1952

Welche Gestalten! Welche Gesichter! Alle Rassen Afrikas scheinen vertreten, alle Tönung der Haut von Gelb über Braun zu tiefem Schwarz, verwegene, verruchte, wilde, blödsinnige, stolze und gefährliche Gesichter in Turban, Fez, Kappen ... Ich zittere vor Erregung. Du bist in Afrika, sage ich mir wie trunken, endlich ist der Tag gekommen!

Im Oktober 1952 verließen Herbert und Erica zum ersten Mal »den alten, ach so alten Kontinent Europa«. Der dreitägige Abstecher nach Tetuan auf der Spanienreise 1930 zählte ja nicht wirklich, war nur ein Schnuppern, das die Lust erhöhte.

Die Reise war damals sehr umständlich, aber die langsame Annäherung der Sehnsucht angemessen. Von Frankfurt aus ging es mit dem Zug zunächst nach Paris, wo Zeit war für einen erinnerungsgeladenen Spaziergang im Jardin du Luxembourg, dann weiter nach Bordeaux. Dort schifften sie sich auf dem Dampfer »Le Maroc« ein, der vor allem Autos und andere Fracht transportierte, aber auch drei Klassen für die Passagiere hatte. Männer und Frauen reisten getrennt in Dreier- und Viererkabinen. Zwei Tage verbrachten sie auf hoher See, inmitten einer buntgemischten Gesellschaft von französischen Soldaten und Beamten, marokkanischen Scheichs mit verschleierten Frauen im Gefolge, blonden Europäerinnen mit braven Kindern. Sie alle einte vor allem die Seekrankheit.

Am Montag, dem 6. Oktober beleuchtete die untergehende Sonne mit goldenem Glanz die flache Küste von Casablanca. In dieser Wirtschaftsmetropole, auch heute die größte Stadt Marokkos, fand die Begegnung mit Afrika statt, in der weichen warmen Luft, die jeden Ankömmling auf diesem Kontinent in Entzücken versetzt und ihn Pullover und Strümpfe vom Leib reißen lässt, unter dem so viel volleren Sternenhimmel, dem auch die aggressiven Leuchtreklamen nichts anhaben können. Großstädtisches Ambiente zwischen Palmen in der Hauptstraße, die damals noch Rue de la Gare hieß, ein Hotelzimmer im maurischen Stil, das nur kurz in Besitz genommen wurde: Koffer abstellen, Kleidung wechseln, und schon ging es hinaus in die marokkanische Nacht, gleich zur Medina.

Wir werden schwindlig in dieser Medina, von der der Reise-
führer sagt, es sei nichts in ihr zu sehen, die Bilder fluten auf und
ab, die Farben und Gestalten beginnen zu verschmelzen.

Es mag symbolträchtig erscheinen, dass diese erste Begegnung nachts stattfand: Die Moschee lag im Mondschein, eine
schwarze Katze schlich eine Mauer entlang, hinter der dunkel
die Palmen aufragten. Auf einmal fanden sie sich mitten in der
Mellah wieder, dem Salzviertel, wie der jüdische Bezirk genannt wird, erkenntlich daran, dass hier die Häuser Fenster zur
Straße haben. Männer mit Kippah und unverschleierte Frauen
gaben ein ganz anderes Bild ab – eines der wenigen Bilder, die
der heutige Tourist nicht mehr zu sehen bekommt, denn die
jüdische Bevölkerung hat das Land in den letzten Jahrzehnten
verlassen. Nur die Mellah mit den hübschen holzvergitterten
Balkonen erinnert an sie, die damals unter dem besonderen
Schutz von Sultan Mohammed V. standen, der sie gegen den
Antisemitismus der 30er und 40er Jahre verteidigte und doch
nicht im Land halten konnte.

Im Straßencafé unter den Arkaden wurde ein französisches
Frühstück serviert, ein kurzer Gang führte in die Medina:
Wie sieht es hier bei Tageslicht aus? Einiges musste für die
Rückreise erledigt werden, und dann begann die eigentliche
Marokkoreise, nach Süden, mit dem Bus. In der weitläufigen
Steppe fielen vor allem die Marabouts auf, kleine Mausoleen,
weiße Heiligengräber mit Kuppel; eine zufällig geöffnete Tür
ließ Sarkophage erkennen. Arabisch gekleidete Menschen unterwegs auf Maultieren oder Eseln, hin und wieder ein Dromedar. Strohhütten hinter Kaktushecken, Felder von Agaven
umzäunt. Wasserverkäufer boten ihre lebenswichtige Ware im
Ziegenbalg mit Schellenklang an. Szenen wie in den Märchen
aus »Tausendundeiner Nacht«, und Erica konnte sich gar
nicht satt sehen. Am späten Nachmittag kamen sie nach Azemour, wo gerade Markt war. Das Meer war ganz in der Nähe,

und Herbert hätte gern in den Dünen das Zelt aufgeschlagen. Aber Erica drängte zur Weiterfahrt nach Süden: soweit wie möglich hinein in dieses Afrika, das sie endlich betreten hatten. In Mazagan stiegen sie in einem großen aber ziemlich leeren Hotel ab, geführt von einer Französin, die müde und verbittert wirkte. Das Zimmer war schlicht, um nicht zu sagen schäbig, aber die de Barys waren nicht anspruchsvoll, ihre Reisekasse war, wie öfter betont wird, nicht allzu üppig gefüllt. Gleich machten sie sich auf, die portugiesische Festung aus dem 16. Jahrhundert zu besteigen. Im Ort war nicht viel los: tuschelnde Frauen auf dem Platz, maurische Musik aus dem mit einem Perlenvorhang verhängten Frisörsalon. Jemand versuchte, ihnen einen Hahn verkaufen, aber Granatäpfeln und Trauben vom Markt reichten zum Abendessen. Golden ging die Sonne über dem Meer unter.

Am nächsten Tag musste die auf allen Reisen lästige Formalität erledigt werden: das Anmelden bei der jeweiligen Polizeistation. Offenbar hatten sie diese Pflicht nicht sehr ernst genommen, aber dann erwartete sie im Hotel eine Nachricht, die sie zum Vorzeigen der Pässe aufforderte, eine übliche, man möchte fast sagen rituelle Handlung, die sich auf allen Reisen wiederholte. Sie schlossen einen Abstecher zum wunderschönen Sandstrand an und bewunderten die Albatrosse, die über der Brandung kreisten. Das Luxushotel Marhaba war schon geschlossen, die Saison zu Ende, aber das Bad im Meer ein Genuss. Allmählich stellte sich bei den Reisenden Gelassenheit ein: Sie waren ja in Afrika, alles um sie herum war Afrika, warum also nicht auch hier und dort einmal verweilen.

Auch Azemour, das sie am Vortag nur durchfahren hatten, sollte noch genauer besichtigt werden. Sie fuhren also zurück in den Marktflecken und fanden sich in einer traditionellen Medina wieder, wo die Häuser fest verschlossen sind. Öffnet sich eine Tür, so kann man nur bis zur nächsten Wand schauen, an der der Eingang einen Knick hat. Aber dann gingen sie hinauf zur Kasbah und konnten von der Burgmauer aus in die Innenhöfe sehen. Eine Frau fing ihre indiskreten Blicke auf und lief schreiend davon. Ein Vorzeichen für die Schwierigkeiten der Begegnung von Mensch zu Mensch? Sie wollten ja nicht nur afrikanische Landschaft sehen und marokkanische Architektur bewundern; den afrikanischen Menschen suchten sie, den »unverdorbenen« Marokkaner, und vor allem natürlich die Frauen, die in dieser Weltsicht als »Hüterinnen der Tradition« galten. Ihnen zu begegnen war sehr schwierig. Später, tief im Landesinneren kreuzte eine Marokkanerin ihren Weg, »schön und wild«, aber an Ansprache war natürlich nicht zu denken.

Ich sehe, wie sie einen Stein aufhebt. Noch vor zwanzig Jahren hätte sie ihn nach uns geworfen. Niemals hätte man damals bis hierher ohne des Todes zu sein vordringen können. Das muss man sich klar machen.

War das damals wirklich so? Man hätte eher vermutet, dass angesichts des wachsenden Widerstandes gegen die Kolonialmacht das Reisen gefährlicher geworden wäre. Aber wirklich unsicher fühlten sich die Reisenden trotz häufiger feindseliger Blicke nicht. Ihnen begegneten vorwiegend die Marokkaner, die Kontakte zur europäischen Welt, vor allem der Kolonialmacht Frankreich hatten, Busfahrer und Händler. Auch in Azemour war der Weg zur Moschee von Handelsständen gesäumt, direkt vor ihr spielte eine Musikgruppe, dahinter lag der Friedhof, Anlass zu ausführlicher Betrachtung des muslimischen Totenkultes.

Ich finde sie wundervoll, diese mohammedanischen Friedhöfe. Nichts mehr von Namen und sorgsamer Pflege. Der Tote zerfällt. Das Grab zerfällt. Die Wüste ist nah. Sand ist Sand. Erde wird Erde.

Der Sternenhimmel funkelte schon, als der Bus sie zurück zum Hotel in Mazagan brachte.

Die Fahrt des nächsten Tages, gut drei Stunden durch die Steppe von Mazagan nach Safi, ließ Erinnerungen an Russland auftauchen – immer wieder findet sich der Versuch, an Bekanntes, Gesehenes, Erlebtes anzuknüpfen, die erlebte Welt in ein Großes und Ganzes zu bringen. Heiß war es an diesem Oktobertag, um die 40 Grad Celcius, aber nichts konnte Erica und Herbert davon abhalten, auf Entdeckungstour zu gehen – unvorsichtigerweise, wie sie im Tagebuch zugibt.

Sonnenglut und glühender Wind. Wir gehen durch die brennend heiße und eine Anhöhe hinan steigende Medina hinauf zum Palast des Paschas. Eine breite weiße Treppe mit einer Terrasse, die zugänglich ist mit herrlichem Blick. Wir nehmen nichts mehr auf. Wir wissen nicht wohin, nirgends ist Schatten. Ich sitze auf der obersten Treppenstufe, Herbert auf der untersten, wir sind weit von einander entfernt und völlig erschöpft. Schließlich fliehen wir von diesem höllischen Ort wieder die absteigende Hauptstraße hinunter, gehen in eine kleine Barschenke und gießen ein kühles Getränk in uns hinab.

Aber aufgeben kam nicht in Frage. Mit schmerzendem Kopf, flimmernden Augen hinter der zu schwachen Sonnenbrille schleppten sie sich weiter zum Tor der Stadtmauer, vor dem ein Bettler sein herzzerreißendes »Allah – Allah« jammerte, durch die Menschenmenge vorbei an Töpfern, Wasserverkäufern, einer Coca-Cola-Abfüllfabrik hinauf zum Edelrestaurant Sidi Bozit, das ganz leer war: Auch hier Saisonende. Aber es gab etwas zu trinken und Liegestühle zum Ausruhen, und nach kurzer Erholung konnten sie den wundervollen Blick genießen, die golden untergehende Sonne über dem alten portugiesischen Fort an der blauen Meeresküste, blühende Agaven und bunt gekleidete Frauen. Die afrikanische Nacht brach schnell herein, brachte Kühle und Lichtermeere: unten das der Stadt, oben der Sternenhimmel, der die Europäer jeden Abend aufs neue entzückte.

Von Safi nach Mogador, durch die farbenprächtige Steppe, vorbei an kleinen Häusern, deren Mauern ohne Mörtel aufgeschichtet sind, ins höher gelegene Land der Arganbäume, auf denen schwarze Ziegen hocken, die die grünen Beeren abfressen. Arganöl wird heutzutage in Südmarokko in Kooperativen zu wertvollen Kosmetika verarbeitet, auch als Speiseöl ist es begehrt und sehr teuer.

Mogador, in der Hauptsaison ein beliebter Ferienort für die Kolonialherren, war nun ziemlich verlassen, die modern eingerichteten Zimmer des eleganten Grand Hôtel so gut wie unbewohnt, der Strand leer. Ein von Arabern gefangener französischer Architekt hatte den Bau der Stadt im 17. Jahrhundert geplant, eine Medina mit Ladenzeilen unter Arkaden. In großen Körben wurden Eier, Wolle, Feigen, Melonen, Mandeln und Granatäpfel zum Kauf angeboten. Sogar einen Roséwein gab es bei einer Französin zu kaufen, der Abendbrottisch im Hotelzimmer war üppig gedeckt. Inzwischen hatte Erica sich auch an die Hitze angepasst:

Ich möchte bemerken, dass ich seit Safi niemals mehr unter der Hitze gelitten habe, da ich mir selbst half: ich band einen wollenen Schal um Stirn und Schläfen, wodurch auch die Augen geschützt waren auch ohne Brille, instinktiv griff ich auf das Prinzip des Turbans zurück. Seitdem machte mir weder Sonne noch Hitze etwas aus, im Gegenteil: endlich war ich nicht mehr müde, endlich war ich ausdauernd und widerstandsfähig zum großen Erstaunen von Herbert. Weite Strecken zu Fuß, die in Afrika mehr als mühsam sind, konnten mich nicht mehr erschüttern. Ich fühlte meinen Körper nicht mehr und flog nur so von innerem Elan getragen dahin.

Die Frage angemessener Kleidung war von nun an für alle weiteren Afrikareisen geklärt.

Das Frühstück am 11. Oktober, einem Samstag, bei Sonnenaufgang auf dem Balkon mit Meerblick wird mit solcher

Begeisterung beschrieben, dass der Leser des Tagebuches sich fragt, ob die Reisenden denn niemals den Wunsch nach Innehalten, nach längerem Aufenthalt an einem dieser traumhaft schönen Orte hatten. Nein, sie waren Reisende, süchtig nach Bewegung und neugierig auf das noch Unbekannte.

Der Bus kam mit Verspätung, wurde dann von einer großen Menschenmenge erstürmt, auch hier Gelegenheit, ein Vorurteil europäischer Reisenden zu entkräften: Eine Tasche blieb zurück, ihr Fehlen erst kurz vor der Abfahrt bemerkt, und da stand sie noch, draußen neben einem Araber, der offenbar nicht die geringste Neigung hatte, sie sich anzueignen. Vom Busfenster aus gab es wenig Neues zu sehen: Arganbäume, Agaven und Kakteen.

Vor Agadir verbreitet sich ein infamer Fischgestank durch Fabriken, die Tran bereiten. Agadir ist herrlich gelegen, als Stadt aufstrebend, doch die Stadt selbst enttäuschend. Wir haben beschlossen nicht hierzubleiben, sondern in die Wüste zu fahren, in die Randgebiete der Sahara. Nur einmal wöchentlich geht der Bus. Wir haben Glück. Heute ist der Tag, und er fährt in einer Stunde!!! Ich bin sehr aufgeregt und voller Erwartung.

Erica und Herbert durchquerten das alte Agadir – es wurde am 29. Februar 1960 fast vollständig durch ein Erdbeben zerstört – und fuhren wieder hinaus in die Steinwüste über Tiznit nach Goulimine.

An einer Haltestelle, an der Limonade ausgeschenkt wurde, betrachtete ein Afrikaner Ericas große Kreolenohrringe und brach in schallendes Gelächter aus, in das die Umstehenden einstimmten. Daraufhin wurde der Schmuck für die restliche Reise im Gepäck verstaut.

In Goulimine kamen sie um acht Uhr abends an, rechtzeitig zum großen Wüstenmarkt. Aber hier gab es keine Hotels, nur eine kleine Unterkunft an der Bushaltestelle, wo normalerweise die Fahrer nächtigten, eine Art Kantine, die gleichzeitig

Wohnraum war, dahinter drei kleine fensterlose Zimmer. Nach einigem Zögern bot der Wirt ihnen eines der Zimmer, in dem ein großer Diwan stand, zum Übernachten an und servierte ihnen sogar ein schmackhaftes Abendessen. Was es gab, notierte Erica de Bary nicht, aber sie erwähnt, wie gut es ihr schmeckte nach der ewigen »Zimmeresserei«. Draußen standen die Zelte der »blauen Männer« mit ihren Turbanen, die sich jetzt unter den Arkaden zum Tanz versammelten. Die neugierigen Gäste bekamen Holzkisten als Sitzgelegenheiten und durften zuschauen, waren aber selbst auch Zielscheibe interessierter Blicke, denn Frauen gehörten nicht auf solche öffentlichen Veranstaltungen.

Sonntag in aller Frühe, noch ehe das Markttreiben begann, statteten sie den Kamelen einen Besuch ab. Die liegenden Tiere ließen sich ganz aus der Nähe bewundern, sogar streicheln.

Wie schön ist ihr großes Auge, wie lang und alt in der Haut ihr Hals, wie süffisant ihr scheinbares Lächeln, als belustigten sie sich im Geheimen über alles. Sie sind ebenso rassig wie hochmütig, ebenso wiegend wie tänzelnd in ihrem Gang und, wie

man mir sagte, sehr launisch. Das Kamel ist für die Wüste ge-
schaffen und die Wüste hat es erschaffen. Es ist unbegreiflich
wie sie, und man muss dieses Wüstentier – sieht man es in seiner
Landschaft – lieben.

Für uns, die wir dieses Tagebuch nach über 60 Jahren lesen, mögen solche Zeilen banal klingen, vielleicht auch kitschig: So oft haben wir Dromedare in Wüstenfilmen gesehen, sie in den Touristenzentren am Roten Meer oder sogar auf den kanarischen Inseln bestiegen; als Postkartenmotiv sind sie dort omnipräsent. Für Erica war es eine erste Begegnung – auf späteren Wüstenreisen war sie oft auf dem Dromedarrücken unterwegs. Bei der Beschreibung dieses kurzen Rittes verzichtet sie nicht auf das Bild des »Wüstenschiffes«, auf dem manch Reisender seekrank werde. Der Besitzer der Kamele lud anschließend zum Tee.

Der Tee, der immer aus Gläsern getrunken und stark gesüßt wird, schmeckt uns ausgezeichnet. Unsere Unterhaltung geht nur mit Zeichensprache vor sich, doch können wir uns erstaunlich viel trotzdem sagen. Schließlich verabschieden wir uns, doch begehen wir irgendeinen Formfehler, den ich niemals ergründen konnte. Der Mann, der uns hoch überragt, bekommt einen bösen Blick und schließt schnell hinter uns die Tür.

Waren sie vielleicht schon vor dem dritten Aufguss aufgebrochen? Das hätte sich nicht gehört. Es war die erste nähere Begegnung mit Menschen des Landes, da fehlte sicher noch die Vertrautheit mit den Gepflogenheiten, die den Reisenden später so selbstverständlich waren. Oder hatten die Gastgeber ein Gegengeschenk, etwa eine kleine Münze erwartet? Offenbar wurden solche Erwartungen damals noch nicht so klar formuliert.

Der Markt unter den Arkaden war in vollem Gang: Lederwaren, Silber- und Bernsteinschmuck, Stoffballen und Teekisten, Obst- und Fleischstände, und in der Mitte einer großen Menschenmenge der Schlangenbeschwörer, der auf das Holzkästchen einflötete. Lange muss er flöten, bis er so viel Geld eingenommen hatte, dass sich die Schlange blicken ließ. Und als Zugabe für weitere Münzen neigte sich der Mann mit wildem Gesichtsausdruck über die züngelnde Schlange und zeigte dann eine blutende Wunde an der Schläfe.

Erica registrierte zufrieden, dass jetzt, am Tag, auch ganz viele Kinder unterwegs waren, großäugig, braunhäutig, bunt gekleidet, lachend, spielend, offenbar noch nicht darauf getrimmt, die bettelnde Hand auszustrecken und ihr »cadeau« einzufordern, so dass man ihnen nicht ausweichen musste, sondern sie in aller Ruhe betrachten konnte.

Und wie viele schöne Kinder es hier gibt. Eigentlich sind sie alle schön mit ihrer herrlichen dunklen Haut und den strahlenden großen dunklen Augen. Sie erscheinen mir tausendmal schöner als alle Kinder in Europa, denn sie sind dazu noch so malerisch bunt angezogen oder mit Lumpen behangen.

Beim »Wüstenwirt«, wie Erica den Hausherrn nennt, gab es einen Kuskus mit scharfer Soße, und die Hausfrau war stolz, dass es den Gästen schmeckte. In der nachmittäglichen Hitze, der beide inzwischen trotzten, wanderten sie an der Kaserne vorbei bis hinaus in die Wüste. Hier gab es noch keine Sanddünen, sondern Steine verschiedener Farben, aus denen Büschel von Schlangenkakteen wuchsen. Weit zog sich eine hügelige Landschaft dahin. Der weglose Spaziergang führte über Kuppen und in Täler, in der plötzlich die Stadt nicht mehr zu sehen war, und eine Ahnung der Gefahren einer solchen Wüstenwanderung aufkommen konnte. Schnell den nächsten Hügel aufgesucht, von dem aus wieder Orientierung möglich war. Die Sonne stand schon tief über dem Horizont: nun aber zurück in die Stadt, die bläulich von fern herüberschimmerte und bald ihren Trommelklang den Wanderern entgegenschickte, Vorboten einer Tanzveranstaltung. Nun wollte Erica nicht mehr nur Schauende sein, sie wollte teilhaben.

Der Rhythmus wühlt sich in mich hinein. Ich mache schon heimlich die Schritte mit. Neben mir steht plötzlich einer der Araber aus dem »Tanzcafé«. Er spricht mich an. Er hat es sofort gespürt, in welchen Zustand ich gerate. Auch andere Araberaugen sehe ich auf mich gerichtet. Dann weiß ich nicht mehr viel. Die Flamme peitschte auf, das Tam-Tam dröhnte, Schultern zuckten, immer der gleiche aufreizende Rhythmus, der rote, feine, aufwirbelnde Staub, der Alte mit seiner Fackel… Plötzlich merke ich wie jemand hart hinter mir auftaucht und mich anruft. Ich erkenne jemand sehr beduinenhaft in eine Decke gehüllt. Es ist Herbert, der mich mit aller Kraft am Arm zieht und wider meinen Willen mit sich nimmt. Ich habe doch noch so viel Besinnung, dass ich den Eingeborenen kein Schauspiel eines Zwistes geben will, auch sage ich mir, ich kann besser heimlich wieder umkehren. Aber Herbert bringt mich in das Haus zurück. Der Wirt verschließt die Tür. Ich komme in unseren fensterlosen Raum, das Kerzenstümpfchen erlischt: ich bin eingefangen. Herbert schläft bereits nach kurzer Zeit. Aufgeregt stehe ich da und kann nirgends hinaus, mit einem Schlag verstehe ich das Schicksal der arabischen Frau…

Was war wirklich passiert? Hatte es eine peinliche Zurschaustellung gegeben, so dass der Ehemann sich verpflichtet sah, einzugreifen? Oder wollte er nur einfach ins Haus, sich schlafen legen? Leider gibt es in diesem Tagebuch keine Eintragungen von ihm – wie in späteren. Das Schicksal der arabischen Frau, die in allem dem Willen eines Mannes unterworfen ist, sei es Vater, Bruder oder Ehemann, wird hier zum ersten Mal thematisiert. Später wird die Schriftstellerin solche Schicksale in dem Buch »Die Flammenbäume« erzählen.

Goulimine blieb der südlichste Punkt der Reise. Zurück in Tiznit genossen beide die touristische Infrastruktur mit einem »gepflegten Mahl« in dem schon auf der Hinfahrt ausersehenen Gasthaus, und sie verfielen einer alten touristischen Sitte, wenn sie Kindern ein paar Münzen hinwarfen und zuschauten, wie sie sich darum balgten. Im Souk gab es Silberschmuck und einen Dolch als Mitbringsel für Sohn Harald, und wieder Tänze zu Trommel- und Streichmusik.

Die geplante Fahrt nach Tindouf am Rande der Sahara, Ausgangsort der Piste nach Dakar, konnte nicht stattfinden, weil Tindouf im französischen Département Algerien lag und eine Einreisegenehmigung nur in Agadir zu erhalten war. Nach großer Enttäuschung ergab sich etwas viel Besseres: ein Ausflug in das Tafilalet, eine riesige Oasengruppe in den Ausläufern des Atlasgebirges und der Sahara nahe der algerischen Grenze, über Agadir nach Taroudant. Vor der Abfahrt kam es zu einer schönen Begegnung von »Frau zu Frau«: Eine unverschleierte Frau pflückte ein Gewürzkraut von ihrer Dachterrasse und warf es Erica zu, die ein Dach entfernt auf einem Söller den Ausblick genoss. Sie wertete das – nach den vorangegangenen Feindseligkeiten – als freundliche Annäherung, als Geschenk. Vielleicht war sie ja doch willkommen bei den Frauen des Landes. Ein Besuch in den Frauengemächern ergab sich tatsächlich, und zwar bei einer Marokkanerin, die mit einem Deutschen verheiratet und deshalb zugänglicher war. Sie wollte die Gelegenheit nutzen, dass die Gäste einen Fotoapparat dabei hatten, und lud zu einem Fotoshooting ein, an dem mehrere Freundinnen teilnahmen, die herum saßen und kicherten, sich aber nicht fotografieren lassen wollten, sondern nur der Gastgeberin beim Anziehen und Schmücken helfen. In grünseidener Pumphose mit hellblauem Oberteil, das ebenfalls aus schwerer Seide war, und einem schwarzen, mit Goldplättchen durchwirkten Schleier trat sie vor Herbert. Er hätte sie gern im Garten fotografiert, aber das kam nicht in Frage, dazu hätte sie ja das Haus verlassen müssen. Schließlich fand sich ein Kompromiss: Die Fotos konnten auf der Dachterrasse gemacht werden.

Von Agadir nach Taroudant zogen sich Orangen- und Bananenplantagen, Maisfelder und Olivenbäume bestimmten die Landschaft. Auch Taroudant stellte sich als riesige, von einer gewaltigen Mauer eingefriedete Stadt dar; der Busfahrer wollte sie am Luxushotel Lamounia absetzen, aber die de Barys bestanden auf einer einfacheren Herberge. Auf dem Weg dorthin streikte der Bus, die Panne ließ sich nicht beheben, so dass der Wirt ihres Hotels sie mit dem Auto abholen musste. Wieder eine Ankunft bei stockdunkler Nacht; der Spaziergang zur ersten Orientierung in der Nähe des Hotels war verwirrend, neben zahlreichen nur schwach erleuchteten Teestuben kauften sie Früchte, die es dann zum Abendessen in einem hübschen Zimmer im zweiten Stock gab, dessen Fenster – wie üblich – auf einen Innenhof hinausgingen. Dem Wirt allerdings missfiel es, dass die Gäste auf dem Zimmer speisten; er hatte erwartet, dass sie ein ordentliches Menü bei ihm bestellten, aber die Reisekasse ließ das nicht zu, und es war ihnen nicht wichtig.

Über das Gebirge fuhren sie nach Marrakesch, der einstigen Hauptstadt, Namensgeber des Landes für die europäischen Sprachen, Treffpunkt von Schriftstellern, Künstlern, Filmemachern, von denen sich viele auch dort niederließen: Die berühmte Stadt erfüllte alle Erwartungen.

Die Tagebuchseiten, die dieser Stadt gewidmet sind, erscheinen wie eine Vorübung zu Elias Canettis 1968 veröffentlichtem Buch »Die Stimmen von Marrakesch«, das auf einen dreiwöchigen Aufenthalt des Schriftstellers ebendort im Jahre 1954 zurückgeht.

Zunächst konnte Erica den großen Gauklerplatz, auf dem der Bus sie abgesetzt hatte, nicht genießen: Sie wartete mit dem Gepäck auf Herbert, der Mühe hatte, ein Hotelzimmer zu finden. Schließlich kamen sie zu beider Begeisterung in einem »echt arabischen« Gasthaus unter.

Uns weist man ein Zimmer an mit Badezimmer darinnen. Die Badewanne wackelt, Tisch und Stühle wackeln, ein Junge kommt herein mit einer Spritze gegen Ungeziefer, wovon mir sehr übel wird – aber wir fühlen uns sehr wohl, nicht ein Stück wird uns gestohlen und Ungeziefer bemerke ich nicht.

So schön Marrakesch auch war: Erica und Herbert wollten endlich die Wüste sehen. Über den Atlas hinweg brachte sie der Bus nach Erfoud und weiter nach Rissani, wo es nur noch eine Militärstation und keine Unterkunft gab, also die richtige Sahara mit all ihren Gefahren: Räuberbanden, Wüstenwinde, Tageshitze und Nachtkälte.

Dorthin zieht es mich. Man rät uns, uns zu verproviantieren. Wir müssen unser Zelt mitnehmen. Nur zu trinken könne man bekommen. Wir haben keine Vorstellung von allem, uns treibt nur die Abenteuerlust. Auf dem Eingeborenenmarkt kaufen wir Datteln, kleine Konserven und Brot. Es ist 42 Grad im Schatten, man spürt die Sahara bereits an der immer trockeneren Luft, die aber die Hitze erträglicher macht. Orangen gibt es hier bereits nicht mehr.

In Rissani hielt der Bus im aufwirbelnden Sand, das niedrige Dorf war in der blendenden Sonne kaum zu erkennen. Die einheimischen Passagiere stiegen aus und zerstreuten sich schnell. Einer rief noch einen Jungen mit einem Maulesel herbei.

Dann sind wir auf uns angewiesen. Aber der Junge auf dem Maulesel trabt durch den Sand an uns heran, macht uns ein Zeichen, wir sollen ihm unser Gepäck geben, was wir tun, und trabt uns voran. Sand – Sand – Er rieselt im Haar, er knirscht zwischen den Zähnen, denn eine leichte Bewegung ist in der Luft, die man nicht spürt. Wir gehen durch den Sand und werden in einen Ausschank geführt, der in einem der Häuser verborgen liegt.

Zum Glück gab es dort doch eine Unterkunft, denn das Zelt auf dem harten Boden aufzuschlagen wäre völlig unmöglich gewesen. Sie waren zwar am Ende der Welt angekommen, jedoch nicht am Ende der Zivilisation: Der Wirt bat darum, die Pässe bei der Militärstelle vorzuzeigen, wo sie ein freundlicher Angestellter begrüßte und sie mit auf den Aussichtsturm nahm, der auch als eine wissenschaftliche Beobachtungsstelle fungierte. Er erklärte ihnen die Gegend und hielt einen Vortrag über die politische Situation Marokkos inmitten des Kalten Krieges. Später nahm er sie auf eine Rundfahrt in seinem Auto mit und lud sie in sein Haus ein, wo sie seine ebenso freundliche marokkanische Frau kennenlernten. Die Wüste präsentierte sich durchaus liebenswert und lebendig. Sogar ein Markt fand zufällig gerade statt, eingebettet im Wüstensand unter der glühenden Wüstensonne. In einer Töpferei trockneten die halbfertigen Krüge; Dattelpalmen wuchsen direkt im Sand; ganz in der Nähe halb verschwunden lag ein Wüstenfriedhof. Die Brunnen wurden bewacht – ihr Wasser war nur zum Trinken, nicht etwa zum Waschen gedacht.

Zwei Sonnenaufgänge erlebten sie auf dem Aussichtsturm des Militärgebäudes, dann ging es zurück nach Erfoud. Aber der Wüstenhunger war noch nicht gestillt. Ins Erg, in die Sanddünen zu kommen, war viel schwieriger, dahin fuhren keine Busse, vielleicht konnte sie ein Minenauto mitnehmen, aber niemand wusste, wann ein Arbeiter wieder einmal nach Taouts, zu den Bleiminen, fuhr. Eigentlich musste man die ganze Zeit abfahrtbereit sein, um die eventuelle Mitfahrgelegenheit nicht zu verpassen. Nur herumsitzen und warten war nun aber ihre Sache nicht. Sie bestiegen den Bordj Est, der schwarz vor ihnen stand, als Symbol der Beständigkeit der Gegenpol zur Vergänglichkeit der Sandverwehungen. Hier war die Urlandschaft, die an die Entstehung der Erde und auch ihr Ende gemahnte.

Noch spürt man den Atem von Gewalten, die in die Landschaft hinein wirkten, als sie noch nicht erstarrt war, noch spürt man den Atem der Schöpfung. Noch sieht man hier, wie sich der Fluss in seinem Lauf in das Gestein des Bodens einzahnt und im Sand sich verläuft. Die Landschaft glüht in ihren roten, gelben und grünen, blauen und violetten Farben, die zu Afrika gehören, auf, der Sonnenball sinkt und scheint zu tönen, das schwarze Gestein uns zu Füßen ist nur eine Woge in dem gewaltigen Meer, während wir die Zersplitterungen wahrnehmen und ein paar Reihen von Gräbern einstiger Legionäre, Kreuz und Halbmond sind hier vereinigt. Rasch fällt die Dunkelheit herab. Mühsam ist der Abstieg. Einzelne Lichter glühen auf: Erfoud. Der Sternenhimmel ist wüstenklar.

An Nachtruhe war nicht zu denken, denn Musik lockte sie wieder hinaus: Eine Hochzeit wurde gefeiert. Die Braut saß tief verschleiert auf einem Pferd; ein Junge, der Bruder ihres künftigen Mannes hinter ihr, um sie festzuhalten. Dem Festzug folgten schwarz verhüllte Frauen, die sich mit flacher Hand auf den Mund schlugen und dabei hohe Triller ausstießen. Von allen Seiten kamen Menschen hinzu, unter die sich die fremden Beobachter mischten, nur gelegentlich misstrauisch beäugt. Zwei Stunden lang bewegte sich der Zug langsam durch die Stadt; dann war das Haus des Ehemanns erreicht. Die Schwiegermutter reichte eine Schale mit Wasser, mit dem die Braut das Haus besprengte, der Bräutigam hob sie vom Pferd und trug sie ins Haus. Eigentlich waren alle zum Festessen eingeladen, aber das deutsche Paar warf nur einen Blick hinein und zog sich dann zurück, aus Furcht, als Eindringlinge zu gelten. Das waren Momente der Frustration: zu erkennen, dass es nicht möglich ist, ganz dazuzugehören, sein Fremdsein aufzugeben, einfach mit dabei zu sein, unerkannt. Auf späteren Reisen, in Libyen, wird Erica das Fremdsein überwinden, sie wird noch bei mancher Hochzeit dabei sein, sogar ins Gemach der Braut vorgelassen werden. Zunächst aber erkannte sie, dass ihr Fremdsein auch der Preis der freien

Bewegung war, der Möglichkeit, jederzeit den nächsten Bus besteigen zu können und ein anderes Sehnsuchtsziel anzusteuern. Die Fortbewegung wurde fast zur Besessenheit: essen, trinken, schlafen, das alles war unwichtig. Es kam darauf an, in aller Frühe rechtzeitig am Bus zu sein, oder doch wenigstens den Muezzin zu hören, der dem ersten Gebetsruf des Tages hinzufügt: »Beten ist besser als Schlafen!«

Ein auslaugendes Klima, ungewohnte Ernährung, zu wenig Schlaf, physische Anstrengungen und psychische Anspannung, immer im Ausloten der Möglichkeiten, möglichst viel zu erleben, den Menschen nahe zu kommen, ohne indiskret und aufdringlich zu sein: kein Wunder, dass der Körper irgendwann streikt. Aber da ist nur von einem Unwohlsein die Rede, zurückgeführt auf das salzige Wasser, das wohl auch abgekocht ungenießbar war. Teures, aus Frankreich in Flaschen importiertes Wasser zu kaufen, war in der Finanzplanung nicht vorgesehen. Aber es musste sein, denn das Minenauto war da und der Chauffeur bereit, sie zu seinen dicknackigen, mit ärmellosen Hemden bekleideten Arbeitern aufsteigen zu lassen. Nun ging es wieder in die Sandwüste hinein. Die Fahrt endete an einem Außenposten der Zivilisation, bei einem Haus, in dem der sogenannte »Wüstencolonel« wohnte, ein französischer Offizier, der sich nach Beendigung seines Dienstes nicht von der Wüste trennen konnte. Erica und Herbert wurden wieder einmal freundlich aufgenommen, mit Tee und Essen versorgt, beides von einem Diener in weißem Turban stilvoll serviert. Ein junger Leutnant war zu Gast, der ihnen von seinem Leben in der Wüste erzählte, den Schwierigkeiten, mit Nomaden zu verhandeln, die überall und nirgends leben, fast völlig bedürfnislos sich von Datteln, Olivenmehl, etwas Wasser aus dem Ziegenbalg ernähren und im Sand schlafen. Der Leutnant sollte sie kontrollieren, aber auch Studien über ihr Leben, ihre Sprache und Sitten erstellen. Einmal wöchentlich erhielt er per Flugzeug Befehle, Post und Nahrungsmittel.

Das Entzücken über die Wüste mit all ihren Geheimnissen und Beschwernissen füllt viele Seiten des Tagebuchs, genaue Beschreibungen der Landschaft und ihrer Farbenpracht: Jeder Hügel, jedes Tier, jeder Baum und jede verschleierte Menschengestalt scheint Erwähnung zu finden. Schwarze Lavasteine möchte die Schreiberin einpacken, am liebsten die ganze Wüste mit nach Hause nehmen. Auch Frauen bekam sie hier zu sehen: Sie kümmerten sich um die Bewässerung der Gärten und warfen auch schon einmal einen Blick auf die zierliche hellhäutige Frau, die – wie sie – den Kopf mit einem Tuch verhüllte.

Ein Lachen, ein Tuscheln, noch andere junge sehr hübsche Mädchen sind da in blauer Gewandung und ihren dicken gelben Bernsteinklunkern, die gegen ihre schöne sehr dunkle Haut abstechen, und ihrem Silberschmuck um Arme und Beine. Als wir näher kommen, verhüllen sie sich. Sie haben hohe Krüge und antike Amphoren.

Hier möchte sie bleiben, immer wieder hinaus in die Wüste laufen, staunen. Aber nicht zu weit hinauslaufen, zurück zu dem gastlichen Colonel, der ihnen einen wunderbaren Kaffee servieren ließ. Und wieder hatten die Reisenden Glück: Gerade war zufällig ein Journalist aus Paris eingetroffen, dem der Leutnant seinen Kamelreitertrupp vorführte. Hier durfte Herbert nach Lust und Laune fotografieren, stolz zeigten die Reiter ihre verwegenen Gesichter unter dem weißen Turban, auf rot leuchtenden Sätteln sitzend lenkten sie die Tiere mit nackten Füßen.

Dann kam der unwiderruflich letzte Abend in der Wüste. Der Colonel zeigte ihnen die Sternbilder und beklagte, dass die vordringenden Minen die Einsamkeit zerstörten. Ein letzter Sonnenaufgang, noch eine kleine Wanderung ins Erg hinaus, auf eine Sanddüne.

Wundervoll ist oben der Blick über die Sandwellen. Hart he-
ben sich Grate ab mit oft weit vorstoßenden Kämmen, blau-
dunkel sind die Schattentäler, – kleine Wellen – große Wellen –
durch den Wind wie der Meersand gezeichnet – und die Farbe
des Sandes, wenn auch immer hell, in seinen Tönungen ver-
schieden, mal mehr gelb, bald mehr rosa, je nach dem, welche
Steine hier einmal durch die Kälteunterschiede zersprengt und
zermahlen wurden. Dann und wann ein Büschel von fahlem
Wüstengras. Wir gehen an dem Grat entlang, laufen dann hinab
und klettern keuchend und mühsam eine höhere Kuppe hinauf,
wiederholen es noch einmal und geben es dann auf. Schon wis-
sen wir nicht mehr, wo wir sind. Die Sonne glüht unsagbar
heiß, eine Kuppe sieht wie die andere aus, auf den Graten und
Hängen sind bereits unsere Fußspuren verweht. Kein Vogel,
kein Tier. Nur dann und wann ein schwarzer Wüstenkäfer, der
sich aus dem Sand herausdreht.

Lange waren sie unterwegs gewesen: Der Sohn des Colonels
stand auf der Dachterrasse und hielt mit einem Fernglas nach
ihnen Ausschau; sein Vater hat sich schon auf die Suche nach
den Gästen gemacht und musste jetzt zurückgeholt werden.

Ohne ein weiteres üppiges Mahl ließ man sie nicht gehen.
Der Chauffeur des Minenautos holte sie ab, und bald waren
sie wieder in Erfoud. Und alles war wieder anders: Eine Tou-
ristenstrecke lag vor ihnen: Meknes, die grüne Stadt, das Hei-
ligtum Moullay-Idris, das Ungläubige nur von außen sehen
dürfen, und die ausgedehnte Römersiedlung Volubilis mit ihren wunderschönen Mosaiken, dann Fes, die blaue Stadt.

In der Mellah von Fes kam es zu einer Begegnung mit dem
Geheimnisvollen. Einen fein ziselierten Silberreif wollte Erica
kaufen. Nein, sagte der Silberschmied und hämmerte an einem
anderen Schmuckstück, unverkäuflich. Aber warum ist er dann
ausgestellt? Keine Antwort. Erica nahm ihn herab und legte
einen Schein hin. Der Händler wurde wütend und schob den

Schein zurück. Willst du mehr? Kopfschütteln. Weiterhämmern. Andere mischten sich ein. Ein Polizist schaute vorbei: Verkauf der Touristin gefälligst das, was sie haben möchte! Der Händler nahm das Geld, warf es in eine Zigarrenkiste und spuckte dreimal aus. Zufrieden, mithilfe der staatlichen Autorität ihr Ziel erreicht zu haben, streifte Erica den Armreif über und ging. Als sie außer Sichtweite des Standes – und des Polizisten – war, kam ihr ein Junge hinterhergelaufen und streckte ihr ihren Geldschein entgegen. Bitte, gib den Reif zurück! Aber warum nur? Wenn du Silber trägst und der Mond dir ins Gesicht scheint, wirst du unglücklich werden. Der Junge schaute so flehentlich, dass Erica den Reif abzog. Der Junge verschwand im Dunkeln, Erica trat aus der Mellah hinaus. Groß stand der Mond über dem Platz und schien ihr direkt ins Gesicht.

Die Souks waren nun schon vertraute Orte, aber Fes bestach durch seine gewaltige Ausdehnung, die alte Universität mitten im Gewirr der Gassen, die vielen mächtigen Holztüren. Händler, die sie auf ihrem Bummel durch die Altstadt gesehen hatten, folgten ihnen mit ihren Lederwaren und Silbersachen bis ins Hotel. Das degradierte sie zu Touristen, die sie nicht sein wollten. Erst abends vor der Bab Ftouh konnte sich Erica wieder wohl fühlen, als kein Touristengesicht zu entdecken war.

Es sind dieselben gewohnten Szenen, doch wie in uralte, heilig-magische Intensität getaucht. Märchenerzähler in einem Kreis, die Zuschauer hängen an seinem Mund; ein blinder Clown, über dessen Wortspiele alle lachen; ein anderer Märchenerzähler, der wie ein Geistlicher wirkt und dem die Zuhörer mit ernstem Eifer folgen; ein Possenreißer, der sicherlich Zoten zum besten gibt ... Ein übergroßer Vollmond geht auf und steht am noch hellen Abendhimmel, an dem noch der Widerschein des Sonnenuntergangs hängt. Tam-Tam-Klänge dröhnen.

Die Reise ging dem Ende zu. Abgeschälte Korkeichen säumten die Straße nach Rabat. Machte sich doch eine gewisse Erschöpfung breit? Die berühmte Chellah, der Garten mit Resten einer Moschee, erschien ihr nur gespensterhaft, die Kakteen nicht halb so schön wie die Agaven von Moullay-Idris, aber der Ausblick auf Fluss und Meer war grandios. Herbert hatte Fieber: Es war höchste Zeit, das Tempo der Unternehmungen zu zügeln. Und dann wäre es schöner gewesen, Rabat an einem Freitag zu erleben, wenn der Sultan sich mit seinem Gefolge zeigte. Aber die Einsicht setzte sich durch, dass man nicht alles haben kann, und waren diese Wochen nicht voll gepackt gewesen mit Wunderbarem? Das Tagebuch erlaubt nicht den Schluss, man habe genug gesehen und könne sich nun erlebnissatt wieder aufs Schiff begeben. »Gefürchtet« war der Tag der Abreise, aber er kam unausweichlich. Noch ein paar Einkäufe, ein Abstecher nach Salé, wo die meisten Leute schon farblos europäisch gekleidet waren, aber noch Kopfbedeckungen trugen. Herbert blieb am Meer sitzen, er mochte auch nichts essen, aber Erica hatte jetzt auf einmal Hunger, nachdem sie die ganze Reise über bescheiden gewesen war, musste es jetzt ein üppiges Mahl in einem Restaurant sein.

In Casablanca schloss sich der Kreis.

Zum letzten Mal setzen wir uns auf eine Bank in der Palmenstraße, die mich bei unserer Ankunft am ersten Abend so sehr begeistert hatte. Doch auch jetzt nach allen Erlebnissen hält sie noch stand. Die Sonne geht unter, doch wir können es von hier aus nicht sehen. »Lass mich wiederkommen!« sagte ich innerlich zu Marokko, als sei es als Ganzes ein lebendiges Wesen.

Die Taxifahrt zum Hafen war übertrieben teuer – der Touristennepp hatte sie wieder. Dabei waren Erica und Herbert eigentlich die ganze Reise über Touristenpfaden gefolgt. Gespräche hatten sie nur mit Europäern geführt. Der Wider-

spruch zwischen Anspruch und Wirklichkeit des Reisens wird im Tagebuch nicht thematisiert, es ist unklar, ob Erica ihn erkannt und möglicherweise wieder verdrängt hat.

Der Dampfer »Le Maroc« lag schon da: Der Gepäckträger verirrte sich mit seiner Last, kam erst im letzten Moment zur Kabine und verlangte einen Aufpreis für seine Mühe.

Vollmond. Die Sterne stehen am Himmel. Am Kai nur wenige Menschen. Lautlos löst sich das Schiff. Casa liegt im Halbkreis mit seinen Lichtern. Schiffskrane gleiten an uns vorüber. Sie stehen in Reih und Glied und haben seltsame Formen. Wie riesige Fetische stehen sie da, magisch hineingebannt in die Technik, mit denen uns Afrika zum letzten Mal grüßt. Bitterlich schwer war mir der Abschied.

KAPITEL 7

Schriftstellerin, Übersetzerin, Kulturvermittlerin

Was Erica de Bary bewegt hat, ist nicht nur, die Werte in Afrika zu konservieren, sondern sie auch hier zu übernehmen, weil sie gespürt hat, was für eine Humanität darin steckt, nicht abstrakt, sondern konkret, jede Minute, und da haben wir – ich zähle mich dazu – die Widerstandskraft der westlichen Kultur unterschätzt. (Professor Tirmiziou Diallo in einem Interview am 8. 10. 2012 in Worms)

Frankfurt: 1953

Zur Wertesuche in Afrika passt auch, dass Erica in Frankfurt ihre Beschäftigung mit der Zen-Philosophie wieder aufnahm. Kitayama lehrte jetzt in Prag; sein Nachfolger war Soji-Enku, der eigentlich François-Albert Viallet hieß und sich nach dem Krieg in Frankfurt niedergelassen hatte.

Zur Erneuerung der Geistigkeit nach der Nazi-Barbarei gehörte die Vermittlung von Kunst; da hatte Deutschland eine Menge nachzuholen. Zwei Frankfurter Galerien spielten für diese Vermittlung eine wichtige Rolle: Da war das Kunstkabinett, das die Künstlerin und Galeristin Hanna Bekker vom Rath 1947 in der Frankfurter Kaiserstraße eröffnet und später an den Börsenplatz verlegt hatte. In den Jahren um 1950 stellten die Maler Heinz Kreutz, Otto Greis, Bernard Schultze und Karl Otto Götz bei ihr aus. Sie vertraten die Kunstrichtung des »Informel«. Im Dezember 1952 kamen sie zu einer gemeinsamen Ausstellung in die »Zimmergalerie« von Klaus Franck, der 1949 seine Wohnung im Westend für Ausstellungsbesucher geöffnet hatte. Die Ausstellung lief unter dem Titel »Neuexpressionisten«. Der Künstler und Literat René Hinds, der die Einführungsworte gesprochen hatte, erfand den Namen »Quadriga« für diese vier Maler.

Für die Zimmergalerie holte Erica den belgischen Maler Raoul Ubac, den sie aus Paris kannte, nach Frankfurt. Er stellte dort 1951 seine Schiefertafeln aus. 1959 war er Teilnehmer der documenta II in Kassel.

Viele Künstler waren auch in der Cretzschmarstraße zu Gast. Götz berichtet (Erinnerungen, Bd. II, S. 145) von einer Begegnung mit Adamov im Hause de Bary. Im November 1953 besuchte Erica ihn in Antony, einem südlichen Vorort von Paris, wo Götz bei dem Maler Jean Revol wohnte:

Erica de Bary kam aus Frankfurt zu Besuch. Sie hatte Werke von Adamov, Ionesco und Beckett übersetzt und wollte ihre Freundin Marthe Robert wiedersehen… Ich werde den Anblick nie vergessen, als Jean Revol mit seinem schweren Motorrad Frau de Bary am Bahnhof von Antony abholte und in rasendem Tempo mit ihr durch die Ortschaft fuhr. Ich sah vom Haus aus eine lange Staubwolke, und dann kamen sie. Erica war von oben bis unten mit Staub bedeckt. Sie war eine Dame und hatte elegante Kleider an. Es machte ihr nichts aus, sie war gewohnt, mit verrückten Künstlern umzugehen. (Götz, Erinnerungen, Bd. IV, S. 160 f.)

Dass die Bekanntschaft schon länger dauerte, zeigen zwei Gedichte, die der Künstler Erica widmete: »Zwei Rosen« (1949) und »Das Lachen« (1950).

Nach seinem Umzug nach Düsseldorf 1959 sahen sie sich selten, etwa im November 1982, anlässlich einer Ausstellung »Quadriga nach dreißig Jahren«, und im April 1994:

Die Galerie Hans Ostertag in Frankfurt zeigte am 15. 4. 94
eine Auswahl meiner Arbeiten aus den 50er Jahren ... Wer war
gekommen? ... Und Erica de Bary (Erica mit c), eine alte Freun-
din auch aus den 50er Jahren in Frankfurt und Paris. Jetzt war
sie schon über 90 und temperamentvoll und lustig wie früher.
(Ebenda, S. 103)

Das Doppelgänger-Thema, dem sich Erica lange gemeinsam
mit Aljoscha gewidmet hatte, taucht wieder auf: Es gibt eine
Lyriksammlung mit diesem Titel von dem österreichischen
Dichter Max Hölzer, einem langjährigen Freund Ericas, der
ihre esoterischen Interessen teilte und sie mit Uspenskij und
Gurdjieff bekannt machte. Er schrieb für sie ein Gedicht, das
in der Sammlung »Der Doppelgänger« von 1959 auf Seite 45
steht:

———

Man hört den Wind nicht –
sieht die Haare flattern
In tausend Jahren
wird man den Wind nicht hören
und die Haare flattern sehn

Kahle Bäume
wachsen aus einem blinden Aug
Es glänzen die schneegebräunten Gesichter –
Ich denke an das weiße blinde
das tief in der Erde Licht einließ
das zwischen Wachen und Schlafen
einen dritten Zustand erfunden –
Das lautlos flatternde Haar
ist das seine

———

Algier – Frankfurt: 1954

Unvergesslich diese schmerzliche und unerwartete Nachricht!
Ich stand vor dem Museum der Stadt Algier unter Palmen.
Die Palmen verloren plötzlich jede Kontur und raschelten tro-
cken.

Im April 1954 reisten Erica und Herbert wieder nach Nordafrika, diesmal nach Algerien. Auf dem Postamt von Algier
erwartete sie ein Brief von Ericas Schwester Edelgard, in dem
sie schrieb, sie wolle die Mutter in ihre Nähe holen; ein Zimmer in einem Altersheim in Kleve, wo sie sich um sie kümmern könne, stehe zur Verfügung. Diese Entscheidung war für
Erica ein heftiger Schlag, hatte ihre Mutter ihr doch versprochen, in Frankfurt zu bleiben. Aber sie wurde immer hinfäl-
liger, sah auf einem Auge nichts mehr, und statt in Ericas Abwesenheit die Familie zu versorgen, brauchte sie selbst mehr
Zuwendung, die ihr nur Edelgard bieten konnte. Erica musste
sich der Argumentation ihrer Schwester beugen. Dass sie damit auf der Reise konfrontiert wurde, empfand sie als besonders schlimm. Aber die Tour ins algerische Hoggargebirge
wurde wie geplant zu Ende gebracht. Es wäre nicht in Frage
gekommen, dass sie diese Reise abgekürzt oder weitere unter-
lassen hätte, um für ihre Mutter da zu sein. Elisabeth war damit völlig einverstanden: Sie hatte ihre Tochter von klein auf
in ihren besonderen Wünschen unterstützt, sich immer für
ihre Reisen und ihre Schriftstellerei interessiert; sie hätte niemals erwartet, dass Erica ihr zuliebe zurücksteckte. Und mit
Edelgard, deren Mann und den beiden Söhnen verstand sie
sich gut. So verließ Elisabeth nach Ericas Rückkehr aus Algerien das Haus in der Cretzschmarstraße, in dem sie gern gelebt
hatte. Da musste Erica den Anflug schwesterlicher Eifersucht
unterdrücken: Ihr war klar, dass sie ihre Mutter, die immer für

sie da gewesen war, nicht in gleichem Maße versorgen konnte und wollte. Der Zorn über diesen Lauf der Natur spricht noch aus der 1990 niedergeschriebenen Erinnerung:

Du hattest nicht älter zu werden! Du hattest zu bleiben wie du warst: Helferin, Trösterin, für mich, für alle! Dein schweres Leben hatte dich gelehrt aufzugreifen, zu verstehen: meine Exzesse, mein Toben, mein Ungezähmtsein. Als Gewitterstürme ließest du sie vorübergehen, um in meine Erschöpfung hineinzusprechen. Wie konnte ich fassen, dass du vergaßest und doch dabei die gleiche bliebst: Elisabeth!

In Frankfurt erwartete sie ein weiterer Schlag: das Erscheinen der Lyrikanthologie »Schwarzer Orpheus« von Janheinz Jahn. Das deutsche Publikum nahm mit Staunen zur Kenntnis, dass der »natürlich-reine und unverdorbene Neger« Lieder sang, in denen sich die »urtümliche Wildheit der Rasse« mit der Diszipliniertheit der dichterischen Form paart und so die »fröhliche Unverdorbenheit Schwarzafrikas in die ermattende Poesie des überzivilisierten Westens« einbrach. Diese Ausdrücke fanden sich in verschiedenen Besprechungen. Jahns Coup war es gewesen, nicht das Werk des Dichters, Lehrers und Politikers Senghor zu übersetzen, sondern nur einzelne Gedichte daraus zu nehmen und selbst afrikanische Dichtung aus der ganzen Welt und in vielen Sprachen zu sammeln und zu übersetzen. Den Erfolg des »Schwarzen Orpheus«, einer Lyriksammlung, kann man sich heute gar nicht mehr vorstellen: Die erste Auflage war schnell verkauft, zwei weitere, umfangreichere, folgten sowie 1960 eine Taschenbuchausgabe.

Erica packte ihre Übersetzungen der Senghorschen Anthologie in einen großen Umschlag, auf den sie schrieb: *Jahn hat sich vorgedrängt.*

Natürlich war sie tief enttäuscht. Jahn hatte von ihren perfekten Französischkenntnissen und ihren Kontakten zu den frankophonen Autoren profitiert. Als er sie um Hilfe bei seiner Übertragung der Lyrik von Aimé Césaire bat, suchte sie den Dichter in Paris auf und ließ sich Erklärungen geben. Auf der Basis ihrer Rohübersetzungen erarbeitete Jahn seine Nachdichtungen. Dass er es unterließ, ihre Mitarbeit in seinen Veröffentlichungen zu erwähnen, traf sie damals hart. Später darauf angesprochen, sagte sie achselzuckend: »So sind die Männer eben!«

Immerhin half er ihr mit seinen Verlagserfahrungen und demonstrierte seine Durchsetzungskraft. Und letztlich hatten sie dasselbe Ziel: die Literatur der schwarzen Menschen in Europa bekannt zu machen.

Dunkelhäutige Menschen galten damals als intellektuell den Weißen unterlegen. In den Vereinigten Staaten von Amerika waren sie weitgehend rechtlos. Dort gründete 1910 der Bürgerrechtler W.E.B. Dubois die »National Association for the Advancement of Clored People« (N.A.A.C.P). Diese Bewegung war Pate der Négritude, die Léopold Sédar Senghor in vielen Reden und Aufsätzen umriss und 1959 vor senegalesischem Publikum definierte als »Gesamtheit der kulturellen Werte der schwarzen Welt, wie sie sich im Leben, in den Institutionen und in den Werken der Schwarzen ausdrücken«. Ziel müsse es sein, diese kulturellen Werte gleichberechtigt mit denen der Weißen zu verschmelzen, so dass eine »Civilisation de l'Universel«, eine Kultur des Universalen entstehe. Dafür mussten aber die kulturellen Werte der afrikanischen und afro-amerikanischen Welt erst einmal bekannt gemacht werden. Zu diesem Zweck gründete der Senegalese Alioune Diop 1947 die Zeitschrift »Présence Africaine«, die vierteljährlich in Paris und Dakar erschien. 1949 wurde sie durch einen Buchverlag ergänzt.

Erica fuhr nach Paris, um mit Alioune Diop über eine französische Ausgabe des »Schwarzen Orpheus« zu sprechen. Dabei lobte sie Jahns Werk so überschwänglich, dass man, wie sie selbst schrieb, von einer Liaison der beiden munkelte. Man konnte sich in Paris wohl keinen anderen Grund dafür vorstellen, dass eine Frau die Arbeiten eines Mannes propagierte. Jahn seinerseits berief sich seinen Verlagen gegenüber auf die kompetente Mitarbeit von Frau de Bary, die in Paris über die entsprechenden Kontakte verfüge. Senghor, nun mit beiden befreundet, war inzwischen im Kabinett Faure Staatssekretär für wissenschaftliche Forschung und strebte gleichzeitig eine Führungsposition in seiner Heimat Senegal an.

In dieser Zeit wuchs in Deutschland das Interesse an ausländischer, auch außereuropäischer Literatur:

Die im Februar 1954 gegründete Zeitschrift »Akzente« verstand sich ausdrücklich als Forum für Dichtung aus aller Welt. Zwei Bücher von afrikanischen Autoren erschienen zudem in Deutschland und verkauften sich gut: Die Autobiographie von Camara Laye aus Guinea »Einer aus Kurussa« (übersetzt von Rolf Römer) und das Yorubamärchen »Der Palmweintrinker« des Nigerianers Amos Tutuola, übersetzt von Walter Hilsbecher, mit einem Nachwort von Janheinz Jahn.

Frankfurt: 1955–1961

Der weiße Mensch erscheint daher dem einfachen, der Natur vertrauten Denken des Schwarzen entwurzelt. Er ist zwar der Herr, der scheinbar alles beherrscht. Dennoch ist er arm, denn sein Leben läuft ab ohne jenes Seinsmysterium, das niemals erlernt, sondern nur erlebt werden kann. (Erika Ruthenbeck: Die Dichtung des schwarzen Menschen. In: Geopolitik in Gemeinschaft und Politik, November 1957, S. 48)

Die Balkontür stand weit offen. Aus ihrem »Schiff« schaute Erica nur selten über die schon verblassten Glyzinien hinüber in den Nachbargarten, wo die Rosen in voller Pracht standen. Ihr Blick wanderte zwischen den handschriftlichen Aufzeichnungen, die den kleinen Arbeitstisch übersäten, und der klappernden Schreibmaschine hin und her. Dieser Sommer im Jahr 1955 gehörte dem Schreiben.

Das Haus atmete Stille. Herbert war mit den beiden nun schon erwachsenen Kindern auf Paddeltour in Finnland. Er hatte sein erstes Weinbuch fertiggestellt: »Eigenarten der deutschen Weine«. Seine Tätigkeit als Weinsachverständiger für das Lebensmitteluntersuchungsamt der Stadt Frankfurt gab ihm die Möglichkeit, sich diesem Thema gründlich zu widmen, auch in Form von Weinverkostungen im In- und Ausland. Am Haus hing eine Tafel, die sein Amt bezeichnete. Gelegentlich traf er sich zu Fachsimpeleien mit Ex-General Hanesse, seinem Vorgesetzten aus der Pariser Besatzungszeit, der jetzt in Wiesbaden lebte und im Weinhandel tätig war.

Herberts Eltern wohnten weiterhin im Haus, führten immer noch ihren eigenen Haushalt. Sie hatten sich inzwischen damit abgefunden, dass ihre Schwiegertochter nicht die bürgerliche Hausfrau war, die sie ihrem Sohn gewünscht hatten. Wie es schien, war dieser damit ganz zufrieden. Und die Enkelkinder waren zu prachtvollen, begabten und künstlerisch tätigen Erwachsenen herangereift, obwohl das Wort von der »Rabenmutter« ihre Kindheit begleitet hatte. Harald hatte gerade Abitur gemacht, Erdmuthe besuchte die Schauspielschule in Berlin.

An diesem Sommernachmittag saßen Heinrich und Fanny de Bary, beide um die 80, im Garten und tranken Tee, während Erica oben die Schreibmaschine klappern ließ. Es gab unendlich viel zu tun: die Korrespondenz mit den Freunden aus der Pariser Zeit, Artikel und Übersetzungen. Immer wieder formulierte sie, was sie an der afrikanischen Mentalität, wie sie sie den Werken der Négritude entnahm, so reizte. Sie

zog aus ihren Reisetagebüchern besondere Erlebnisse, dichtete daraus »Impressionen«, verglich Erlebtes mit Gelesenem.

Während die Dichter der Négritude die »schwarze« Kultur feierten und sich als Wegbereiter der politischen Unabhängigkeit sahen, begann in den USA der Kampf gegen die Segregation mit Rosa Parks' Weigerung am 1. Dezember 1955, ihren Sitzplatz im Bus einem Weißen zu überlassen. Dort ging es um die Abschaffung des institutionierten Rassismus, in Eu-

ropa um die mögliche geistige Erneuerung durch die »schwarzen« Völker, die man im Aufbruch sah.

Es rumorte auf dem »Schwarzen Kontinent«. Die afrikanischen Kriegsteilnehmer hatten erwartet, nun als gleichberechtigte Bürger angesehen zu werden; das Bild der Europäer als moralisch und politisch höher stehender Menschen war durch das Gemetzel des Zweiten Weltkrieges endgültig zerstört. Erica stand mitten in dieser Entwicklung. Sie diskutierte sie mit ihren afrikanischen Freunden, beschrieb sie für die deutsche Öffentlichkeit, wobei der schwärmerische Ton ihrer Artikel der damaligen Zeit geschuldet ist. Diese erwartete sich nämlich vom »Eintritt des schwarzen Menschen in die Geschichte« auch eine geistig-moralische Erneuerung. Dass es auch auf dem afrikanischen Kontinent in vorkolonialer Zeit keine paradiesischen Zustände gab und das von Senghor besungene »Reich der Kindheit« dichterische Projektion war, wollte man damals nicht so recht wahrhaben. Afrika sollte bieten, was Europa angeblich längst verloren hatte, zumindest eine geistig-kulturelle Tradition, die die europäische Sinnsuche in der Nachkriegszeit befruchten könnte.

Zu Ericas Bemühen um ein ganzheitliches Erfassen der geistigen Bewegungen ihrer Zeit passte das Werk Gurdjieffs, auf das sie Max Hölzer aufmerksam gemacht hatte. Gurdjieff, dessen Methoden dem Zen nahestehen, lenkte ihr Interesse auf den vorderasiatischen Raum, den sie nun auch sehen wollte. Von Ende April bis Anfang Juni 1956 besuchten Herbert und Erica Anatolien. Sie reisten von einer Sehenswürdigkeit zur anderen. Drei Wochen verbrachten sie in Görime, wo sie in den als Kirchen von innen ausgebauten Höhlen im Schlafsack nächtigten – ein tiefes spirituelles Erlebnis. Harald, der ein Jahr später eine vom Frankfurter Orientinstitut organisierte Reise nach Görime machte, fand die Eintragung seiner Eltern im Gästebuch. Ein Wärter erinnerte sich an das Paar, das so lange Zeit in der Höhle wohnte, was wirklich ungewöhnlich war.

Erica fasste ihre Eindrücke in den »Anatolischen Impressionen« zusammen und wandte sich dann wieder Afrika zu. Es bahnte sich einer der großen Momente für die afrikanischen Intellektuellen und ihre europäischen Freunde an: der »Erste internationale Kongress schwarzer Schriftsteller und Künstler«, der, ausgerichtet vom Verlag Présence Africaine unter der Leitung Alioune Diops, vom 19. bis 22. September 1956 an der Pariser Sorbonne stattfand. Das Plakat mit dem Profil eines jungen Afrikaners hatte Pablo Picasso gestaltet. Die Elite der »schwarzen« Welt aus Afrika, den Vereinigten Staaten und der Karibik war zu Gast: Frantz Fanon, Richard Wright, George Lamming, Cheikh Anta Diop, Jean Price-Mars, der gerade aus neunjähriger Haft entlassene Jacques

Rabemananjara, und natürlich Léopold Sédar Senghor. Aimé Césaire hielt seine berühmte Rede »Kultur und Kolonialisierung«, in der er die Situation der Afro-Amerikaner mit der der kolonialisierten Afrikaner gleichsetzte. Die Amerikaner fühlten sich beleidigt. Aber man einigte sich auf eine Schlussdeklaration, die Kolonialismus, Ausbeutung und Rassismus gleichermaßen verurteilte. Sie wurde in englischer Sprache als Sonderband von Présence Africaine noch 1956 veröffentlicht.

Im November 1956 reiste Erica abermals nach Paris. Dort traf sie Alioune Diop, dem sie eine Ausgabe von Tuareg-Gedichten vorschlug, und Jacques Rabemananjara, der durch eine Amnestie frei gekommen und jetzt Mitherausgeber von Présence Africaine war. Gleich nach ihrer Abreise schrieb er ihr einen sechsseitigen Liebesbrief, in dem er an ihre Begegnung im besetzten Paris anknüpfte. An sie zu denken habe ihn während der langen Haft getröstet, an sie habe er während der Niederschrift von »Rites millénaires« gedacht. Er beschreibt in diesem Brief ihre Beziehung als »spirituelle Liebe«, eine Liebe, die wesensgleich mit der Freundschaft sei. Immer noch sei sie seine Muse, seine blonde Penthesilea. Dankbar gedachte er auch der Sympathie ihres Ehemannes, der Verständnis für diese Freundschaft zeigte. Da verwundert der Wunsch, »Penthesilea« möge eines Tages Rabemananjaras Tochter Chantal einen Bruder schenken. In demselben Brief sichert er ihr das Monopol für die Übersetzungsrechte seines Werkes zu.

Bis 1960, dem Jahr der Unabhängigkeit Madagaskars und der Rückkehr in seine Heimat schrieb er 31 mehrseitige Briefe. Erica antwortete, lud ihn nach Frankfurt ein, erzählte von ihrer Familie, auch von einem Besuch bei der Mutter in Kleve.

Zwischen Zärtlichkeitsbekundungen, Erinnerungen und Wiedersehenswünschen gab Rabemananjara auch konkrete

Hinweise für die Übersetzung seiner Gedichte. Er schickte Erica seine Artikel, bewunderte sie für ihre Reisen und ermutigte sie, darüber zu schreiben. Besonders freute ihn, dass Erica madagassische Dichtung in Deutschland bekannt machte. Im November 1957 erschien ihr Aufsatz *»Madagaskar mamy ny miaina«* (Das Leben ist süß) über madagassische Geschichte, Politik und Dichtung, begleitet von einem Foto Rabemananjaras. In derselben Nummer der Zeitschrift »Geopolitik in Gemeinschaft und Politik« auf der Seite 48 steht ihr Artikel *»Die Dichtung des schwarzen Menschen«,* unterzeichnet mit ihrem Pariser Pseudonym Erika Ruthenbeck. Auch ihre Freundin Freda Mookerjee steuerte einen Artikel bei: Sie beschrieb sudanesisch-indische Parallelen. 1958 druckte die Zeitschrift »Geist und Zeit« Ericas Artikel *»Rote Insel Madagaskar – Sprichwörter und Dichtungen«.* 1959 folgten von ihr kommentierte und übersetzte Auszüge aus Rabemananjaras Drama »Les boutriers de l'aurore« (Ruderer in der Morgenröte).

Begeistert von dem deutschen Interesse an madagassischer Dichtung schickte Rabemananjara Erica das Buch von Robert Boudry über Jean-Joseph Rabearivelo, das der Verlag Présence Africaine gerade herausgebracht hat. Rabearivelo, der mit mehreren Gedichten in Senghors Anthologie und im »Schwarzen Orpheus« vertreten ist, hatte sich 1937 das Leben genommen. In Frankreich gab es daraufhin eine Auseinandersetzung über die Behandlung von einheimischen Intellektuellen in den Kolonien. Dass dieses Thema in Deutschland auf Interesse stieß, mag heute verwundern. Aber die Befreiungskämpfe in den afrikanischen Kolonien wurden damals sehr aufmerksam verfolgt, denn unabhängige afrikanische Staaten würden möglicherweise das Gleichgewicht zwischen West und Ost in den Vereinten Nationen verändern. Ericas Übersetzung erschien 1960 unter dem Titel »Jean-Joseph Rabearivelo und der Tod« im Progress Verlag Düsseldorf, der auch die Zeitschrift »Geist und Zeit« herausbrachte, für die sie hin und wieder schrieb.

In Paris hatte Erica Apolline Rabenja, die Freundin Rabearivelos, kennengelernt und so aus erster Hand vieles über den Dichter erfahren. Als »Paula« ist sie die am häufigsten genannte Person in Rabearivelos Tagebuch, aus dem Boudry ausführlich zitierte. Sie kam zu Besuch nach Frankfurt und vermittelte Botschaften zwischen Erica und Rabemananjara, um die Eifersucht seiner Frau nicht zu schüren.

Das Werk des »kleinen Malaien« lag Erica weiterhin am Herzen: In »Afrika heute«, dem Jahrbuch der Deutschen Afrika-Gesellschaft, veröffentlichte sie 1961 *Ein literarisches Portrait von Jacques Rabemananjara«* mit Auszügen aus seinen Gedichten; der Lyrikband »Insel mit Flammensilben« erschien 1962 im Horst Erdmann Verlag in Tübingen. Da war Rabemananjara bereits Minister in der ersten Regierung der unabhängigen Republik Madagaskar.

Sehr viel schwieriger gestaltete sich die Suche nach einem Verlag für ihre eigenen literarischen Werke. Nach der ersten Libyenreise 1957 schrieb sie über die »Fahrt nach Ghadames« ein 250 Seiten starkes poetisches Buch, das Reisebericht, ethnographische Informationen und spirituelles Erleben der Wüste vereinigt. Jahn schickte das Manuskript an den Carl Hanser Verlag, der den »Schwarzen Orpheus« herausgebracht hatte, und an Diederichs, für den er gerade »Muntu« schrieb. Beide dankten, lobten, lehnten aber ab. Helmut Nette antwortete Jahn: »Sowohl Herr Diederichs wie zwei dem Verlag nahestehende Personen konnten sich mit der Arbeit nicht befreunden und fanden sie übereinstimmig zu subjektiv, zu »weiblich«, zu egozentrisch, zu weitschweifig. […] es wird mir immer leid tun, daß wir das Buch nicht gebracht haben.«

(16.04.58). Es erschien letztlich 1961 unter dem Titel »Ghadames Ghadames« beim Ehrenwirth Verlag in München.

Der »Weltkongress der schwarzen Autoren« war ein großer Erfolg gewesen. Schon bald plante Alioune Diop eine Fortsetzung. Es war nicht einfach, einen Termin zu finden, denn die Ereignisse in den französischen Kolonien überstürzten sich. Präsident de Gaulle bot die Teilautonomie innerhalb einer »Französischen Gemeinschaft« an, reiste selbst durch den Kontinent, um für diese Idee zu werben. In dem Referendum von 1958 stimmten alle französischen Kolonien für diese Lösung, außer Guinea, das unter Präsident Sekou Touré die sofortige vollständige Selbstständigkeit forderte und bekam. Aber schon zwei Jahre später musste Frankreich auch die Länder der »Communauté« in die Unabhängigkeit entlassen.

Schließlich fand vom 26. März bis 1. April 1959 der »Zweite Internationale Kongress schwarzer Schriftsteller und Künstler« statt, und zwar in Rom. Damit hatte Erica einen Anlass, dorthin zu reisen und nicht nur afrikanischen Schriftstellern, sondern auch der römischen Antike zu begegnen. Viel Zeit für Besichtigungen hatte sie allerdings nicht. Der Kongress fiel in die heiße Phase der Entkolonialisierung und bot zahlreichen Intellektuellen des französischen Kolonialreiches eine Plattform für den Austausch. Es ging um »Einigkeit und Verantwortung« der schwarzen Politiker für ihre Völker. Unter diesem Titel berichtete Erica über den Kongress in der Zeitschrift »Geist und Zeit«, die auch Rabemananjaras Rede *»Der Schwarze Dichter und sein Volk«* in Ericas Übersetzung druckte. Hier wurde deutlich, dass afrikanische Literaten immer auch politisch agierende Menschen sind. So wie der traditionelle Dichter seinem Herrscher die Stimmung im Volk und dem Volk den Willen des Herrschers erklärte, verstanden sich auch die Schriftsteller in der Zeit der Dekolonialisierung und des »Nationbuilding« der neuen afrikanischen Staaten aus-

drücklich als Deuter der politischen Ereignisse und Sprecher ihrer Gemeinschaften.

In dieser Zeit – 1959 und 1960 – hielt Erica Vorträge über das Königreich Libyen bei der Deutschen Afrika-Gesellschaft und im Deutschen Orient-Institut. Dabei erzählte sie von ihren eigenen Erlebnissen, aber auch von den Erkenntnissen der Ethnographen jener Zeit. Mit dem französischen Forschungsreisenden und Schriftsteller Henri Lhote etwa pflegte sie eine ausführliche Korrespondenz; es gab auch gegenseitige Besuche. Herberts Fotos illustrierten ihre Auftritte. Sie waren damals sehr begehrt, und er verkaufte etliche von ihnen an Zeitschriften.

KAPITEL 8

Die Wüste

Da fragte er nochmals: »Warum gehst du in die Wüste? Ist es
Abenteuerlust? Ist es, weil du eine innere Leere mit äußeren
Bildern anfüllen möchtest? Oder weil du die Wüste in dir fühlst,
die Wüste zwischen mir und dir?« Ich wusste keine Antwort. Er
hätte mich auch fragen können: »Warum trägst du denn dieses
Gesicht?« Und wir schieden bald danach von einander. »Man
muss in allem einen Sinn finden!« war sein letztes Wort und er
sah dabei auf mich herab, wie man auf eine Frau herabsieht,
der es nicht gegeben ist, nachzudenken und die dennoch etwas
unternimmt, das der Frau als Frau nicht zusteht, allein, mit we-
nig Geld, ohne stichhaltigen Grund in die Wüste zu fahren.

Allein fuhr sie nie in die Wüste, und Geld durfte nicht wichtig
sein. Erica und Herbert lebten so einfach wie es ging, weil
einerseits ihr Reisebudget bescheiden war, sie andererseits aber
auch die Nähe der dort lebenden Menschen suchten und auf
keinen Fall als bezahlende Touristen auftreten wollten. Über
im Lande lebende Europäer, die – wie jene französischen Geo-
logen, die sie unterwegs trafen – sich von Gänseleberpastete
und feinstem Rotwein ernährten, rümpften beide die Nase.
Wann immer es ging, ließen sie sich einen Schlafplatz bei den
Einheimischen geben; mussten sie ein Hotel nehmen, dann ein
möglichst schlichtes. Und wenn Herbert zu sehr schnarchte,
trug Erica auch schon mal ihren Schlafsack nach draußen und
schlief unter dem Sternenhimmel. Tee und Obst reichten zur

Ernährung; hin und wieder gab es Kuskus mit Kamelfleisch oder Nudeln mit Tomatensauce aus der Dose.

Die erste Begegnung mit der Sahara 1952 in Marokko war prägend gewesen. Auch wenn Erica später noch ein Dutzend afrikanische Länder mit den unterschiedlichsten Landschaften bereiste: Die Wüste blieb ihre Leidenschaft. So wurden sie über Jahrzehnte hinweg Zeugen des Wandels, den auch diese nur scheinbar unwandelbaren Gesellschaften durchmachten. Die ersten Reisen fanden zur Kolonialzeit statt: Marokko 1952, Algerien 1954. Dann erlebten sie die Autorität der jungen unabhängigen Staaten, die Einflüsse des Algerienkrieges, den Ölrausch und das Eindringen moderner Techniken, die den wachsenden Tourismus begleiteten.

In den Vorträgen, die sie über die Reisen hielt, und in Interviews betonte Erica immer wieder, ihr Hauptinteresse gelte den Menschen der Wüste. Sie suchte den Kontakt zu ihnen, um möglichst viel über ihr Leben zu erfahren. Erica legte Namenslisten der Menschen an, die sie kennenlernte, erklärte die Verwandtschaftsbeziehungen, notierte Veränderungen, wenn sie ihnen erneut begegnete. Tirmiziou Diallo, aus Guinea stammender Berliner Professor, der sie Ende der 50er Jahre als Student kennengelernt hatte, erklärt ihre Motivation so:

Es ist nicht von ungefähr, dass sie jedes Jahr in die Wüste gereist ist. Sie hat sich in Afrika gefunden, im traditionellen Afrika, wo die Solidarität, das Mitgefühl, dass jeder für den anderen einsteht, für den Respekt für den anderen, egal ob er alt, jung, arm oder reich ist, dort wo er ist, verteidigt wird. Nicht ich verteidige meinen Platz, sondern die anderen verteidigen ihn für mich, und das tue ich auch für sie. Ein anderer Aspekt dieses Engagements war, was man oft vergisst, dass sie insgeheim gehofft hatte, dass auch Europa etwas daraus lernt für die eigene Welt, dass eine humanere Gesellschaft entsteht, nicht die formale Freiheit, von der wir alle schwärmen, sondern die innere Freiheit, der Respekt eines für den anderen. (Interview am 8. 10. 2012)

Unzweifelhaft ist das Füreinandereinstehen für die Menschen in der Wüste überlebenswichtig. Schwerer einzusehen ist, dass in der geschlossenen Kultur der Wüste eine Form von Freiheit und Würde herrscht, die wir Europäer nicht unbedingt als eine humanere zu erkennen vermögen, vor allem im Leben der Frauen. Dieses kennenzulernen und zu beschreiben, war Ericas zentrales Anliegen. Wo immer es ging, suchte sie die Frauen auf, nahm an ihren Festen teil, ließ sich in die Brautgemächer und Wochenstuben mitnehmen, tauschte Schmuck und Wörter mit ihnen und erfuhr so viel über ihr Leben, dass es mehrere Bücher füllte.

Gewiss gibt das Leben in den Oasen der Sahara den Frauen Selbstbewusstsein und Würde, auch wenn sie von klein auf in der Hitze schuften, sich nicht frei bewegen können, ihre Hochzeit meist auf eine gesellschaftlich akzeptierte Vergewaltigung hinausläuft, sie ihre Kinder unter schwierigsten Bedingungen gebären und auch als Mütter keinerlei Rechte haben. Andererseits bilden sie eine enge Gemeinschaft, geben einander Geborgenheit, wie sie sie von keinem Mann erwarten können und die wichtiger ist als moderne Lebensbedingungen. In ihrem Buch »Die Flammenbäume« erzählt Erica das Schicksal der Ehefrau, die ihrem Mann in die Großstadt folgt und völlig isoliert in einer winzigen Wohnung sitzt, die sie nicht verlassen darf. Der Ehemann bringt die Einkäufe mit, wenn er abends von der Arbeit kommt, erwartet, dass sie ihm etwas Gutes kocht und liebevoll den Feierabend versüßt. Sie aber träumt nur davon, wieder mit den anderen Frauen zur Quelle zu gehen, den Zehn-Liter-Eimer auf dem Kopf durch die Hitze zu tragen, den Gemüsegarten zu jäten und zu gießen … alles, nur nicht diese Einsamkeit! Das Leben in der Wüste ist zwar hart, aber in sich schlüssig, es zu verändern bringt mehr Probleme und Leid als Verbesserung.

Die Frauen der Tuareg leben freier. Eine Targia verschleiert sich nicht, das tut dort der Mann mit seinem acht Meter langen Schal, der Turban und Gesichtsschutz zugleich ist. Junge, unverheiratete Tuareg lieben Geselligkeit mit Flirt und Tanz. Die wortreiche Liebeslyrik in Tamaschek ist berühmt; sie wird zur Amsad, der einsaitigen Tuareggeige gesungen, meistens von jungen, stark geschminkten und reich geschmückten Mädchen. Tuaregfrauen, weit weniger schüchtern als die Araberinnen, kamen der weißen Frau entgegen und luden sie zu sich ein. Sie ließen sich deutsche Wörter sagen und wälzten sich vor Lachen, wenn sie die ungewohnten Laute nachahmten.

Herbert und Harald, der bei der ersten Wüstenreise dabei war und auf einige spätere ebenfalls mitfuhr, waren von den

Besuchen bei den Frauen natürlich ausgeschlossen. Sie unterhielten sich nur mit den Männern. An solchen Gesprächen unter Männern beteiligte Erica sich. Sie trug immer weite Hosen, was anfangs belächelt, dann respektiert wurde: Als Europäerin und Nicht-Muslima war sie gewissermaßen ein »Mann ehrenhalber«. So erschlossen sie sich alle Bereiche der Wüstengesellschaft. Mit beobachtender Teilnahme, sachlichem Interesse und persönlicher Zuwendung erlebte Erica diese Gesellschaft, die sie nicht kritisieren mochte, wo sie sich doch sonst mit Kritik nicht zurückhielt. Sie schrieb schöne, poetische Bücher über diese Reisen, vielleicht hin und wieder zu schön, gespiegelt von eigenen Erwartungen und Träumen, geschmückt von Fotos, die aufzunehmen Herberts Leidenschaft war.

Ghadames: 1957

Es war mein Unglück, es war mein Glück, in alten Büchern ge-
lesen zu haben. Über Ghadames. Ghadames, die Oase. Ghada-
mes, die tausendjährige Ghadames im Sand. Ghadames mit al-
ten Sinnzeichen. Ghadames… (»Ghadames Ghadames«, S. 6)

Bücher hatten sie nach Ghadames gelockt, ein Buch entstand
aus dieser Reise. Es beginnt im Bankgebäude von Tripolis, dabei wäre auch der Auftakt der Reise eine Schilderung wert gewesen: Die teure, speziell für das Wüstenlicht gekaufte besonders dunkle Sonnenbrille lag noch in der Wohnung, als Erica,
Herbert und Harald schon im Taxi saßen. Und sie konnten sie
nicht einfach schnell holen gehen, weil der Wohnungsschlüssel
einer Freundin anvertraut worden war. Mit europäischer Hetze
erreichten sie dann doch den Flughafenbus und mit ihm rechtzeitig den Abflug um 14.30 Uhr. Es war der 12. September
1957. »Wie unorientalisch!« schalt sich Erica, aber es war ja
eine langsame Annäherung geplant, die orientalischen Gleich-
mut bringen würde. Nach einer Zwischenlandung in München
flogen sie weiter nach Rom, wo ihnen die Fluggesellschaft eine
Übernachtung zahlte und der Aufenthalt für eine Besichtigung
des Colosseums und mehrerer Kirchen reichte. Die nächste
Station war Catania; Sizilien präsentierte sich aus der Luft als
»braunes, einsames Land«. Welch ein Kontrast dazu das nächtliche »entzückende« Tripolis, jedenfalls von oben gesehen. Am
Boden erwarteten sie einige Unfreundlichkeiten: umständliche
Passkontrolle, weite Fahrt bis in die Stadtmitte, das von Frankfurt aus gebuchte Hotel war besetzt. Mit viel Mühe fand sich
dann ein kleines Hotel, das ein Dreibettzimmer zu bescheide-
nem Preis anbot. Inzwischen war es sehr später Abend geworden, aber ein Gang durch die Altstadt musste sein, vorbei an
auf den Straßen schlafenden Menschen.

Während Herbert am nächsten Morgen auf der Bank Geld tauschte, ließ Erica erste Eindrücke auf sich wirken. Durch die weit offene Banktür sah sie Palmen und verschleierte Frauen, Männer im Barakam, dem langen traditionellen Gewand, junge Leute, europäisch gekleidet, dazu den roten Fes auf dem Kopf. Aber die Stadt war nur Zwischenstation, es musste die Wüste sein, und in der Wüste, ganz im Westen, Ghadames. Völlig unmöglich, erklärte den dreien jeder, den sie nach Reisemöglichkeiten dorthin befragten.

In ihrem Buch »Ghadames Ghadames« erzählt sie die mühsame Fahrt zum Ort ihrer Sehnsucht, in den sie nach tagelangem Warten endlich in die berühmte Oberstadt der Frauen eingelassen wurde. Dazu braucht man einen Schlüssel, den man auf der Polizei bekommt. Er öffnet einen kleinen, schön ausgestatteten Raum, in dem eine Treppe nach oben führt, die vom Zwischengeschoss an nur von Frauen benutzt werden darf. Die »Oberstadt« besteht aus Terrassen, die die Häuser miteinander verbinden. Ein Junge wies ihr den Weg und klopfte für sie an die Tür, die sich zu einem großen farbenfrohen, mit Teppichen und Kissen ausgelegten Raum öffnete. Wie Erica dort von den Frauen aufgenommen wurde, beschreibt sie in »Ghadames Ghadames«:

Auf einer der Stufen saß eine völlig unverschleierte Frau mit einem bloßen Oberarm, während über den anderen ein locker gehängtes Tuch fiel. Sie trug Schmuck, und das Gesicht war tätowiert. Sie sah mich an, ich sah sie an; eine reife Frau, aber noch schön; sehr frei saß sie da auf der erhöhten Stufe und verbarg ein leises Lächeln; alle erwarteten, dass ich etwas sagte… Ich konnte nichts sagen. Ich machte eine Bewegung mit den Armen, breitete sie in der Weite des Raumes aus, ein Ausdruck meines Staunens. Die Frau stand auf, stieg zwei Stufen herab, stand noch erhöht, hieß mich willkommen. (Ghadames Ghadames, S. 197)

Sie führte Erica durch die schön ausgestatteten Räume, in denen die Frauen lebten, viele mit ihren kleinen Kindern. Mit freundlichem Lächeln begrüßten alle die Fremde; manche, die gerade Matten flochten, standen von der Arbeit auf. Eine junge Frau zeigte ihr ein erst wenige Wochen altes Baby.

Zum Abschied löste sie die silbernen, mit Halbedelsteinen geschmückten Kreolen aus den Ohren und schenkte sie der Frau, die sie wieder zum Ausgang begleitete.

Rhat: 1958–1970

O Seidenhimmel, der die flammende Bläue im Knistern erhält. O Bläue! O Bläue! … Schlafe, durchschlafe die Siesta. Du bist in Rhat. (Im Oasenkreis, S. 6/7)

Nicht einmal ein Jahr später brachen Erica und Herbert wieder nach Libyen auf. Auch diesmal war eine entlegene Oase ihr Ziel: Rhat, inzwischen häufiger Ghat geschrieben, liegt 1600 km vom Mittelmeer entfernt im äußersten Südwesten nahe der algerischen Grenze. Auch diese Reise war kompliziert und so langwierig, dass sie nur drei Tage in Rhat verbrachten, aber diese kurze Zeit genügte, um sich in die Oase zu verlieben: Hierher wollten und mussten sie wiederkommen. Hier wurden sie freundlich, wenn auch zunächst zurückhaltend aufgenommen. So klein war die Oase gar nicht: Um die 3000 Menschen bewohnten sie, und viele von ihnen lernten sie persönlich kennen. Mit fast jährlichen Besuchen »eroberten sie sich die Rhater«, wie Erica schrieb. Wie ihnen das gelang? Sie gingen auf die Bewohner zu, machten deutlich, dass sie sie kennenlernen wollten. Und schließlich war die wissbegierige Frau in Begleitung ihres Ehemannes unterwegs, der alle geschäftlichen Verhandlungen führte und dafür einstand, dass man sie respektierte. Sie hatten keinerlei Ansprüche, aßen, was man ihnen anbot, akzeptierten jede Schlafstelle. Sie lernten nach und nach Arabisch, die lingua franca der Sahara, waren immer gesprächsbereit, saßen dann aber wieder stundenlang abseits und füllten Notizbücher mit Aufzeichnungen. Sie wurden oft eingeladen, zu einfachen Mahlzeiten, aber auch zu Hochzeiten, Geburtsfeiern und Pilgerfesten, die für Rückkehrer aus Mekka veranstaltet wurden. In Rhat gab man ihnen bei ihrem dritten Besuch einheimische Namen nach verstorbenen Personen, an die sich die Leute durch die beiden erinnert fühlten: Erica hieß »Tuscha«, Herbert wurde »Ghali Buzu« genannt. Während zehn teils wochenlanger Aufenthalte bis in die 1970er Jahre nahmen sie am täglichen Leben teil, und Erica nannte sich eine »Rhatia«. Als »Tuscha« war sie weit über Rhat hinaus bekannt. In Sebha sprach man über sie: »Das ist doch die, die immer nach Rhat fährt. Sie isst wie wir, schläft auf einer Matte – warum macht sie das?« 1968, auf der dreiwöchigen Dromedartour zu den Salzseen, sprach sie fernab ein älterer Mann an: »Bist du nicht Tuscha aus Rhat? Was machst du hier?« Es gab allerdings auch hin und wieder die unfreundlichere Frage: »Warum bist du nicht in deinem Land, dort wo du hingehörst?« Die meisten Menschen, denen sie in der Wüste begegneten, waren ihnen aber zugetan. Manche Schilderung im Tagebuch lässt auch hier zweifeln, ob es sich um einen Erlebnisbericht oder um Fantasie handelt, wie diese schier unglaubliche Wanderung, die sie unternehmen mussten, weil sie die Entfernung ihres Ausflugszieles unterschätzt hatten.

Die Mondsichel verschwindet. Es wird sehr dunkel. Oft sind Piste und Wüstengelände nicht von einander zu unterscheiden. Die Meilensteine, bestehend aus vielen übereinander geschichteten Steinen, nehmen menschlich-unmenschliche Formen an. Starre Mumien. Um 18 Uhr sind wir von der Tamariske aufge-

brochen. Um ein Uhr nachts nach anhaltendem Laufen werden
wir torkelnd vor Müdigkeit. Wir haben sehr wenig gegessen
und kaum – wegen des Festes in der vergangenen Nacht – ge-
schlafen. Wir fallen torkelnd übereinander in eine Sandkuhle:
Der Sand ist kalt. Der Nordwind weht. Wieder auf, wieder
weiter. Wir stoßen schließlich auf einen richtigen kleinen Mei-
lenstein und können bei einem letzten Aufzucken der Lampe
»11 km« lesen. Weiter. Auf der letzten Strecke verlieren wir
kurz die Piste. Herbert steckt das letzte Papier, das wir bei uns
haben, an. Tanzt im Wind dahin. Wieder kommt Angst in mir
auf. Sahen wir je diese Schotterhügel? Wir sahen sie nie. Und
doch sind wir nahe bei Rhat. Wir betreten eine Geisterstadt im
Zauber einer noch webenden Geisterwelt.

Um halb vier Uhr nachts, nach einer Fußwanderung von
angeblich 42 Kilometern über die Wüstenpiste kamen sie in
Rhat an, von den Oasenbewohnern freudig begrüßt. »Ihr
könnt es mit uns aufnehmen!«, lobte sie der Dorfälteste und
ernannte sie zu »Ehrennomaden«.

Eine reale Schwierigkeit in Rhat war die Ernährung, da es
kaum etwas zu kaufen gab und man sich ja nicht immer ein-
laden lassen konnte. Bei ihrem Aufenthalt 1960 engagierten
Herbert und Erica einen Mann, der ihnen gegen Bezahlung
regelmäßig Essen, das seine Frau gekocht hatte, ins Haus
brachte.

Damals lernten sie auch Chri kennen, Christoph Krüger aus
Wien, damals ein junger Student.

Chri war per Autostopp von Tunesien bis Sebha gekommen
und hatte dort das Postauto genommen.

Als er in Rhat ausstieg, stieß er auf das deutsche Ehepaar, das
genauso wenig von seiner Anwesenheit begeistert war, wie er
von der ihren. Sie gingen sich zunächst aus dem Weg, bis Erica
merkte, dass der junge Mann unter der Hitze litt und immer
ohne Kopfbedeckung unterwegs war. In mütterlicher Fürsorge

lieh sie ihm einen Schech, ein Tuch, wie es die Tuareg auf dem Kopf und vor dem Mund tragen, und ohne das Erica und Herbert sich niemals der Sonne aussetzten.

Der Bann war gebrochen. Chri ging es besser. Er war aber immer noch schwach, und es stellte sich heraus, dass er nicht genug zu Essen bekam. Erica und Herbert nahmen den jungen Mann in ihre Essensgemeinschaft auf. Von da an begleitete er sie auch auf ihren Ausflügen.

Im Frühjahr 1962 flogen Erica und Herbert über Tunis nach Tripolis. Inzwischen waren sie dort so bekannt, dass die Presse über sie berichtete und der Innenminister sie kennenzulernen wünschte. Dann ging es mit einem abenteuerlichen Flug weiter zur Oase Sebha, wo sie wie immer Station machten und die Veränderungen im Ort beobachteten. Das Postauto nahm sie nach Rhat mit, wo sie wieder freudig begrüßt wurden. Hochzeiten standen an, diesmal auch die Beerdigung eines Kindes. Probleme gab es mit der Unterkunft: Der Arzt hatte ihnen ein Zimmer gegeben, sie aber dann auf die Straße gesetzt, mit der Begründung, verreisen zu müssen. Machte er sich Sorgen, dass sie seine Kunst in Zweifel zogen? War er misstrauisch, weil sie Tonbandaufnahmen machten? Erica und Herbert stellten ihr Gepäck anderswo unter und unternahmen eine siebentägige Tour in die Wüste, auf Dromedaren reitend, von Tuareg begleitet.

Bisher hatten sie ihre Reisen mit Fotos, nun auch mit Tonaufnahmen dokumentiert. Wer hatte die Idee, einen Film zu drehen? War es der Darmstädter Maler Helmut Lander, der Ende der 50er Jahre schon mit Janheinz Jahn längere Zeit in Westafrika gereist war? Nach dieser Reise waren im Jahr der afrikanischen Unabhängigkeiten, 1960, Jahns Buch »Durch afrikanische Türen« sowie 1962 Landers »Westafrikanische Impressionen« entstanden. Jedenfalls finanzierte der Saarländische Rundfunk die Reise.

Karfreitag, 16. April 1965. Abfahrt vom Haus Lander in Darmstadt morgens bei Dunkelheit in strömendem Regen, der unbarmherzig auf den »Wüstenwagen« klatscht. 8.15 Uhr an Basel im Regen. 8.45 Uhr haben wir den Zoll hinter uns. 9.11 Uhr Scheibenwischer bleibt stecken und erholt sich wieder.

Das alles kann man in dem Film sehen, der während der Reise gedreht wurde. In zwei Teilen sendete der Saarländische Rundfunk die »Reise nach Rhat«. Dort spielte dann der dritte Teil, »Im Oasenkreis«, für den Erica das Drehbuch in Anlehnung an ihr Buch mit diesem Titel geschrieben hatte.

Zu viert waren sie unterwegs: der Darmstädter Künstler Helmut Lander, seine Frau Gisela und Kameramann Henning Zick, der meistens den mit acht Zentnern Gepäck beladenen Volkswagen Kombi steuerte. Zum ersten Mal war Herbert nicht dabei.

So langsam hatte sich Erica noch nie ihrer zweiten Heimat, der Oase Rhat, genähert. Sie übernachteten in der Schweiz, kamen am Ostersonntag in Rom an, fuhren durch die Stadt, hielten aber nur für ein Mittagessen in der Pizzeria, dann ging es gleich weiter nach Neapel, wo es immer noch regnete. Sie hätte gern wieder in dem Hotel übernachtet, in dem sie damals mit Harald nach der Wüstenfahrt ins Tibesti wohnte, aber es wurde renoviert. Der Wirt des benachbarten Hotels, in dem sie schließlich unterkamen, machte sich Sorgen um das Gepäck auf dem Auto – schließlich war man in Neapel. Wie sie es sicherten, ist nicht überliefert, aber dass am nächsten Morgen – Ostermontag – die Sonne schien.

Alte Gassen mit Wäsche. Die Kinderkleider mit ausgebreiteten Ärmeln auf der Leine haben etwas Lebendiges an sich. Winzige Heiligenszenen in Nischen, teils zerbröckelt, aber mit künstlichen Blumen und Licht. Wir landen in einer Gasse, in der länger gefilmt wird. Eine ältere Frau kommt zu ihrem Haus zurück, öffnet das schwere Tor. Ich sehe ihr nach in den Hof mit glitschigem Dreck, nasstriefenden Wänden. Körbe werden an langen Seilen für die Händler hinuntergelassen, weil man sich die Treppen sparen will.

So viel Exotik auf dem europäischen Kontinent! Kein Wunder, dass der Film »Reise nach Rhat« doppelt so lang ist wie der, der in Rhat spielt.

Dort war man noch lange nicht angekommen. Helmut Lander hatte vorgeschlagen, den Vesuv zu besteigen, wenn man schon mal in der Nähe war. In düsterer Feuchte erreichten sie nach einer Stunde den Kraterrand, wo sich Liebespaare zum Osterspaziergang versammelt hatten. Während Gisela Lander ihre Höhenangst bekämpfte, verlor ihr Mann die Augenmuschel seiner Bolex-Kamera und musste telefonisch Ersatz anfordern. Die Wartezeit ermöglichte Besichtigungen. Erica fuhr mit der Straßenbahn zur Zoologischen Station, wo Fresken von Hans von Marees zu besichtigen waren, wenn man die Vorhänge, die sie schützten, zurückzog. Drei Stunden gab Erica sich diesen Bildern hin, die sie im Tagebuch genau beschrieb. Draußen regnete es wieder. Den Vesuv deckte eine Schneekappe.

Am 21. April nachmittags um vier hob ein Lastkran das vollbepackte Auto auf das Deck. Erica sah sich gleich unter den Mitreisenden um: Mit wem würde sie ihre arabischen Sprachkenntnisse ausprobieren können? Da waren recht sympathisch aussehende junge Männer, Libyer, offensichtlich auf dem Weg nach Hause. Sie antworteten bereitwillig der freundlich grüßenden Dame, wechselten dann aber schnell ins Deutsche, das sie besser beherrschten als Erica arabisch. Ja, sie arbeiteten in Deutschland, reisten in den Ferien nach Hause – einer von ihnen war aus politischen Gründen ausgewiesen worden. Gemeinsam schauten sie den Tanzmädchen zu, die auf Deck probten, um für ihre Auftritte in den Hotels in Tripolis fit zu sein.

Nur noch eine Nacht auf See, die aber ließ kaum Schlaf zu, obwohl die Wellen sie nur sanft schaukelten. Erica begann mit dem Projekt zu hadern. War es wirklich eine gute Idee, in der Oase einen Film zu drehen? Was würden ihre Freunde in Rhat sagen, wenn sie mit diesem hoch beladenen Auto und der ganzen technischen Ausrüstung ankämen? Dort würde man sich kaum so bereitwillig filmen lassen wie in Italien. Gewiss würden die Frauen ihren Schleier vors Gesicht ziehen und diesmal nicht mit der weißen Frau kichern. Und die Männer würden sie empört fortschicken. Schlaflos wälzte sich Erica auf dem schmalen Lager in der stickigen Kabine. Am liebsten hätte sie das Team allein seine Aufnahmen machen lassen und sich versteckt! Aber das konnte sie ihren Begleitern nicht antun. Und sie war ja auch offiziell als Mitarbeiterin des Senders engagiert. Vielleicht würden sie keine Drehgenehmigung bekommen, dann wäre das Problem gelöst. Auf alle Fälle hatte sie ihr vor zwei Jahren erschienenes Buch »Im Oasenkreis« dabei. Vielleicht würde das den Rhatiern imponieren.

Der Anblick der strahlend weiß sich hinter den Buchten abhebenden libyschen Hauptstadt ließ ihre Sorgen dahinschwinden. Endlich wieder in Afrika! Trabls, wie die Libyer Tripolis nannten, begrüßte sie mit kühler Morgenluft in wundervollem Licht.

Für das Filmteam allerdings begannen jetzt die Probleme. Otman, der Freund aus Rhat, der jetzt in Tripolis arbeitete und der sie abholen sollte, war nicht da. Hatte er den Brief, der sie ankündigte, nicht bekommen? Mohammed Zribah, die libysche Reisebekanntschaft, war beim Verhandeln mit dem Zoll behilflich, aber er konnte nicht viel erreichen. Das Auto musste mit der gesamten Filmausrüstung im Hafen bleiben, nur persönliches Gepäck durften die Deutschen mitnehmen. Wen um Hilfe bitten? Die deutsche Botschaft reagierte sehr zurückhaltend. Man habe derzeit einen schweren Stand, denn die Sympathien für Deutschland seien in der letzten Zeit stark zurückgegangen, wegen der bevorstehenden Anerkennung Israels. Kürzlich erst habe es in Benghasi Übergriffe gegeben. Also blieben die Reisenden mit ihren neuen Bekannten vom Schiff zusammen, ließen sich von ihnen chauffieren und aßen gemeinsam. Im Hotel Mehari waren sie abgestiegen, da kannte man Erica. Endlich erschien Otman, den sie bei ihrer Ankunft erwartet hatten. Gemeinsam gingen sie abends ins Varieté, zum Tingeltangel und Gesang einer rothaarigen vollbusigen Tunesierin, der die arabischen Männer fasziniert lauschten. War Erica zu freundlich zu Mohammed vom Schiff gewesen? Mit Sorge sah sie, wie er dem Alkohol zusprach und eifersüchtig auf Otman reagierte, mit dem sie französisch sprach, so dass Mohammed sich ausgeschlossen fühlte. Und dann rief er doch wirklich draußen auf der Straße: »Erica, du kommst jetzt zu mir!« Und Otman sagte, peinlich berührt: »Das hast du davon, dass du dich auf solche Leute einlässt!« Das wiederum wollte Erica nicht hören: Ein guter Kerl sei er doch, der Mohammed vom Schiff, nur durch den Alkohol verdorben.

Henning Zick bemühte sich, den Wagen durch den Zoll und eine Dreherlaubnis zu bekommen. Zwischendurch zeigte Erica ihnen die Stadt und war froh, dass sie ihnen gefiel.

Am vierten Tag in Tripolis stellte sich heraus, dass sie 12 000 DM als Sicherheit für die Kameraausrüstung hinterlegen sollten, warum, wurde nicht erläutert. Dann warf ein Touristenführer Erica vor, sie habe in ihrem Buch falsche Angaben über das Hotel Mehari gemacht. Dabei hatte sie das Hotel gar nicht erwähnt. Und die italienische Wirtin, die in »Ghadames Ghadames« vorkommt, sei deswegen festgenommen worden, schimpfte der Touristenführer auf Arabisch, was sie inzwischen gut verstand. Natürlich hatte er das Buch nicht gelesen, aber offenbar war es schon Gesprächsstoff in Tripolis. Und Mohammed, der Bekannte vom Schiff, setzte noch eins drauf:

»Was mein Freund sagt, ist richtig. Er ist sehr intelligent!«

Tief getroffen wandte sich Erica an Helmut Lander: »Sag du ihnen, was genau in dem Buch steht, du hast es doch gelesen!« Aber der erinnerte sich nicht an die Szene, über die hier gestritten wurde, und ließ Erica mit ihrer Enttäuschung allein.

Da stehe ich nun, die ich wirklich viel für Libyen getan habe, und werde in Libyen von einem Libyer, der Touristenführer ist und Komplexe hat (»Sie glauben wohl, ich kann den Text nicht begreifen!«) angeschrien und kann mich in keiner Weise rechtfertigen. Ich muss es auf sich beruhen lassen. Die Wahrheit kommt von selbst ans Licht.

Eine tragikomische, ja surreale Szene. Offenbar war Ericas Wahrheit nicht immer die der Libyer. Gewiss passte ihr leidenschaftliches Plädoyer für die »archaische« Welt der Wüste nicht zum Wunsch nach Fortschritt des jungen Staates Libyen. Aber sie war gewarnt worden: Viriato da Cruz, der angolanische Dichter, der lange Gast in Frankfurt war, hatte zu »Ghadames Ghadames« gesagt:

»Es wird lange dauern, bis Afrikaner dieses Buch schätzen werden. Jetzt schämen sie sich noch all dessen. Erst wenn alles einmal kaputt sein wird von diesen Dingen, dann wird es wertvoll sein.«

Fünf Tage nach ihrer Ankunft in Tripolis konnten sie endlich weiterreisen. Das Auto war freigegeben worden. Nicht dringend benötigtes Gepäck stellten sie bei der deutschen Botschaft unter und fuhren dann bis tief in die Nacht Richtung Süden. Während Erica sich wie gewohnt in ihrem Schlafsack auf der Erde zur Ruhe bettete, schlugen die drei Mitreisenden Bettgestelle auf.

Bei der Weiterfahrt am nächsten Morgen erkannte Erica ihre Wüste wieder.

Kleinere Sandwehen auf der Piste. Sandnarben, die plastisch sind und regelmäßig hintereinander laufen im klaren Morgenlicht. Leichte Erhebungen an den Wegrändern. Der Wagen läuft als Schatten mit. Typischer Braunton der libyschen Wüste. Auch wehende Büsche und wehender Sand bilden Schatten. Wie Zucker liegt jetzt leicht der Sand über die Piste gestreut. Nach den Sandnarben folgen Steinnarben, die sich sehr grau neben den grünen Grasbüscheln abheben, der Weide für Kamele, während ein flacher Höhenrücken beginnt.

Nach 500 Kilometern steckte das Auto zum ersten Mal in einer Düne fest, aber zum Glück kam gerade ein Lastwagen vorbei, dessen Fahrer beim Ausschaufeln half. Nach einer dreiviertel Stunde konnten sie weiterfahren – dies sei die einzige schwierige Stelle, hatte ihnen der hilfsbereite junge Mann versichert. So erreichten sie ihre erste Station: die Oase Ouadan. Erica übernahm die Anmeldung beim kleinen Polizeiposten – so einen gibt es in jeder noch so winzigen Ansammlung von Behausungen. Sie wurde gebeten, ihren Namen und die der Mitreisenden in arabischer Schrift ins Register einzutragen. Dass sie das konnte, brachte ihr Respekt und ein längeres Gespräch ein; das Filmteam, das in der Hitze warten musste, reagierte verärgert. Nach einem kurzen Picknick fuhren sie weiter bis El Gara, wo Otmans Vater sie erwartete. Er servierte ihnen ein üppiges Mahl mit Huhn, Bohnen, Salat und Birnenkompott, wies ihnen Zimmer für die Nacht zu, erklärte aber kategorisch, es sei völlig ausgeschlossen, mit diesem Auto bis Rhat zu fahren. Vielleicht könne man ihnen ein zweites Auto besorgen, damit die Ladung verteilt werden könnte. Bis darüber entschieden wurde, waren Besuche zu machen bei Ericas Bekannten, die sie reihum zum Essen einluden. Gisela wurde freundlich aufgenommen und bekam den arabischen Namen »Nedjma« – Stern, nachdem sie verraten hatte, dass ihr Mann sie »Sternchen« nannte. Die vielen Essenseinladungen überlappten sich, so dass auf einmal völlig unklar war, wo man welche Mahlzeit zu sich nehmen sollte. Ärger lag in der Luft. Schließlich versammelten sich alle um einen jungen, frisch geschlachteten Hammel.

Der Volkswagen musste in Ouadan bleiben, sehr zu Helmuts Verdruss, der davon überzeugt war, dass sein Auto die Piste bewältigen konnte. Aber Erica war es recht, im Postauto zu fahren: Den beiden Tuareg – Chauffeur und Techniker – vertraute sie. Das Auto war sehr voll, es gab immer wieder Diskussionen über die Sitzverteilung. Überall, wo sie Station machten, traf Erica Bekannte, nahm Grüße für Herbert entgegen. Alle freuten sich, dass Tuscha wieder im Land war. Auch

Polizeioffizier Sherif begrüßte Erica freudig, als sie um zehn Uhr abends in Rhat vor der Kaserne eintrafen. Er lud sie und ihre Begleiter ein, in der Kaserne zu übernachten. Aber Helmut wollte gleich zu dem Haus, in dem sie während des ganzen Aufenthalts wohnen könnten.

»Ja, wenn das so ist«, sagte Sherif, »dann fahrt doch gleich zum Haus des Bürgermeisters in Tunin. Er erwartet euch.«

Mit Schwung geht es die Düne nach Tunin hinauf zum Eingangstor. Starke Sandanhäufungen gegen die Mauer. Henning ist völlig erledigt durch seine Fahrt in Staubwolken trotz der Plane und das Gerüttel und Geschüttel. Mir scheint, dass meine Freunde etwas beklommen beim Aussteigen sind. Der Mudir erscheint und begrüßt uns. »Wollt ihr wirklich wie die Rhater wohnen? Du ja, du kennst das alles, aber deine Freunde?«

Natürlich wollten die Freunde auch wie die Rhater wohnen. Eigentlich. Aber als sie sahen, welches Haus ihnen zugedacht war, waren Helmut und Henning nicht mehr so dafür. Alles war voller Sand. Kinder saßen herum, wie sollten sie da auf ihre kostbare Ausrüstung achtgeben können? Sie wollten doch lieber in die Kaserne.

Das ist nicht so leicht getan wie gesagt. Helmut wollte ein Haus haben, hier ist es, wer kann schon nachts bei Dunkelheit in einer Oase einfahren und hat gleich ein Haus – so rasch kann ich das Segel nicht umwenden.

Der Mudir, der Bürgermeister, spürte den Konflikt, war selbst verstimmt ob der Missachtung seiner Gastfreundschaft. Das Problem löste sich dadurch, dass der Wagen gleich nach dem Ausladen abfuhr, sie also bleiben mussten. Natürlich saßen Frauen und Kinder im Hof, sie hatten ja die Gäste zu begrüßen! Alle waren zu müde, um die Situation noch weiter zu diskutieren. Das Filmteam stellte die Klappbetten auf, Gisela verteilte Brot und Früchte, Erica legte sich im Schlafsack in den Hof und bewunderte den Sternenhimmel, ehe sie in den tiefen erholsamen Schlaf derer fiel, die sich willkommen fühlt.

Aber ihre Reisebegleiter erholten sich nicht. Gisela wurde sogar krank. Alles war zu viel für sie gewesen. Und Erica dachte nicht an europäische Gepflogenheiten: Sie ließ – wie in der Oase üblich – die Tür unverriegelt, was als Aufforderung zum Besuch galt. Bald saß ein Dutzend Rhatier um Gisela herum, darunter die Zauberfrau, die ihre Amulette schwang. Erica ging mit den Männern auf den Markt, Einkäufe machen. Ein neuer Kocher wurde gebraucht und Petroleum. Von allen Seiten scholl es: »Tuscha, Tuscha, du bist wieder da!«

Bald kam die Kamera zum Einsatz, und zu Ericas Beruhigung gab es keine Ablehnung.

Auch das Wohnproblem wurde gelöst: Im Interesse der Filmgerätschaften zog das Team in die Kaserne um, wo es etwas komfortabler war. Erica blieb allein im Haus des Mudir zurück.

Ich bin also in meinem Wüstenhaus allein, tiefe Stille um mich her. Ich halte meine Siesta, die in der Wüste bei diesem Klima unerlässlich ist, auch wenn man nicht schläft, und besuche danach Rakia Moustapha, die Frau des Mudir.

So nahm Erica ihr Leben als Rhatia wieder auf, besuchte ihre Freunde, berichtete von ihrer Familie, ja, ihr Mann und ihr Sohn würden auch wieder nach Rhat kommen, vielleicht im Herbst. Ihre Tochter nicht, denn sie habe kleine Kinder. Ja ja, Großmutter sei sie inzwischen! Von allen Seiten kamen Einladungen zum Essen, überall rief es: »Tuscha, komm zu uns! Wo ist Ghali Buzu? Wo ist dein Mann?«

Gisela ging es allmählich besser. Sie begleitete Erica zu den Besuchen, während sich die Männer nach Filmmotiven umsahen.

Ich schlafe jetzt oben auf dem Söller. Das hat mir der Mudir geraten. »Ich schlafe auch auf dem Söller. Da kommen keine Skorpione hin.« Ich habe keine Angst vor Skorpionen. Ich schaue mir den Weg oder den Sand oder die Steine so gut an, wie ich kann. Wird schon nicht sein! Ich bin schon wie die Leute. Und nur darum geht es mir auch: alles von ihrer Perspektive her zu sehen. Von uns, als Europäer her, zu kritisieren, ist uninteressant und leicht.

O wie milchig ist hier die Milchstraße. Wie deutlich die Sternbilder. Heißt dieses neben mir nicht der Skorpion?

In den nächsten Tagen wurde gefilmt. Erica notierte die Szenenfolge: eine kleine Geschichte, die sich um ihre verlorene Uhr drehte. Erica wurde selbst zur Schauspielerin, was ihr unangenehm war. Und die Rhatier spielten auch nicht immer mit, wie sie sollten. Viel mehr interessierte sie die Nachricht von der Landung des Pilgerschiffes in Tripolis: Nun würden die Mekka-Pilger bald zurückkehren und es würde ein großes Fest ihnen zu Ehren geben. Überall wurde davon geredet, und Tuscha sollte mit dabei sein und ihre Freunde aus Deutschland mitbringen. Dem Filmteam waren die Einladungen lästig. Es war schrecklich heiß, sie fühlten sich nicht wohl, waren erschöpft. Die Rhatier, die ihre stets muntere Tuscha kannten, waren darüber verwundert. Dass Gisela nicht mitkam, empfanden die Frauen als Beleidigung. Auch Erica hatte sich von ihr mehr erwartet. Sie fühlte sich allmählich allein gegenüber einer ihr feindlich gestimmten Gruppe. Immer wieder warfen die drei – vor allem Helmut Lander – ihr vor, nicht das zu bieten, was sie versprochen hatte. Aber wie sollte sie vorher wissen, welche Feste stattfanden? Oder wo die Herden gerade herumzogen? Ob der besonders schön gelegene Brunnen noch Wasser führte? Und dass es bis zu einem unbedingt sehenswerten Baum in der Wüste über eine Stunde Autofahrt war – na und? Zeit spielte hier doch keine Rolle!

Geld schon eher. Dass überall für das Filmen bezahlt werden sollte, nervte den Teamchef. Da stand das Gefühl, ausgenommen zu werden, gegen Respektsbezeugungen, die sich nun einmal in Geld materialisieren. Vor allem die Schmiede erwarteten ein großzügiges Geschenk. Es sei besser, sich mit den Schmieden gut zu stellen, erklärte Erica dem unwilligen Filmemacher. Schmiede haben großen Einfluss in der Oase. Sie stellen die Amulette her, die jeder braucht, und sie organisieren die Musik für die Feste.

Er sieht nicht die Stellung der Schmiede ein, ich kann sie ihm auch nicht verständlich machen, da wir bereits eine verschiedene Sprache miteinander sprechen.

Die Schmiede nahmen es ihr übel, dass sie die Zahlung nicht durchsetzen konnte. Und die Deutschen waren enttäuscht, dass es kaum schönes Kunsthandwerk gab. Es kam mitunter ein scharfer Ton auf. »Warum schreien deine Freunde denn so?«, fragte sie der Chauffeur, als sie darüber diskutierten, ob sie noch zehn Kilometer weiter fahren sollten. »Du hast es wirklich schwer mit ihnen!«

»Sie sind nicht wie du,« raunten die Rhater ihr zu. Dass sie nicht zusammen wohnten – das Team in der Kaserne, sie im Gehöft des Mudir in Tunin – war ihnen suspekt. Und für Erica bedeutete es immer einen weiten Weg nach Hause, wenn sie gemeinsam etwas unternommen hatten. Dabei kam es auch schon vor, dass sie sich verlief, oder ausgesperrt war, weil jemand den Schlüssel zum Hof an sich genommen hatte, wenn sie erst spät nachts zurückkehrte. Dafür war das Haus angenehmer: ein kühler Raum ohne Fliegen.

Auch zum Hochzeitstanz ging Gisela nicht mit, und Erica war immer wieder enttäuscht darüber, dass ihre Reisegenossen sich einerseits so viel entgehen ließen, andererseits wieder auf ganz bestimmten Dingen beharrten. In Rhat ging man anders mit Verabredungen um als in Darmstadt! Da wurde ein

Auto zugesagt, das erst am nächsten Tag oder gar nicht kam, ein Fest abgesagt, das angekündigt war, ein anderes entstand spontan, und immer fühlte sich Erica verpflichtet, den Unmut ihrer Freunde den Rhatiern zu erklären. Gisela sei eben lieber mit ihrem Mann zusammen, so sei das bei deutschen Ehepaaren. Und sie litten unter der Hitze und vertrügen das Essen nicht. Immerhin tanzte Helmut das eine oder andere Mal mit: Er konnte noch die Highlife-Schritte, die er in Nigeria gelernt hatte. Dann wieder verlangte er »Preußen in Afrika«, wie Erika schrieb, und regte sich furchtbar auf, als die Abreise um einen Tag verschoben werden musste, weil der Postwagen sich verspätete. So dehnten sich die Abschiedsbesuche aus, überall machten sie die Runde, tauschten noch einmal Geschenke aus.

Ich sitze mit Gisela hinten im Wagen, damit Helmut und Henning filmen können. Es ist mir schwer gefallen, Rhat zu verlassen. Obgleich ich es immer besser kennenlerne, verliert es nicht seinen Zauber, und ich habe auch nicht entdeckt, dass etwas in meinem Buch nicht stimmen könnte. Ich hoffe auf genauere Erklärungen. Jeder sieht eine gleiche Sache anders. Warum nicht?

In Sebha bekamen Gisela und Helmut Amöbenruhr, wie ein Arzt aus dem Krankenhaus gleich diagnostizierte. Ausgerechtet sie beide, die doch immer so vorsichtig mit dem Essen waren! – Eben deshalb, meinte Erica. Zu ängstlich seien sie gewesen. Das scharfe einheimische Essen, wie sie es aß, sei die beste Vorbeugung.

In Sebha holte sie auch die politische Aktualität wieder ein. Ölquellen in Libyen waren in Brand gesteckt worden, durch wen? Um wem zu schaden? Die öffentliche Meinung hatte sich noch stärker gegen Deutschland gewandt, das auf Seiten Israels stand. Das gehe nicht gegen sie, versicherten ihnen die Bekannten. Das deutsche Volk liebe man, aber es habe eine schlechte Regierung.

Erica fuhr mit dem Bus weiter, um das schwer beladene Auto zu entlasten, aber sie war wohl auch ganz froh, endlich allein zu sein. Wieder und wieder hatte es Missstimmigkeiten gegeben.

Erschöpfung und Krankheit hatten die Gereiztheit verstärkt. In Homs, an der Küste, trafen sie sich, um letzte Filmaufnahmen zu machen. Einen ganzen Tag lang fotografierten und filmten sie die Thermen von Leptis mit ihrem wandernden Schatten. Erica blieb an der Bucht, genoss den sanften Wind vom Meer. Als sie nach Tripolis weiterfuhren, war auch Henning krank. Die Zivilisation nahm sie auf: ein Einzelzimmer im Hotel Mehari, ein Badezimmer nach europäischem Standard, aber nachts Gerüttel und Geschrei an ihrer Tür: »Mach auf, mach auf, du hast versprochen, dass ich kommen darf!«, schrie eine betrunkene Stimme so hartnäckig, dass sie Henning zu Hilfe holte. Wollte der Mann wirklich zu ihr, und nicht doch zu einer der Tänzerinnen, die im selben Hotel abgestiegen waren?

Tripolis ist auch die Hauptstadt der Bürokratie. Das Visum musste verlängert, die Bürgschaft für die Filmausrüstung eingelöst werden. Zum Glück war Otman, der in Tripolis arbeitete, wieder zur Stelle und hilfreich. Er lud Erica ein, bei ihm zu wohnen, so dass sie das Hotel Mehari verlassen konnte. Später gab es noch Ärger wegen der Bezahlung des Zimmers: auch hier wieder Missverständnisse und Auseinandersetzungen.

Der deutsche Botschaftsattaché empfing Erica geradezu überfreundlich. Sie sei ja nun in ganz Libyen bekannt und beliebt. Aber in der Wüste bewege sie sich zu unvorsichtig, das müsse er ihr doch sagen. Die politische Situation war angespannt wegen der bevorstehenden Aufnahme diplomatischer Beziehungen zu Israel. In Libyen wie in anderen arabischen Staaten hatte es deshalb Demonstrationen gegen die Bundesrepublik gegeben.

Auch die Presse meldete sich: Der »Sunday Ghibli« schickte einen Reporter, der Erica zu ihren Büchern und ihren Ansichten über Libyen befragte.

Das Team entdeckte noch schöne Filmmotive: städtische Szenen, antike Ruinen, den Freitagsmarkt. Das eine oder andere hübsche Mitbringsel ließ sich noch finden, dann wurde das Auto wieder mit dem Kran auf die »Cita de Tunisi« gehoben, und die vier Reisenden mussten sich, aller Missstimmung zum Trotz, die fensterlose Kabine Nr. 7 teilen – zum Preis von 50 DM pro Person und Nacht, wie Erica empört vermerkte. Außerdem war das Essen schlecht und überteuert, und für den Liegestuhl auf Deck musste sie noch einmal 1,60 DM bezahlen.

Nach kurzen Aufenthalten auf Malta und Sizilien kehrten sie nach Neapel zurück. Zweieinhalb Stunden dauerten die Zollformalitäten, dann stieg Erica in den Zug, mit leichtem Bedauern, dass schon wieder eine Reise zu Ende ging, auch mit etwas Wehmut angesichts der Trennung von den Reisegefährten, mit denen sie schwierige, aber auch interessante Momente verbracht hatte. Sie wollten noch in Rom Filmaufnahmen machen.

Der Saarländischen Rundfunk sendete den Film »Im Oasenkreis« am 6. August 1966; den Zweiteiler »Reise nach Ghat« am 16. Juni und 14. Juli 1967.

Die zweite Fahrt nach Rhat im selben Jahr war dagegen geradezu eine Erholung. Im Herbst reisten Herbert, Erica, Harald und Chri gemeinsam dorthin und weiter mit Dromedaren und einheimischen Führern ins Tassili zu den Felsmalereien.

Diese Reise hat Christoph Krüger in dem Heft »Mit der Exakta in der Sahara« (Dresden 1968) beschrieben. Seine Spiegelreflexkamera »Exakta«, besonders geeignet für das wissenschaftliche Fotografieren, war in Dresden hergestellt worden.

Die Salzseen: 1968

Wüst ist die Wüste, wüst an jener Stelle, wo wir aufbrechen. Decken, Girben, Säcke liegen ungeordnet umher. Dazwischen ragen drei Dromedare: reglose Denkmäler. Senkrecht sticht die Mittagssonne. Chalils Haus gab uns Schatten. Nun ist die Geborgenheit aufgeplatzt. Die Weite gähnt. Die Lichtzunge schnalzt.

Am 21. März 1968 um die Mittagszeit standen drei Europäer an einem Brunnen am Rande von Ergeba: Chri und seine Frau Eva, die zum ersten Mal mit in die Wüste kam, und Erica.

Herbert war nicht dabei: Er musste sich seinen Urlaub ein-
teilen und konnte nicht so viel unterwegs sein.

Während die drei auf Chalil warteten, den Dromedarführer,
der sie zu den geheimnisvollen Natronseen bringen sollte,
schauten sie stumm in den Brunnen vor ihnen, der tief aber
trocken war. Ein schlechtes Zeichen? Sicher gab es noch andere in Ergeba, sonst könnte hier niemand leben. Dann bog
von fern ein Mann auf den Sandweg ein, der direkt auf den
Brunnen zulief. Er führte ein weißes Dromedar mit sich, an
das ein anderes, erdbraunes, angebunden war. Und noch ein
drittes kam hinterher, frei dieses, ein eisengraues. Chalil blieb
vor den Europäern stehen, murmelte einen Gruß und sagte:
»Wartet auf mich in der Schule!« Der Unterricht war gerade
zu Ende, die Kinder liefen hinaus. Ein Lehrer brachte den
Gästen eine Schale Kuskus. In einem Raum standen Bettgestelle mit Matratzen, die luden zur Siesta ein, die nur vom
Summen der Fliegen gestört wurde. Und dann kam Chalil mit
zwei anderen Männern. Ehe die Bedingungen der Tour besprochen wurden, ging es um Banalitäten: das Wetter, gemeinsame Freunde. Dann übernahm Chri, der als Mann der Wort-
führer war, die finanziellen Verhandlungen.

Nach hartnäckigem Feilschen vereinbarten sie 63 libysche
Pfund als Gesamtpreis für eine Führung an zehn Seen. Nach
dem Aushändigen eines Drittels der Summe und dem Hand-
schlag erklärte Chalil seinen Kunden den Weg und lud sie in sein
Haus ein, wo sie seine Frau und seine Kinder kennenlernten.

Dann bekam jeder sein Dromedar zugewiesen, die Last-
kamele wurden beladen, und als die kleine Karawane sich in
Bewegung setzte, war es später Nachmittag und die tief ste-
hende Sonne blendete. Während Barka ein Lied auf Tamaschek
sang, fragte Hammed, der jüngste Begleiter:

»Warum gebt ihr so viel Geld aus, um an die Seen zu kommen? Macht ihr Fotos? Bringt euch das Geld ein?«

»Wir machen Fotos«, antwortete Chri, »aber Geld bekommen wir nicht dafür.« Es war offensichtlich, dass Hammed ihm nicht glaubte.

Am nächsten Tag schon kamen sie zum ersten See, der wie ein Auge tief unten zwischen den Dünen lag, gesäumt von Palmen und Strohhütten. Beim Scheich gab es Wasser, das in die Ziegenbälge, die man Girben nennt, gefüllt wurde, und Kamelmilch für die Gäste, Datteln für die Dromedare.

Der Legende nach sollen die etwa achthundert Menschen, die an den Seen Gabr Aon, Mandara und Truna leben, Nachfahren der Garamanten sein, von denen Herodot berichtet, ein uraltes Volk, das schon dort lebte, als die Sahara noch eine Steppe war, die sie mit Pferdewagen durchquerten.

Im nächsten Dorf kamen die Frauen nach einigem Zögern aus ihren Hütten: Sie waren neugierig, denn sie hatten schon längst erfahren, dass unter den Fremden zwei Frauen waren. Sie grüßten, winkten und nahmen die beiden Frauen mit zu ihren Gärten, um ihnen zu zeigen, wie die Bewässerung funktioniert.

Vor einem anderen Gehöft zeigte die Großmutter der Enkelin, wie man Palmwedel zu Zäunen verknotet. Und während Eva und Erica darüber nachdachten, wie lange dieses Mädchen wohl noch bei seiner Großmutter sein könnte, bis es verheiratet würde, hörten sie von ihrer Düne aus die Flöten und Trommeln eines Hochzeitszuges, dem die Frauen entgegenliefen. Schnell stiegen sie hinunter und gesellten sich zu den tanzenden und singenden Frauen in ihren bunten Tüchern und begleiteten den Zug bis zur Hütte, vor der schon ein Kamelsattel als Brautgeschenk lag. Der Bräutigam feierte währenddessen mit den Männern in der Moschee. Es gab Kuskus mit Kamelfleisch, auch Eva und Erica, die etwas abseits saßen, bekamen eine Schale. Zäh war das Fleisch, kaum zu zerkauen, aber das durften sie sich nicht anmerken lassen. Immer mehr Geschenke wurden gebracht und auf eine Matte vor der Tür gelegt: Tücher, bestickte Schuhe, Körbe. Kinder standen davor, zogen immer mal wieder ein buntes Tuch heraus und warfen es wieder zurück.

»Dürfen wir der Braut auch etwas schenken?«, fragte Erica die Brautmutter, die sogleich die Hand ausstreckte. »Nein, wir wollen es ihr selber geben.« »Dann müsst ihr warten, die Braut kommt erst später. Aber ihr könnt dableiben.«

Eine solche Aufforderung war für Erica immer höchstes Glück. Dableiben! Dabei bleiben! Mitten unter den Frauen stehen, ihre Aufregung spüren und teilen. Die Braut, eine in einen weißen Wollumhang gehüllte Gestalt, wurde aus der Hütte herausgeführt, vor die sie sich hockte.

Die Musikanten näherten sich: ein Flötenspieler und zwei Trommler, deren Gesicht ebenfalls weiß verhüllt war. Sie riefen ins Ohr der Braut: Der Bräutigam kommt!

Und da schaukelte er schon heran auf seinem Dromedar; hinter seinem Sitz befand sich ein Zeltaufbau. Vor der Hütte ging das Tier in die Knie, und die Braut wurde hinauf gehoben. Sie strampelte, sie wehrte sich, aber drei Männer packten sie und setzten sie auf das Dromedar, das Zeltdach fiel über sie und wurde mit Schnüren umwickelt. Das Dromedar stand auf und der Zug setzte sich in Bewegung. Die Mutter weinte, die Frauen tanzten, die Musikanten flöteten und trommelten, die Kinder lachten. Am tiefblauen See zog der Zug vorbei, durch die Wüstenlandschaft, die in der Abendsonne rot erglühte.

Vor dem Hüttengehöft des Bräutigams lagert sich das Reittier hin. Frauen lockern die Schnüre und heben die Braut aus dem Zelt. Sie kauert sich, vermummt wie sie ist, auf Knien und Ellbogen zu Boden. Sie redet nicht. Die anderen zischeln, flüstern, schwatzen. Im Gehöft des Bräutigams gehen Lichter an: Petroleumlampen. Leute kommen angelaufen, tragen volle Schüsseln mit Kuskus herbei. Wir legen ein Armband für die Braut in den Sand. Die Frauen beäugen es, betasten es, raunen der Verhüllten etwas ins Ohr – ihr, die nahe an der Schwelle zu ihrer künftigen Behausung im Sand kauert.

Die kleine Dromedarkarawane zog weiter. Am See Mandara tauchte ein Händler aus Tripolis auf, der die drei Europäer misstrauisch musterte und befragte. Waren sie etwa eine Konkurrenz für seinen Stoffhandel? Er konnte beruhigt werden. So glühend war die Hitze, dass Chalil beschloss, erst gegen Abend aufzubrechen, zur längsten Strecke bis zum See Truna, etwa 35 km. Er ließ sich dann überreden, im Dunkeln noch ein Stück weiter zu ziehen, gegen seine Überzeugung, mit der er Recht hatte, wie sich zeigte:

Mahara, das kräftigste, das am schwersten bepackte Dromedar, mein Reittier, wenn auch ohne mich als Reiterin, dieses weiße, hohe, weit ausschreitende Tier findet plötzlich keinen

Halt mehr entlang des steilen Leehangs, von dem sich rieseln-
der Sand in Schüben löst und der scharf zum Dünental abfällt.
Das Dromedar rutscht, verliert sein Gleichgewicht, hockt sich
sofort hin, kommt ins Gleiten… Schrecken und Schweigen
hängen über uns, eine grimmige Glocke, um dann mit grobem
Klöppel in ohrenbetäubenden Lärm auszuschlagen. Ein schril-
les Gackern, Gurgeln, Blöken, Schreien. Und wieder Gackern.
Es gackert. Gackert das Kamel? Radjab taucht auf den Lärm
hin an der Düne auf. »Messer! Messer!« ruft Chalil. Wir versu-
chen alle gemeinsam, den Sturz des Kamels aufzuhalten, wir
stemmen uns gegen seinen schweren Leib. Das Gackern schrillt
weiter. Es rührt von den Hühnern her, die für unsere Mahlzei-
ten aus Mandara mitgenommen wurden. Sie hocken in einem
Korb, der beim Sturz unter den Bauch des Dromedars geraten
ist. Chalil will die Stricke der Lasten durchschneiden. Wo ist
das Messer? Es ruht gut verwahrt im Sack mit den Küchen-
geräten. Niemand kommt an das Messer heran.

Chri hatte ein Taschenmesser bei sich und reichte es Chalil,
der das Dromedar von seiner Last befreite, ehe die Stricke es
erwürgten. Aber es konnte seinen Stand nicht finden und
rollte, sich überschlagend, die steile Düne hinunter. Das Herz
blieb ihnen fast stehen, aber Mahara stand auf und hatte
offensichtlich keine Verletzung davongetragen. Erst wurde
Allah gelobt, dann Chri, und anschließend Erica beschimpft:
Sie sei schuld, weil sie unbedingt bei Nacht habe weiterziehen
wollen. Im Mondschein suchten sie ihr Gepäck zusammen,
das tief in den Sand eingedrückt worden war. Ericas Rucksack,
mit Notizbüchern, Geld und Reisepass, blieb zunächst un-
auffindbar, lag dann aber am nächsten Morgen neben ihr.
Radjab hatte sich in aller Frühe auf die Suche gemacht.

Es ging dann langsamer weiter als geplant, weil Eva Fieber
bekam und eine längere Ruhepause brauchte. Als sie am See
Truna ankamen, war sie wieder ganz gesund. Sanft lag der See

in der Ebene, keine hohen Dünen ringsherum. Hier konnten sie die gestapelten Salzplatten sehen, die Karawanen nach Tripolis bringen, wo sie zum Gerben benutzt werden.

Chalil wollte bald wieder aufbrechen. Zu ärmlich war das Dorf; die Dromedare lechzten nach Grünzeug. Erica – glücklich, ihr Notizbuch wieder zu haben – verzichtete auf die Siesta und trug stattdessen nach, was sich ereignet hatte und beschrieb, was sie gesehen hatte. Eva sang den Frauen des Scheichs deutsche Volkslieder vor. Immer zugänglicher wurden die Frauen: Sie luden Eva und Erica in ihre Hütte ein, wo ihnen die zweite Ehefrau eine Eierspeise zubereitete.

Doch wehe! Draußen steht Scheich Mohamed vor dem Zaun! Der Zaun ist hoch, wir sehen den Hausherrn nicht, aber wir hören ihn reden. Er flucht. Er glaubt, die beiden weißen Frauen seien ohne Erlaubnis frech in sein Gehöft eingedrungen und hätten die guten Sitten missachtet nach schmählicher Kolonistenart. Das trifft seinen Stolz und macht ihn zornig. »Hinaus mit ihnen! Was tun die Kafr (Heiden) bei uns? Eine tüchtige Tracht Prügel für dich, Mariam, und eine für dich, Chamissa!« – »Fissa, fissa!« Rasch, rasch! flüstern die beiden Frauen des Scheichs erschrocken uns beiden zu. »Trinkt schnell das dritte Glas Tee und dann hopp hopp!« Draußen steht ein grollender Mann und weist in Richtung unserer Lehmhütte. »Wieso seid ihr hier und nicht dort, wo ihr hingehört?«

Scheich Mohamed hielt eine riesige Kuskus-Schüssel in der Hand, denn er wollte den Gästen gerade das Abendessen bringen. Schließlich war er besänftigt, lachte wieder und ließ zu, dass seine Frauen zwei große Kopftücher geschenkt bekamen. Und er verliebte sich sogar zusehends in Eva, sodass die Gäste sich schon Gedanken machten, wie sie mit entsprechenden Forderungen umgehen würden.

Dann traf Erica noch auf einen Mann, den sie aus Rhat kannte und der auch sie wiedererkannte und allen erzählte,

das sei Tuscha, die immer wieder nach Rhat komme, aber warum, das wisse er nicht.

So waren sie 35 Tage lang von See zu See gezogen, in denen die Männer badeten und mit weißer Salzkruste auf dem Rücken wieder auftauchten. Ein Problem gab es noch, weil Chri fotografierte und dafür extra bezahlen sollte. Er versprach, Abzüge zu schicken, und besänftigte sie so weit, dass sie ihnen eine Fahrgelegenheit zum Flughafen Sebha besorgten. Die Verabschiedung war herzlich.

Von Sebha aus flogen Chri und Eva nach Tripolis und gleich weiter nach Hause, Erica begleitete sie zum Flugzeug, wollte aber noch bleiben. Das Abenteuer war noch nicht zu Ende, es bekam eine ganz neue Wendung: Kaum nämlich war das Flugzeug in der Luft, sprach sie ein hoher Polizeioffizier an:

»Sie werden im Polizeiwagen nach Tripolis gebracht! Sie haben sich dort zu verantworten! Sie haben ohne Erlaubnis unserer Regierung im Natronseengebiet einen Film gedreht!« – *»Einen Film? Ich? Das ist ein großer Irrtum.«* – *»Ihr Name steht auf dem Telegramm aus Tripolis. Sie haben…«* Hat der fliegende Händler aus Mandara Anzeige erstattet? Oder Polizist Abdelsalam?

Da hatten sich wohl einige Leute an die Filmaktion von 1965 erinnert.

In Tripolis musste Erica ihren Pass abgeben und versichern, dass sie die Stadt nicht verlassen würde. Sie rief Herbert in Frankfurt an, der wiederum schickte ein Telegramm an Harald, der sich gerade in Ghadames befand, dem aber angedeutet wurde, er möge besser nicht aktiv werden. Harald zog es daraufhin vor, über Algerien und nicht über Tripolis nach Hause zu fahren. Die deutsche Botschaft war eingeschaltet und riet zu Geduld. Erica erholte sich im Hotel von der anstrengenden Tour und konnte sich frei in der Stadt bewegen. Nach einer Woche erhielt sie mit wortreichen Entschuldigungen ihren

Pass zurück, man bot ihr sogar eine finanzielle Entschädigung an, die sie ablehnte. Das Visum war verlängert worden. Voller Freude über die wiedergewonnene Bewegungsfreiheit fuhr sie wieder nach Rhat. Erst im Juni kehrte sie nach Deutschland zurück.

Tassili: 1970

Ein Dutzend Esel werden die Schlucht hinuntergetrieben, sie tragen Touristengepäck auf dem Rücken. Es ist wohl das letzte Mal (das dritte Mal übrigens!) daß ich das Tassili besuche, denn sobald Djanet wieder für den Flugverkehr geöffnet sein wird in ein bis zwei Monaten, liegt auch die Schleuse für die Fremden frei. Die Frage beschäftigt mich: Warum stört das in solcher Weise? Was geht dadurch verloren? Wirklich nur Abenteuerlust? Das wäre zu oberflächlich gesehen. Viel eher wohl die Empfindung und auch Erkenntnis, daß die Landschaft an Jungfräulichkeit verliert, daß Kräfte, Elementarkräfte sich weiter zurückziehen, nicht mehr spürbar bleiben.

Auf diese Reise fuhr Harald mit, auch Chri und Eva Krüger waren wieder dabei.

Von Djanet aus waren 19 Tage vorgesehen, zu Fuß, das Gepäck auf vier Eselsrücken.

Einer der Esel trug unter dem Bauch hängend die Girba, den Ziegenledersack mit Wasser.

Es gibt Wasser unterwegs: in den Geltas, den Wasserlöchern, aus denen auch die Esel trinken. Das stört niemanden, denn Esel lehnen unsauberes Wasser ab, und sie schlürfen mit den Lippen, ohne das Maul zu öffnen.

Das Tassili-Gebirge lockte mit seinen wunderbaren Höhlenmalereien, die vor allem Harald, den Maler inspirierten. Sie waren allerdings inzwischen touristisches Allgemeingut geworden, und Erica beklagte die Anwesenheit von über 60 Touristen eines Touring-Clubs, die ganz anders organisiert waren als sie und deren Vorgänger bereits die gastlichen Gepflogenheiten verdorben hatten.

Aber leider sind wir nicht wie bei den vorherigen Reisen Gäste, die sich durch Geschenke erkenntlich zeigen; sondern europäische Touristen, über die man sich auf Tamaschek mockiert und die man gleichzeitig schamlos anbettelt. Die kleinen Gaben wie moderne Nadeln für die Tücher oder Vitamin C-Tabletten finden keinen Anklang mehr. Die Alte, die ein Gesicht hat, als sei sie die Personifikation des Tassili, so durchfurcht, dunkelhäutig und ausdrucksvoll ist es, erbittet nicht nur, sondern verlangt Geld. Wir sind die Geldkühe, die zu melken sind. Dann, wenn wir genug Geld gegeben haben, so heißt es, können wir alle fotografieren. Harald und Chri sind sehr abgestoßen von diesen Manieren. Sie verzichten auf alle Fotos und geben nicht die erwartete Summe. Trotzdem erhalten wir zur Bewirtung köstliche säuerliche Ziegenmilch. Schließlich sagt die Alte frech: Wenn ihr nichts geben wollt, – dann amtschi! Weg mit euch! Bald danach brechen wir auf.

Sie verzichteten sogar auf eine Tanzdarbietung, weil sie ihnen nicht mehr authentisch erschien und sie nicht mit den Kunst konsumierenden Touristen gleichgesetzt werden wollten, die Eintritt für jede noch so kleine Veranstaltung bezahlen.

Aus dem traditionellen Austausch von Geschenken war inzwischen ein Kaufen/Verkaufen geworden. Die Reisenden, die keine Touristen sein wollten sondern Gäste, verkannten allerdings, dass auch der Austausch von Geschenken ein Geschäft war. Nur wurde der Preis vom Käufer bestimmt, und zwar nachdem er die Leistung erhalten hatte, während in der modernen Gesellschaft der Verkäufer zuerst seinen Preis nennt und ihn oft sogar vor Erbringen der Leistung einfor-

dert. Die Zeiten, in denen Kulturgüter für Glasperlen oder kleine Spiegel zur Verfügung standen, waren schon vorbei, und immer weniger Afrikaner waren bereit, überkommene Traditionen zu bewahren, um die Erwartungen der Reisenden zu erfüllen. Für sie wurden künstliche Reservate geschaffen: Museen.

Aus den Aufzeichnungen dieser Reise stellte Erica ein Büchlein zusammen, das unter dem Titel »Wanderungen im Tassili« 1971 erschien. Es enthält Fotos, die ihr Mann auf einer früheren Reise, ihr Sohn auf der jetzigen aufgenommen hatten, und gibt ausführliche Erläuterungen zu den Felsmalereien und der Geschichte ihrer Entdeckung. Die unliebsamen Begegnungen und die Tourismuskritik kommen nicht vor, die Weiterfahrt nach Libyen wird am Schluss erwähnt, aber nicht erzählt, sie bleibt Tagebuchaufzeichnung:

Um vier Uhr Ankunft in Rhat und an der Polizei. Langes Sitzen mit den Polizeibeamten. Neuer Polizeioffizier aus Trabls (Tripolis). Anfängliches Mißtrauen, das allmählich weicht, als er erlebt, wie die Rhater anlaufen und stürmisch Tuscha begrüßen. Sie merken tatsächlich auch jetzt nicht unser abgelaufenes Visum.

KAPITEL 9

Afrika kommt zu Eka

Durch Erica de Bary habe ich überhaupt erst die Schriftsteller und Dichter aus Madagaskar kennengelernt. Ich habe ihre Arbeiten sehr bewundert. Mich hat immer die Frage beschäftigt, warum solche Menschen so wenig Nachhall beim deutschen Publikum gefunden haben. Sie gehören zur parallelen geistigen Welt, die von der akademischen nicht wahrgenommen wird. Es gibt Ausnahmen, aber das ist die Regel: Jemand, der nicht den akademischen Weg durchlaufen hat, kann da nicht zur Geltung kommen, egal welche Arbeit er gemacht hat. Durch Übersetzungen die andere geistige Welt wahrzunehmen, aus Asien und Afrika, das ist ein Fundament, eine große Leistung. (Professor Tirmiziou Diallo in einem Interview am 8. 10. 2012 in Worms)

Frankfurt: 1961

Wieder blühten die Glyzinien auf der Gartenseite des Hauses. Aber an diesem Frühlingssonntag des Jahres 1961 war es zu kalt, um draußen zu sitzen. Im Wohnzimmer wärmten die von Tuareg gewebten Wolldecken aus Libyen den Blick; die Marmorbüste der Susette Gontard, Hölderlins Diotima, angefertigt vom Bildhauer Landolin Ohnmacht, verwies auf illustre Verwandschaft. Herbert hatte Tee gemacht und Gebäck auf den Tisch gestellt. »Herzchen, die Gäste sind da«, rief er die

Treppe hinauf, und seine Frau erschien, wie immer elegant angezogen, mit den perlengeschmückten Kreolen unter dem immer noch blonden Haar und begrüßte die Freunde. Familie Bouvier kam gern sonntags herüber in das schöne große Haus. Rolf Bouvier arbeitete für die Frankfurter Allgemeine Zeitung. 1956 hatte er als Zeitungsfotograf Janheinz Jahn nach Paris zum Kongress der afrikanischen Schriftsteller begleitet. Seine Porträtaufnahmen afrikanischer Autoren illustrierten auch Ericas Artikel in verschiedenen Zeitschriften. Auch seine Frau war seinerzeit mit nach Paris gereist. Irmgard Bouvier kümmerte sich bei der Deutschen Bibliothek um die Exilliteratur und erarbeitete Richtlinien für die Katalogisierung. Erica zählte *die zarte, zierliche, elegante Bibliothekarin, die von Mondsucht befallene Intellektuelle,* wie sie sie später beschrieb, zu den wichtigsten Menschen in ihrem Leben. Die beiden hatten sich im Frankfurter Kunstkabinett Hannah Bekker vom Rath kennengelernt. Das Interesse für afrikanische Politik und die Begeisterung für die Dichtung der Afrikaner war die Basis ihrer Freundschaft, auch wenn sie sonst ein sehr unterschiedliches Leben führten. Wie manche Frankfurter Bekannten fragten sich auch Bouviers hin und wieder: Was machte diese Frau monatelang fern von zu Hause, wo sie es doch hier so schön hatte?

Irmgard Bouvier übersetzte Dichtung aus den portugiesischen Kolonien, vor allem auch die des angolanischen Dichters Viriato da Cruz, der mehrere Monate bei den de Barys wohnte. Er war ein ganz enger Freund geworden. 1959 verließ er Frankfurt und wurde Generalsekretär der angolanischen Unabhängigkeitsbewegung MPLA, die erst in Guinea, dann im Kongo agierte. Erica sah ihn nie wieder, aber er war Gast in ihrer imaginären Teerunde, mit der sie 1990 den wichtigsten Menschen in ihrem Leben ein Denkmal setzte. Da lässt sie Viriato da Cruz sinnieren:

»*Schreite ich nicht mit der kleinen Handtrommel durch die Savanne, trommle ich nicht, um Schlangen zu vertreiben, singe vor mich hin. Treten zwei junge Frauen auf mich zu, schwarzhäutige Frauen, Frauen mit bloßer Brust …*«

Aber der lebensbejahende fröhliche Dichter hatte kein frohes Leben. Er überwarf sich mit seinen politischen Genossen, ging ins Exil nach Peking, wo er elend ums Leben kam – ermordet wurde, wie Erica sagte.

An diesem Sonntag im Frühling 1961 war auch Bouviers siebzehnjährige Tochter mit dabei. Sie bewunderte die große lächelnde Puppe in der russischen Bauerntracht, die auf dem Tisch in der Zimmermitte stand und die heiße Teekanne unter sich barg. Es gab viel Russisches neben den afrikanischen Mitbringseln in diesem Zimmer, so dass Gäste oft meinten, die Dame des Hauses sei Russin. Sie rückte das nie zurecht, denn es passte zu ihr, und schließlich war ihre Mutter ja gebürtige Petersburgerin. Von ihr hatte sie den Brauch der Teerunde am schön gedeckten Tisch übernommen. Auch Tirmiziou Diallo hielt sie für eine Russin, war sie doch so ganz anders als die Frankfurterinnen, die er kannte. Der junge Mann aus Guinea, den Familie Bouvier unter ihre Fittiche genommen hatte, seit er in Frankfurt lebte, war an diesem Sonntag mit zum Tee in die Cretzschmarstraße gekommen. Er mochte das Haus mit den afrikanischen Statuen und wunderte sich über die Begeisterung der beiden deutschen Frauen für afrikanische Kultur und Literatur. Dieses Interesse erstreckte sich auch auf ihn und kam ihm zugute: Er hatte nämlich an einer Demonstration anlässlich der Ermordung des kongolesischen Politikers Lumumba teilgenommen und damit gegen die Auflagen verstoßen, die ihm als DAAD-Stipendiaten politische Betätigung verboten. Also wurde das Stipendium gestrichen und er stand mittellos da. Beide Frankfurter Familien halfen ihm ein paar Monate mit Geld aus und sorgten dafür, dass er ein Stipen-

dium des Landes Hessen bekam, um sein Studium bei Adorno und Horkheimer fortzusetzen.

Tirmiziou Diallo nahm auch mit Erstaunen zur Kenntnis, dass unter dem Dach Flüchtlinge aus den portugiesischen Kolonien wohnten, darunter hochrangige Politiker, die hier ihren Widerstandskampf und ihre Vorstellungen für das Leben nach Ende der kolonialen Abhängigkeit entwickelten. Es war ja nicht einzusehen, dass Franzosen, Briten, ja sogar die Belgier ihre Kolonien in die Selbstständigkeit entlassen hatten, die Portugiesen aber mit aller Macht an ihrem Kolonialreich festhielten. Professor Diallo erinnert sich:

Die erste Pressekonferenz über Angola hat im Haus von Erica de Bary stattgefunden. Offiziell wurde da der Befreiungskrieg lanciert. Die Presse hat das mehr oder weniger sabotiert. Es ging um Unterbringung und Essen, um die Solidarität, einen Ort, wo sie nachdenken konnten, ihr Netzwerk international auf-

bauen, das war wichtiger als Geld. Das Geld war damals nicht
so wichtig. Geistige Unterstützung war wichtig. Manche von
denen sind heute in wichtigen Positionen, heute noch. Namen
will ich nicht nennen. Die wollen heute von jemandem wie
Erica de Bary nichts mehr hören. Alles, was damals war, haben
sie vergessen. Sie gehören heute zu den reichsten Männern der
Welt. Erica hätte heute mit diesen Leuten auch nichts mehr zu
tun haben wollen, denn es ist nicht das, wofür sie damals ge-
kämpft haben. (Interview vom 8. 10. 2012)

1961 war keine größere Reise geplant. Stattdessen stellte
sich viel Besuch ein, und zwar ohne vorherige Anmeldung. Es
klingelte an der Tür, und wenn Harald öffnete, stand da etwa
ein junger Mann mit erwartungsvoller Miene und sagte: »Hi,
I am Mohammed from Libya. I want to see Erica.« Sie hatte
ihm ihre Adresse gegeben. Jeder, der kam, wurde freundlich
aufgenommen, auch jene zwölf jungen Frauen aus Angola, die
eines Tages vor der Tür standen. Es gab immer einen Schlafplatz, unter dem Dach oder auf einem Sofa. Zeitweise stand
auch das Zimmer, das sonst vermietet war, zur Verfügung. Sie
saßen mit am Esstisch, und Harald kümmerte sich um Auf-
enthaltsgenehmigungen, half beim Ausfüllen der Anträge auf
Unterstützung und eruierte weitere Möglichkeiten, wie die
Gäste, die oft über Paris kamen, in Frankfurt bleiben konnten.
Mohammed, der aus Ghadames stammte, den sie aber in Rhat
kennengelernt hatten, konnte sogar an einer Frankfurter Bank
untergebracht werden, wo er eine Lehre machte. Daraus entstand eine langjährige Freundschaft. So auch mit dem jungen
algerischen Paar Bashir und Badra. Die beiden waren mit ihrem Sohn zu einer Veranstaltung des FLN, der algerischen
Befreiungsfront, nach Frankfurt gekommen, wo sie eine Weile
blieben. Ihr zweiter Sohn wurde in Frankfurt geboren. Später
ging die Familie nach Tripolis, wo Bashir Vertreter des FLN
wurde. Es gab viele wechselseitige Besuche. Erdmuthe und ihr

damaliger Mann reisten 1962 mit Bashir nach Ghadames; 1968 besuchte Harald die Familie in Algier, wo sie seit der Unabhängigkeit ihrer Heimat lebte.

Andere afrikanische Besucher kamen auf Empfehlung ihrer Bekannten. Jacques Rabemananjara schickte madagassische Studenten aus Straßburg, darunter Georges Rabenoro; Solofo Rabearivelo, den die deutsche Übersetzung des Buches über seinen Vater gefreut hatte, erschien zu einem Wochenendbesuch aus Bonn, wo er an der Botschaft seines Landes Dienst tat. Auch diese beiden besuchten Herbert und Erica später in deren Heimat Madagaskar.

Die wechselnden Runden, die in der Cretzschmarstraße zusammensaßen, diskutierten die Zukunft des afrikanischen Kontinents, waren optimistisch und zugleich besorgt über die Entwicklung der Freunde, die in Führungspositionen gekommen und dem Druck der ganzen Welt ausgesetzt waren. Unter ihnen saß auch eine alte Dame, die über der hochgeschlossenen schwarzen Bluse ein Medaillon trug. Fanny de Bary war vor einem Jahr Witwe geworden. Für sie war es Christen-

pflicht, den Menschen zu helfen, die sich in ihrem Haus ein-
stellten. Wenn der Platz unterm Dach nicht ausreichte, stellte
sie ihr Sofa zur Verfügung. Manch einer nächtigte da ein hal-
bes Jahr lang und trank gern mit ihr im Garten Tee. Der be-
kannteste von ihnen ist wohl der Dichter Arlindo Barbeitos,
der 1961 Angola verlassen musste und nach einer Odyssee
durch Frankreich, Belgien und die Schweiz in Frankfurt ankam, wo er Anthropologie und Soziologie studierte. Er lehrte
später an der Freien Universität Berlin und kehrte 1975, als
Angola unabhängig wurde, als Professor in seine Heimat
zurück.

Frankfurt: 1962–1968

Zierliche, fast zerbrechlich wirkende Holzgerüste mit türkis-
grünem Leder bezogen, mit Messing- und Silberplättchen und
roter Baumwollstickerei geschmückt. Der Sattelknopf ragt vorn
weit vor und endet in einem Dreispitz in der Form eines flie-
genden Vogels – eine raumgreifende kühne Geste. Die Innen-
seite trägt als Segenszeichen das »Auge des Nachtvogels«.

So beschrieb ein Reporter der Frankfurter Allgemeinen Zeitung (emd. FAZ, 3.6.1967) zwei der schönsten Mitbringsel
aus Libyen, die das Wohnzimmer in der Cretzschmarstraße
schmückten, in dem nun das Telefon klingelte. Harald nahm
ab und schaute fragend zu seiner Mutter hinüber, die heftig
den Kopf schüttelte. »Meine Mutter ist noch nicht wieder zurück. Sie wird sich dann melden.«, sagte er und legte auf. Sie
brauchte einfach noch ein paar Tage, um sich wieder auf das
Frankfurter Leben einzulassen. Jedes Jahr reiste sie nun wochenlang nach Afrika. Herbert war dabei, wenn er auch nicht
immer so lange bleiben konnte, manchmal fuhr auch Harald

mit, der in der Wüste Inspiration für seine Malerei fand. 1962 waren sie zu dritt in Nordkamerun und im Tschad gewesen; Herbert flog nach Hause, und Erica und Harald unternahmen eine abenteuerliche Wüstendurchquerung bis Tripolis. Dann reisten sie nach Niger, auf Einladung eines Nigrers, den sie in Rhat kennengelernt hatten und der sie an Familie und Freunde fast überall im Land weiterreichte. Nach dieser Reise verfasste Erica ein Buchmanuskript mit dem Titel »Einladung nach Afrika«; 30 begleitende Fotos von Herbert waren vorgesehen. Dass es nicht veröffentlicht wurde, erstaunt, denn damals sah es ganz danach aus, als könne Erica ihren schriftstellerischen Durchbruch feiern: Der Afrikakenner Herbert Kaufmann schrieb eine umfangreiche und begeisterte Rezension zu »Ghadames Ghadames«, die in der Frankfurter Allgemeinen Zeitung erschien. Der Ehrenwirth Verlag schob 1963 »Im Oasenkreis« nach, ein genauso poetisches Buch über Rhat, auch optisch ganz ähnlich aufgemacht. Es war die Vorlage für den Fernsehfilm, den Helmut Lander 1965 drehte.

Auch die Zusammenarbeit mit Janheinz Jahn ging weiter, wenn auch nicht ganz reibungslos. Dem Erdmann Verlag, der sich damals als »Verlag für den Internationalen Kulturaustausch« für afrikanische Literatur einsetzte, hatte Jahn den Lebensbericht des Kameruner Autors Jean Ikelle-Matiba vorgeschlagen, und Erica als Übersetzerin. Es gab Unstimmigkeiten über einzelne Passagen, die die deutsche Kolonisation in einem schiefen Licht darstellten, wie einige der Beteiligten fanden, und die vielleicht in der Übersetzung ausgelassen werden sollten. Das Buch erschien dann doch vollständig unter dem Titel »Adler und Lilie in Kamerun« 1966 mit einem Vorwort von Jahn.

Der Erdmann Verlag veröffentlichte im selben Jahr auch Ericas zweiten großen Reisebericht: »Die Flammenbäume – Erlebtes vom Fezzan bis Kamerun«. Rhat kommt in diesem

Buch wieder vor, aber der Schwerpunkt liegt auf Begegnungen in Nordkamerun, mit Bauern, Händlern und französisch geprägten Intellektuellen. Die Menschen dieser Gegenden stehen im Mittelpunkt, nicht mehr, wie noch in ihren ersten Büchern, die Reisende und ihre Befindlichkeit. Man merkt dem Buch die Vertrautheit der Autorin mit Landschaften, Lebensweisen und Sprache an: Sie ist nicht mehr die fremde Besucherin, sondern eine Freundin unter Freunden, die sich kennen und miteinander plaudern.

Anfang 1967 wurde Erica PEN-Mitglied, auf Einladung von Janheinz Jahn, damals Generalsekretär der deutschen Sektion. Mit ihm, Marianne Langewiesche und Ernst Kreuder besuchte sie 1967 eine Tagung in Abidjan. Von da aus fuhren sie noch einige Tage ins ländliche Umfeld, das hatte Jahn ermöglicht, der zu Vorträgen eingeladen war.

Vorher war sie ein paar Tage zu Gast in der Residenz des senegalesischen Präsidenten in Dakar. Senghor hatte sie eingeladen, war aber selbst nicht da. Er hatte ihr ein Auto mit Chauffeur zur Verfügung gestellt. So konnte sie jeden Tag Besichtigungstouren unternehmen. Typisch für Erica war, dass sie sich mit dem Chauffeur anfreundete und ihn und seine Familie besuchte.

Wenn sie zwischen all ihren Reisen ein paar Wochen, vielleicht sogar Monate in Frankfurt war, tippte sie ihre Reisetagebücher in die Schreibmaschine, schrieb poetische Skizzen, übersetzte afrikanische Dichtung und hielt Vorträge. Herberts Diapositive untermalten ihre Ausführungen. Sie fand begeisterte Zuhörer in Galerien und Volksbildungsheimen in Frankfurt und Umgebung, lud auch gerne Bekannte zu sich nach Hause ein. Ihre Afrika-Abende stellten die Lichtbildervorführungen, mit denen das Nachkriegsbürgertum seine Urlaubsreisen den Freunden präsentierte, weit in den Schatten.

Zu den Besuchern des Jahres 1967 gehörte Christoph Krüger. Er stellte auf der Frankfurter Buchmesse seinen großformatigen Band »Sahara« vor. Darin finden sich Texte von ihm selber und namhaften Saharaforscher, Zeichnungen und viele Fotos, schwarz-weiß und in Farbe. Etliche dieser Fotos stammen von Herbert, und auf dem Bild Nr. 48 sieht man eine kleine Gestalt, kurzärmlig aber mit verhülltem Kopf tief unten zwischen Felsmassiven in einem ausgetrockneten Wasserloch sitzen. Das ist Erica, fotografiert von Christoph Krüger auf der gemeinsamen Reise 1965.

Als Erica 1968 von ihrem monatelangen Aufenthalt in Libyen zurückkam, erwartete sie eine besondere Genugtuung: Léopold Sédar Senghor wurde mit dem Friedenspreis des Deutschen Buchhandels ausgezeichnet. Das war für sie auch ein persönlicher Triumph: Sie hatte sich für ihn stark gemacht, war aber dann im Hintergrund geblieben. Offiziell hatte Janheinz Jahn, damals Ehrenkonsul von Senegal, die Preisver-

gabe in die Wege geleitet. Studentenproteste begleiteten sie.
Professor Diallo erinnert sich:

*Dies war ein schwieriger Tag für mich. Wir waren auf der
Buchmesse und haben gegen Senghor demonstriert. Da kam
Janheinz Jahn zu mir und bat mich, etwas Positives über
Senghor zu sagen. Ich habe gesagt: »Nein, das kann ich nicht.
Er hat gerade 15 Studenten in Dakar umbringen lassen, die
demonstriert haben, das kann ich nicht akzeptieren.« Und
das habe ich auch in sein Mikrofon gesagt.* (Interview vom
8. 10. 2012)

Ihre Tischkarte des feierlichen Essens mit Bundespräsident
Lübke und seiner Gattin am Vorabend der Preisverleihung
hob Erica auf: Es gab Sauerampfersuppe, Mittelmeerlanguste,
Rehrückenfilet und Mousse au chocolat.

Das war eine unruhige Zeit. Frankfurt war eine der Hochburgen der 68er Proteste: Demonstrationen in der Stadt; Vorlesungsboykott in der Universität mit dem Protestruf »Unter den Talaren Muff von tausend Jahren«; Abrechnung der jungen Leute mit Autoritäten, denen noch viel zu viel braune Vergangenheit anhaftete; Visionen einer antikapitalistischen und freien Gesellschaft, zu der die Solidarität mit den damals »Dritte Welt« genannten Ländern gehörte, und natürlich der Protest gegen den Vietnamkrieg.

Erica fand es richtig, dass junge Leute sich gegen die bürgerliche Verkalkung wehrten und antikapitalistische Zeichen setzten. In zwei Frankfurter Kaufhäusern waren am 2. April 1968 Brandsätze gelegt worden, als Protest gegen die amerikanischen Napalmbomben auf Vietnam. Es gab zwar keine Verletzten, aber der Sachschaden war hoch und der Schock enorm. Als Brandstifter wurden Andreas Baader, Gudrun Ensslin und zwei Mittäter verurteilt. Zum Entsetzen ihrer Familie äußerte Erica damals Sympathien für die später sogenannte »Baader-Meinhof-Bande«, die sich ab 1970 Rote Armee Fraktion nannte. Beim Abendessen las sie der konsternierten Familie Gedichte von Gudrun Ensslin vor. Sie erwog sogar – auf Anregung von Heinrich Böll – das Haus als Unterschlupf zur Verfügung zu stellen. Aber so weit kam es nicht.

Nach wie vor pflegte Erica die Freundschaft mit Künstlern. Am 2. Oktober 1968 eröffnete sie eine Ausstellung der französischen Malerin Lou Albert-Lasard in der Galerie im Rahmhof. Die Künstlerin war damals – ein Jahr vor ihrem Tod – auf dem Höhepunkt ihrer Berühmtheit. Erica sah in ihr eine Wesensverwandte: Auch sie liebte die asiatische Geistigkeit und die nordafrikanische Kultur, von der sie sich inspirieren ließ. Auch ihr hatte der Aufenthalt in Paris weite Horizonte eröffnet; sie verehrte und liebte Rilke, mit dem sie einige Zeit zusammenlebte, gehörte zum Kreis um Stefan George und kannte Rudolf Kassner persönlich. Sie hatte Gedichte von Valéry illustriert – alles vertraute Namen für Erica. Schon 1953 hatte Lou Albert-Lasard in Frankfurt ausgestellt, damals im Kunstkabinett Hanna Bekker vom Rath.

Frankfurt: 1970–1977

Sehr geehrter Herr Erdmann,
   Frau Erica de Bary ist seit 14.3. für ca. 2 Monate mit 4 Lasteseln und 2 Eseltreibern im Tassili des Adjer (Sahara) auf der Suche nach Felsbildern unterwegs. In ihrem Namen nehme ich die vorgesehene freundliche Einladung für die Tübinger Afrika Tage gerne an und bedanke mich dafür.

Mit den besten Empfehlungen und Grüßen
Herbert de Bary, 16.4.1970

Während Erica auf Wüstentour war – diesmal mit Harald sowie Christoph und Eva Krüger –, besorgte Herbert die Korrespondenz und das Haus. Er kümmerte sich um die Freunde, die zu Besuch kamen, plante und organisierte die große Madagaskarreise, die wesentlich kostenintensiver werden würde als die bisherigen Wüstentouren: mindestens so viel wie ein fabrikneuer Volkswagen, rechnete er aus. Aber er würde nun auch mehr Zeit fürs Reisen haben: Ende Mai 1970 beendete er seine Tätigkeit als Weinkontrolleur für das inzwischen vom Land Hessen übernommene Lebensmittel-Untersuchungsamt der Stadt Frankfurt und ging in Rente, beriet aber weiterhin Firmen wie Lufthansa bei der Zusammenstellung ihrer Weinkarten. In den 60er Jahren konnte er das Interesse für die afrikanischen Unabhängigkeiten nutzen und etliche seiner

Reisefotos an Zeitschriften verkaufen. Seine Erfahrungen in der Weinbranche hatte er in Bücher umgesetzt, die im Laufe der Zeit sehr erfolgreich wurden. »Der Wein erfreut des Menschen Herz« erlebte beispielsweise 18 Auflagen.

Im Mai 1970 starb, hochbetagt, Fanny de Bary. In ihre Räume im ersten Stock zogen Erdmuthe und ihre sechsjährige Tochter Tanja. Erdmuthe studierte Russisch und Französisch und bekam später eine Anstellung als Lehrerin in Bremen, ließ aber ihre Tochter bei den Großeltern. Tanja fand, dass sie damit das große Los gezogen hatte. Ihr älterer Bruder Thomas war nach der Scheidung seiner Eltern dem Vater zugesprochen worden und lebte in dessen neuer Familie in Königswinter. Er kam aber oft zu Besuch. Im Haus von Ami und Api, wie die Großeltern von den Enkeln genannt wurden, konnte man allerdings nicht so gut spielen. Zu viel Kostbares stand herum, und die Masken an den Wänden schauten so streng herab. Einmal brach die Lehne eines Stuhles ab, auf dem er kippelte, da wurde schon ein bisschen geschimpft, aber eigentlich verstand er sich gut mit den Großeltern. Ami rauchte sogar eine Haschischzigarette mit ihm, um mitreden zu können – es habe keinen besonderen Eindruck auf sie gemacht, befand sie. Tanja besuchte die Waldorfschule. Wenn sie ihre Freundinnen nach Hause einlud, dann saßen die meistens nicht mit ihr im Kinderzimmer zusammen, sondern sie scharten sich um Ami, die sie mit Spielen und Erzählungen bezauberte. Natürlich nur, wenn sie nicht gerade wieder auf einem Dromedar in Afrika unterwegs war. Aber auch diese häufigen und langen Abwesenheiten gehörten zu ihrem besonderen Flair. Wenn die Großeltern dann zurückkamen, war die Aufregung groß. Was wohl diesmal in ihren Koffern war? Bunte Steine aus der Wüste, aus Baumwolle gewebte Decken, zierliche Statuen, Silberschmuck – und immer ein Extrageschenk für Tanja, ein Keramiktöpfchen, ein geflochtener Untersetzer, eine Messingschale, ein Perlenarmband. Als Teenager fand Tanja ihre Ami cool. Sie durfte Freundinnen mitbringen, so viel sie wollte. Nie hieß es: »Mach die Musik leiser!«. Gewiss, diese Oma stellte keine selbst gebackenen Kuchen auf den Tisch, aber sie inszenierte kleine Theaterstücke mit den Gästen. Sie stand nicht früh auf, um ihrer Enkelin das Frühstück zu machen – dafür war der Großvater zuständig. Ihre Kochkünste beschränkten sich auf drei schmackhafte Gerichte, deren beliebtestes Frikadellen waren. Wenn sie in ihrer stets ordentlich aufgeräumten Küche werkelte – Unordnung bedeutete unnötigen Arbeitsaufwand und kostete Nerven – dann trug sie keinesfalls eine spießige Schürze. Ihre elegante Kleidung schützte sie mit einem weißen Arztkittel; sie zog eine Duschhaube übers Haar, damit es keinen Essensgeruch aufnahm. Die heranwachsenden Enkel und ihre Freunde fühlten sich von ihr ernstgenommen. Über alles konnte man mit ihr reden. Nur wenn man sich für nichts interessierte, durchs Leben lief, ohne nach rechts und links zu schauen, nur hinnahm, was da war, das mochte sie nicht, da konnte sie schon einmal energische Worte sagen. Wenn Tanja in späteren Jahren erst im Morgengrauen von einer Party zurückkam, war das auch in Ordnung. Ami hätte es sowieso nicht mitbekommen. Nur der Großvater war dann oft schon auf: Er brauche mal ein paar ruhige Stunden, gestand er der Enkelin, und die hatte er offenbar nur, wenn Erica schlief.

Im Haus war immer viel Betrieb. Das große Zimmer im Erdgeschoss war als Büro vermietet; in kleineren Zimmern wohnten immer wieder Untermieter, Studenten, aber auch eine Schuhverkäuferin. Tanja hatte ihr Zimmer im Haus noch während ihres Studiums; auch die Töchter von Haralds Lebensgefährtin kamen zeitweise dort unter.

Wer auch immer als Gast kam, war von der Vielfalt des Miteinanders beeindruckt. Eva Krüger, die österreichische Reisegefährtin, erinnert sich vor allem an die drei Künstler in der Familie: Erica, die Schriftstellerin, Erdmuthe, die Schauspielerin, die inzwischen Lehrerin war, und Harald, der Maler:

Wobei nicht unerwähnt bleiben soll, dass Herbert sehr kunstsinnig ist und den finanziellen Rückhalt bietet. Zum Sonntagnachmittags-Kaffee sitzt man auf dem glyzinienumrankten Balkon und blickt in den Garten, in dem auch Hortensien stehen. Erica sagt: »Sie schauen aus wie lila Schlagobers.« Harald findet den Vergleich etwas seltsam.

Erica hatte sich als Schriftstellerin etabliert: Im Orion-Heimreiter-Verlag, der die »Wanderungen im Tassili« gedruckt hatte, erschien 1973 »Im Bauch des Sandes«, wieder mit Fotos von Herbert. Es ist ein poetischer Expeditionsbericht, ähnlich wie die ersten beiden Bücher. Zu dieser Zeit arbeitete Erica schon seit einer ganzen Weile an einem wissenschaftlichen Werk: Sie hatte sich vorgenommen, den Forschungsreisenden Erwin von Bary, einen entfernten Verwandten der Familie ihres Mannes, in Deutschland bekannt zu machen.

Ich entsinne mich, dass mir mein Vater von einem Fremdling erzählte, der als Muslim plötzlich starb. Man begrub ihn auf unserem Friedhof. Er, der sich als Arzt aus Malta ausgegeben hatte, war bei Erkrankung an Typhus oder Malaria von einem türkischen Arzt behandelt worden. Er nannte sich Abdel-bari ben Abdallah, bari offenbar nach seinem Familiennamen Bary, der auf Arabisch eine der zahlreichen Bezeichnungen für Gott einschließt. (Auskunft des Kadi von Rhat, in: Erwin von Bary, Sahara-Tagebuch 1876–77, Einleitung S. 27)

Schon als Erica und Herbert zum ersten Mal nach Rhat kamen, erfuhren sie aus einem alten Reiseführer, dass sich dort das Grab des mit nur 30 Jahren in Rhat gestorbenen Afrikaforschers befand, der zum bayrischen Zweig der Familie gehörte. Sie befragten die Bewohner der Oase, und jemand meinte sich schließlich zu erinnern und zeigte ihnen die Stelle.

Bei einer der nächsten Reisen, als Erica sich schon gut auf arabisch verständigen konnte, erfuhren sie genaueres über den bärtigen Fremden, der sich Abd el-bari ben Abdallah genannt hatte und am 4. Oktober 1877, vermutlich an Typhus, gestorben war. Herbert und Erica begannen, genauer zu forschen. Sie lasen das Reisetagebuch, von dem Auszüge in französischer Sprache veröffentlicht worden waren, und seine Korrespondenz. Sie besuchten seine Enkel in Bayern und fanden dort einige Gegenstände, die ihn auf seiner Reise begleitet hatten und von einem Diener zurückgebracht worden waren. Aus ihnen sprang geradezu die Aufforderung, seinem Schicksal nachzugehen, im ganz wörtlichen Sinne. Ein erster Zwischenbericht erschien in der Frankfurter Allgemeinen Zeitung am 30. 11. 1968 unter dem Titel » *Tod in der Wüste. Auf den Spuren des deutschen Afrikaforschers Erwin von Bary«*.

Im Oktober 1971 unternahmen sie einen zwanzigtägigen Kamelritt in das Wadi Mihero in Begleitung zweier Einheimischer auf der im Reisetagebuch beschriebenen Strecke. Von dieser Expedition handelt der Artikel » *Auf den Spuren eines Afrika-Forschers«*, der am 30. 11. 1972 in der FAZ erschien. Fünf Jahre später, zum hundertsten Todestag des Forschers, kam dann das »Sahara-Tagebuch« heraus. Der Band enthält außer dem transkribierten und erläuterten Tagebuchtext und den Briefen Erwin von Barys auch einen Vortrag des Afrikaforschers Gustav Nachtigal sowie Nachrufe, eine Biographie, mehrere Verzeichnisse und Literaturangaben. Erica beschreibt in einer ausführlichen Einleitung ihre Forschung und ihre Expedition auf den Spuren des Entdeckers. Herbert steuerte 56 Fotos bei. Dieser damals aktuelle Bericht ist besonders reizvoll, weil er die Veränderungen der Natur und der Organisation des menschlichen Zusammenlebens im Laufe dieser 100 Jahre dokumentiert. Pflanzen, die in Erwin von Barys Tagebuch genannt werden, gab es nicht mehr. Das Schilfrohr, durch das sie ritten, war weit weniger hoch, dennoch kamen sie in eine Gegend mit einer erstaunlich üppigen Vegetation. Sogar ein Bad in einer Quelle war möglich. Die Sahara-Krokodile, von denen frühere Forscher berichteten, hat allerdings auch Erwin von Bary nicht gesehen, aber ihre Spuren entdeckt und ihre Existenz so bestätigt.

Mit der Herausgabe des »Sahara-Tagebuchs« betrat die Autodidaktin Erica de Bary das Reich der Wissenschaftler, dem in Deutschland traditionell nur Akademiker angehören.

KAPITEL 10

Südlich der Sahara

In Rhat waren Tuscha und Ghali Buzu heimisch geworden. Die Wüste hatten sie zu Fuß, mit dem Auto und auf dem Dromedar durchstreift. Sie kannten die unterschiedlichsten Saharalandschaften und das Leben in den Oasen in Marokko, Algerien und Libyen. Sie hatten die Sahelzone bereist: Mali, Niger, Tschad, Nordkamerun. Kurze Reisen hatten Erica nach Westafrika geführt: nach Senegal, Dahomey (heute Benin) und in die Elfenbeinküste. Nun wollte sie mit Herbert weiter nach Süden:

Bamun in Westkamerun interessierte sie. Dort hatte zur Zeit der deutschen Kolonialherrschaft Sultan Njoya geherrscht, ein Kunstmäzen und Erfinder eines Alphabets.

Nachdem Herbert 1970 in Rente gegangen war und mehr Zeit hatte, konnten sie endlich die Einladung von Jacques Rabemananjara nach Madagaskar, das Land der Poesie, annehmen.

1973 unternahmen sie eine große Rundreise durch Nigeria, Niger, Dahomey und Togo. Alle diese Länder hatten 1960 ihre Unabhängigkeit erlangt. Und nun, ein Jahrzehnt später, war es spannend, sich dort umzuschauen.

Kamerun: 1969

Überall sind Buschbrände. Rauch steigt auf. Oh du schönes, immer noch wildes Afrika! Zwei Fulbe in ihrer malerischen Tracht verlieren sich in der Kratergegend in Richtung auf ein altes malerisches Dorf zu, das leider zu weit entfernt liegt. Man brauchte zwei Stunden Weges dorthin.

Am liebsten hätten sich Erica und Herbert dorthin aufgemacht. Aber diesmal waren sie nicht auf eigene Faust unterwegs und deshalb in ihrer Spontaneität eingeschränkt. Allerdings bot die organisierte Gruppenreise auch viele Vorteile, zuallererst einen finanziellen. Jeder Reise ging inzwischen ein Kassensturz voraus, und wenn Herbert auf unzureichende Geldpolster hinwies, kam es schon einmal vor, dass Erica mit einem störrischen »Es muss doch möglich sein!« ihre Pläne verteidigte. Diesmal sollte es Westkamerun sein, nachdem der Norden 1962 das Ziel der Wüstendurchquerung gewesen war.

Herbert litt an einer Stimmbanderkrankung, so schien es sinnvoll, den feuchtkalten Frankfurter Winter zu verlassen und den Februar 1969 im tropischen Afrika zu verbringen.

Schweren Herzens und aus Vernunftgründen hatten sie sich also für eine organisierte Reise entschieden und ein Pauschal-

angebot der Firma Quelle gebucht. Da ging es nicht ohne miss-
liebige Mitreisende: Schon im Flugzeug fühlte sich Erica von
einer neugierigen Journalistin belästigt, die den Flugbegleiter
mit ihren Fragen löcherte.

*Die hektische Fragestellerin weckt mich völlig auf. Sie hat
mich entdeckt. Und ich ahne, dass sie, die Spinne, die Absicht
hat, mich, die kleine Fliege, auszusaugen. Ich begegne nicht ihrem Blick und werde unnahbar.*

Ein wundervoller Tagesanbruch in Gold-, Schwarz- und
Blautönen am Himmel, grün- und rotfarbener Erde entschädigte sie reichlich: Eka war wieder in Afrika! Ganz anders als
die Wüste begrüßte sie Duala mit Waschküchenklima, in dem
man ein Fenster aufreißen möchte, aber schon brachte sie eine
kleine Propellermaschine weiter ins angenehmere Landes-
innere, in die alte deutsche Kolonialhauptstadt Buea, wo ein
schönes, aber bis auf das Bett völlig leeres Hotelzimmer reserviert war, das Erica schleunigst vom »waitor« möblieren ließ.
Von der Terrasse aus sahen sie direkt den Kamerunberg, den
höchsten Gipfel Westafrikas.

Dass Pauschalreisen auch Vorteile bieten, zeigte sich bald:
Sie konnten sich zu einer einwöchigen Tour einer Gruppe von
acht Ärzten anschließen. Das waren zu ihrer Überraschung
dann doch keine ungebildeten Touristen, sondern nette Gesprächspartner, und geleitet wurde die Safari von einem äußerst angenehmen jungen Italiener.

Insgesamt 1400 Kilometer legten sie in dieser Zeit zurück,
durch üppige Vegetation, wild und in Plantagen domesti-
ziert – Kaffee, Bananen, Kautschuk. Es ist eine wasserreiche
Gegend: malerische Flüsschen, Seen und Wasserfälle. Der
VW-Bus fuhr durch bewohnte und verlassene Dörfer mit
Bretterhütten und Lehmbauten, aber auch vorbei an Stein-
häusern aus deutscher Zeit. Es ist Bamileke-Land: Hier tobte
in den 1960er Jahren ein Aufstand, der mehr Opfer als der

Biafrakrieg gehabt haben soll, aber weit weniger Aufmerksamkeit in der Weltöffentlichkeit fand. Hinter vorgehaltener Hand erzählte manch einer vom rituellen Kannibalismus, der immer noch praktiziert werde.

Eine solche Safari ist mit unseren eigenen Reisen nicht zu vergleichen. Sie lässt keine Zeit für das Unvorhergesehene. Diesen Fulbe nachzusteigen, im fernen Dorf zu übernachten, mit den Leuten zusammen zu sein, – das schafft erst Einsicht und Erleben, Erfahrung. So bleiben es nur einzelne, von außen aufgenommene Eindrücke, die nicht mehr als oberflächliche Einblicke erlauben. Und die einzelne, wenn auch starke Bilder hinterlassen.

Andererseits bot der Reiseleiter kompetente Informationen, die sich im Tagebuch wiederfinden. Ein Höhepunkt war Foumban, der Sitz des Sultans der Bamun. Der von König Njoya 1917 erbaute Palast wird ausführlich beschrieben und schematisch gezeichnet. Sein Nachfolger begrüßte die Gäste mit zeremonieller Feierlichkeit und lud zu einem Fest, das sich über zwei Tage erstreckte. Der Presbyterianerpfarrer von Bali trommelte ihnen zu Ehren einen Chor alter Herren zusammen, der »Alle Vögel sind schon da« sang, und hielt eine Rede über die Freundschaft ihres Königs mit den Deutschen. Stolz präsentierten sie ihre Sprachkenntnisse aus der deutschen Schule und den einen oder anderen Tropenhelm, der damals üblich war.

Die Journalistin, von der Erica sich eigentlich fernhalten wollte, entpuppte sich als äußerst geschickt im landestypischen Erreichen von eigentlich Unerreichbaren, so dass ein gelegentliches Miteinander günstig erschien:

Wir gehen nun doch wieder mit Regina Bohne, die sich uns anhängt, aber die bereits ein Interview mit dem Premierminister hatte und sich daher auskennt, zum Puttkammerschloss, an dem renoviert und restauriert wird. Eigentlich darf man es zur

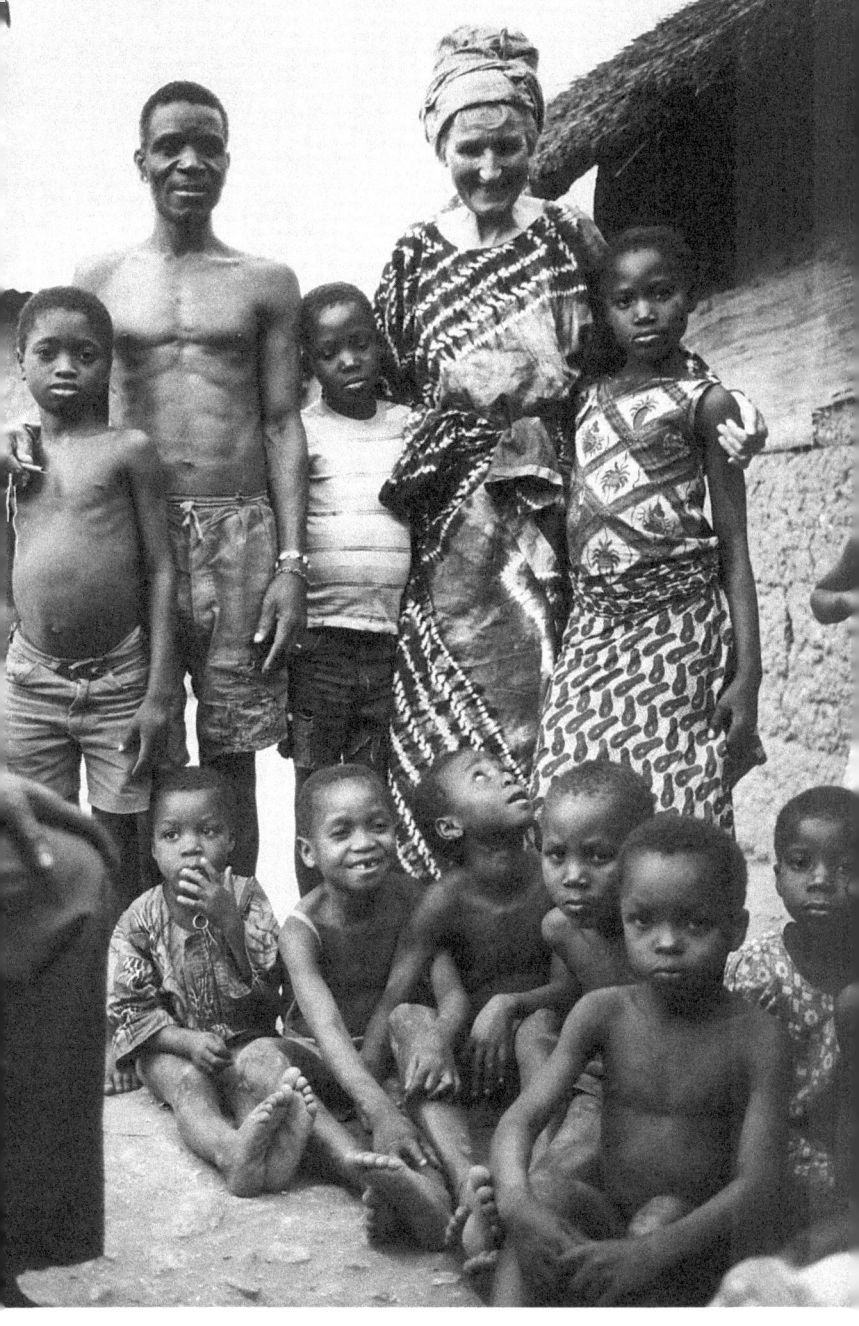

Zeit nicht besichtigen, weil der Premierminister mit hohen Gäs-
ten anwesend ist, aber Regina Bohne bringt alles fertig. Sie
drückt heimlich viel Trinkgeld in offene Hände und erwirkt
den Eintritt.

Jeden Tag ein Ausflug in glühender Hitze, durch die Slums,
die sie eigentlich nicht so nennen möchte, aber die Beschreibung lässt keinen anderen Schluss zu: Betrunkene, die auch
mal die Weißen anpöbeln, ohne jedoch wirklich gefährlich zu
wirken, schlafende Frauen neben stinkenden Kanälen, Unrat
zwischen zusammengebrochenen Häusern.

Und wieder ein Seitenhieb auf die Pauschaltouristen:

Die Quelle-Touristen verlassen niemals das Hotel, sie befin-
den sich lediglich im Schwimmbassin oder auf der kleinen Liege-
wiese. Es ist nicht zu fassen. Natürlich ist es anstrengend, aber
nur so kann man etwas von Afrika erleben. Wir marschieren
also tapfer auf der örtlichen, steinigen, löchrigen, sehr schlech-
ten und kaum zu befahrenden Piste.

Und so konnte Erica mit den Frauen, die an der Nachtigal-bucht den Fischfang sortierten, plaudern, während Herbert mit Strohhut im Meer badete.

Vor dem Rückflug war noch Zeit für die Besichtigung der großen Stadt Douala, ihrer Museen und Märkte, und dann traf sich die Gruppe wieder. Und mit großem Erstaunen er-fuhren Erica und Herbert, dass sich einer der Quelle-Touris-ten gleich nach der Landung abgesetzt hatte:

Denn sein Sohn, Hydrologe und seit fünf Jahren in Afrika, holte ihn ab. Er fuhr mit ihm vier Wochen lang von Dorf zu Dorf. Sie wurden von den Häuptlingen empfangen und afrika-nisch bewirtet. Er bekam einen Hammel geschenkt, den er bis zur Schlachtung von Weide zu Weide führte, und siebzig Eier. Er fuhr mit dem Sohn drei Viertel des Kamerunberges hinauf, wo zur Regenzeit die Elefanten hervor kamen. ... Hätte man es diesem einfachen Mann angesehen, dass er in vier Wochen Afrika so afrikanisch sah? Ganz gewiss nicht. Sei vorsichtig mit deinem Urteil!

Auch wenn so das eine oder andere Vorurteil revidiert wurde: Es blieb ihre einzige Pauschalreise nach Afrika.

Madagaskar: 1970

»Ihre Dichterseele wird mein Land lieben, denn hier ist alles Poesie!« (Jacques Rabemananjara an Erica de Bary im Novem-ber 1960)

Immer wieder hatte Jacques Rabemananjara seiner deutschen Freundin geschrieben, wenn er erst wieder zu Hause sei und Herr im eigenen Land, dann müsse sie unbedingt kommen. Im November 1960 übermittelte die deutsche Botschaft in An-tananarivo eine offizielle Einladung des Wirtschaftsministers –

das war Rabemananjaras erster Posten in der Regierung des gerade unabhängig gewordenen Landes. Aber es dauerte noch ein Jahrzehnt, bis Erica und Herbert die weiteste – und teuerste – ihrer Reisen unternehmen konnten. Sie ist in einem »vierhändigen« Tagebuch dokumentiert, das 104 engzeilig getippte Seiten umfasst. Der weitaus größte Teil stammt von ihr; Herbert verfasste knappe Betrachtungen, die die manchmal schwärmerischen Beobachtungen seiner Frau nüchtern ergänzen und zurechtrücken. Auf jeder Seite spürt man, dass diese Reise der Höhepunkt jahrzehntelanger Beschäftigung mit der Großen Insel war: Nichts wurde unvoreingenommen wahrgenommen, alles an vorher Erfahrenem, Gelesenem und Gehörtem gemessen. Da konnten Enttäuschungen nicht ausbleiben, denn natürlich ist nicht alles Poesie in Madagaskar.

Die Anreise war umständlich, mit Zwischenlandungen in Paris, Marseille und Djibouti. Da blieb genug Zeit, Erwartungen und Vorurteile auszutauschen. Undurchsichtig seien die Madagassen, bereit zu oberflächlichem Kontakt, aber niemals gebe es eine echte Freundschaft, urteilte ein mitreisender Franzose, der schon seit zwölf Jahren auf der Großen Insel lebte. Und Erica dachte an die Abschiedsworte des Freundes bei ihrer unfreiwilligen Abreise aus Paris im Juli 1944: »Eines Tages wirst du nach Madagaskar kommen, und sei es als Großmutter!« Und das war sie nun in der Tat – schon seit zehn Jahren.

Am 31. August 1970, um halb elf Uhr vormittags, betraten sie endlich madagassischen Boden. Der Wirtschaftsattaché der deutschen Botschaft holte sie ab, auch ein französischer Adjutant von Minister Rabemananjara war zugegen. Natürlich hatten sie damit gerechnet, dass er selbst sie bei ihrer Ankunft begrüßen würde.

Schon auf der Fahrt in die Stadt, im Botschaftswagen, waren beide von der Armut schockiert. Im Hotel Mellis stiegen sie ab, aßen eine Pizza, nachdem ihnen niemand ein madagassi-

sches Restaurant nennen konnte. Wozu auch: Madagassische
Küche gibt es in den Familien! Sie gilt als Touristen unzumut-
bar. Aber das gehörte nicht zu den Informationen, die vorab
gegeben wurden.

Am Nachmittag empfing sie Botschafter Ramelow. Er erklärte ihnen, dass mit Rabemananjara nicht vor dem 9. September gerechnet werden könne: Er sei wegen der Wahlen in
Tamatave. Das war die erste große Enttäuschung. Die zweite,
die jedem droht, der eine Reise allzu gründlich vorbereitet:
Die Hauptstadt atmete keine Kultur. Sie bestand aus einer
»wimmelnden Menge in Strohhüten«, barfüßigen Bettlern
und primitiven Marktständen, die Plastikkitsch und, immerhin, auch tropisches Obst anboten. Aber es gab ja die Sehenswürdigkeiten, auf die sie vorbereitet waren. Der erste Ausflug führte sie zum Königinnenpalast, der zwar geschlossen
war, aber doch eine Begegnung mit der vertrauten madagassischen Geschichte bot. Ringsherum die wuchernde Pracht der
Glyzinien und Bougainvilleen – es war Frühling in Madagaskar.

»Le Courier de Madagascar«, die einzige von der Regierung
zugelassene Zeitung (neben dem katholischen Blatt »La lu-
mière«) hatte den Besuch der deutschen Schriftstellerin und
Übersetzerin madagassischer Dichtung mit Bild und Text
angekündigt und schickte nun einen Journalisten: Mit seinen *großen, tiefen, scheuen, träumenden Augen* gab er das Ge-
genbild zum typischen europäischen Paparazzo ab. Der sym-
pathische junge Mann freute sich über die kenntnisreichen
Äußerungen seiner Interviewpartner und fuhr sie zum Infor-
mationsministerium, wo sie vom Minister empfangen wurden.
Auch hier war ein Dichter in ein hohes politisches Amt auf-
gestiegen: Flavien Ranaivo gehört mit Rabemananjara und
Rabearivelo zum klassischen Dreigestirn der madagassischen
Dichtung. Auch er ist sowohl in der »Anthologie« von Senghor

als auch im »Schwarzen Orpheus« vertreten. Erica hielt sich nicht lange mit Freundlichkeiten auf, sondern präsentierte gleich konkrete Pläne. Nun, da man sich persönlich kennengelernt habe, könne man doch ein gemeinsames Projekt angehen, etwa eine Anthologie madagassischer Dichtung. Ranaivo ging darauf nicht ein. Er lächelte nur höflich, ließ seine Bücher holen, signierte sie mit einer Widmung für die Gäste und drückte sie ihnen zum Abschied in die Hand.

Wäre nicht Apolline Rabenja gewesen, eine alte Freundin aus Paris, die auch schon zu Besuch nach Frankfurt gekommen war, die de Barys hätten sich vielleicht doch weniger willkommen gefühlt, als sie sich das vorgestellt hatten. Frau Rabenja lud sie in ihr Haus ein, das sie seit dem Tod ihres Mannes vor drei Jahren allein bewohnte. Er hatte mit Edelsteinen gehandelt, und sie plante, das Geschäft wieder aufzunehmen. Ihre vier Töchter waren alle mit Ausländern verheiratet, und so hatte sie auch immer einen Anlass zum Reisen. Sie erzählte von ihren Plänen, während sie Whisky und Pastetchen servierte.

Für den nächsten Morgen organisierte sie einen motorisierten Ausflug zur Grabstätte des Dichters Jean-Joseph Rabearivelo, der sie verehrt und umworben hatte. Vor seinem Mausoleum in Ambatofotsy, ein paar Kilometer nördlich von Antananarivo, beklagte Apolline Rabenja den Diebstahl des Blumenschmucks und erzählte von ihrer ersten Begegnung mit dem Dichter auf einem Wohltätigkeitsfest im Jahr 1933. Sie war damals schon eine Dame der madagassischen Oberschicht, verheiratet und Mutter einer Tochter. Sie besaß sogar ein Auto, in dem sie Rabearivelo und seine Familie gelegentlich auf Ausflüge mitnahm.

Am nächsten Tag, dem 3. September, begannen Erica und Herbert die Erkundung des Umlandes. Mit der Eisenbahn fuhren sie nach Perinet, das gerade erst in Andasibe umbenannt worden war. Dort waren sie mit einem Bekannten aus dem Flugzeug verabredet, der sie mit dem Jeep abholte und zu einer Tour in den Wald fuhr. So stand zwar nicht der erwartete Gastgeber zur Verfügung, aber wie auf allen ihren Reisen knüpften Erica und Herbert leicht neue Bekanntschaften, die ihnen im bereisten Land nützlich sein konnten. Die informationsreichen Gespräche werden ausführlich protokolliert, das Tagebuch ist eine Monographie des Entwicklungsstandes von Madagaskar im Jahr 1970, der für viele Bewohner enttäuschend war. Immer wieder werden Madagassen – Leute von der Straße – mit dem Ausspruch zitiert: »Wann ist die Unabhängigkeit zu Ende? Sie bringt uns nichts.«

Die Bahnreise führte sie bis zur Hafenstadt Tamatave, Rabemananjaras Heimat. Er war dort Bürgermeister gewesen und hielt sich im Augenblick wohl auch dort auf, aber es kam nicht zu einem Treffen. Erst am 10. September in der Hauptstadt, morgens um zehn Uhr, gewährte er Audienz. Erica war tief enttäuscht, kaum erkannte sie ihren Freund wieder. Unvorteilhaft gealtert und kühl sei er, schrieb sie ins Tagebuch, er ging auf keine ihrer zahlreichen Anspielungen auf frühere Zeiten ein. Gewiss, er war nun ein Staatsmann, nicht mehr der feindliche Untertan einer Kolonialmacht, die ihn eingesperrt und gedemütigt hatte, nicht mehr der mittellose Dichter, der vom Arbeitslohn seiner Frau lebte. Seit seiner Rückkehr nach Madagaskar hatte er hohe Ämter inne, seit 1967 als Außenminister, zeitweise nahm er sogar die Amtsgeschäfte des Präsidenten wahr, der einen Schlaganfall erlitten hatte. Mit einem solchen Rollenwechsel vom herablassend als »Eingeborener« behandelten Menschen zur Führungspersönlichkeit in einem souveränen Staat mussten etliche Politiker fertig werden, nicht immer hat ihre Persönlichkeit diesem Stress standgehalten. Gewiss fiel es auch vielen Europäenr schwer, ihr Verhalten den neuen Rollen anzupassen, so dass viel Unsicherheit in den Begegnungen lag. Es erstaunt also nicht, dass sich Ericas »kleiner Malaie« verändert hatte, allerdings nicht zu seinem Vorteil, das bezeugten damals alle, die ihn kannten. Erica nahm diese Veränderung sofort wahr. Sie entschuldigte sie mit seiner harten Arbeit, insbesondere den »anstrengenden Wahlreden«, die er gerade hinter sich hatte. Gekränkt war sie aber, weil er nicht am Essen, das der deutsche Botschafter am Abend ihr zu Ehren gab, teilnehmen wollte. Immerhin bat er seine deutschen Freunde, bei denen er in Frankfurt zu Gast gewesen war, ihn gegen Ende ihrer Reise in seinem Haus zu besuchen, um Frau, Kinder und Enkel kennenzulernen. Ehe er sie entließ, telefonierte er noch mit einem Provinzchef, dem er die Gäste aus Deutschland ans Herz legte, aber er stellte ihnen nicht den Wagen zur Verfügung, auf den sie gehofft hatten.

Nur dreißig Minuten hatte das so lang ersehnte Wiedersehen gedauert. Ehe sie es sich versahen, standen Erica und ihr Mann wieder draußen und hatten auf einmal noch viel Zeit zur Verfügung, an diesem Vormittag, den sie ihrem alten Freund Rabemananjara gewidmet hatten. Nach einiger Überlegung beschlossen sie, den botanischen Garten zu besichtigen. Und da kam es zu einer zweiten – diesmal unverhofften – Begegnung mit »Rabe«: Er selbst hielt vor den Wartenden und fuhr sie in die Stadt. Im Abschiedswinken verspürte Erica eine Welle der Zuneigung: Vielleicht hatte er ja doch die Vergangenheit nicht so ganz vergessen.

Beim Mittagessen mit Solofo Rabearivelo, dem Sohn des Dichters, und einem befreundeten Ehepaar war Rabemananjara wichtigstes Gesprächsthema. Die Madagassen hatten keine hohe Meinung von ihm: Er sei von den Franzosen gekauft, bereichere sich persönlich und handle autoritär und hochnäsig. Vielleicht wollte er seinen Freunden mit seiner Machtposition imponieren, ihnen, die ihn doch ganz anders gekannt hatten.

Freudiger verlief das Wiedersehen mit Georges Rabenoro, der sich nicht verändert hatte. Er war inzwischen verheiratet und arbeitete bei Air Madagascar. Am liebsten hätte er alle ehemaligen Straßburger Kommilitonen zusammengetrommelt, die Erica etliches zu verdanken hatten. Er gab ihr die Adressen von Verwandten, die sie auf ihrer Rundreise unbedingt besuchen sollten.

Nach vielen erfreulichen Treffen und mit einem Scheck über 700 DM als Vorauszahlung für eine Lesung bestiegen Erica und Herbert wieder die Bahn, die damals noch die ganze Insel durchquerte. Diesmal reisten sie Richtung Süden. Die Freunde hatten Decken besorgt, warnten vor der Kälte, die man um diese Zeit dort noch antreffen würde.

Die Landschaft südlich der Hauptstadt war vom Reisanbau geprägt. Allerdings mussten, so erfuhren Erica und Herbert, madagassische Reisbauern dazu gedrängt werden, über den Eigenbedarf hinaus zu produzieren und ihre Überschüsse zu verkaufen.

Die Großfamilie ist immer noch ein Hauptfaktor, auch im Denken der Fortgeschrittensten. Alte Sitten gehen allerdings zurück. Die Häuser sind schon nach wenigen Wochen, wenn sie von einer madagassischen Familie bewohnt waren, in einem desolaten, völlig verwahrlosten und schmutzigen Zustand. Der Madagasse ist passiv. Von jeher hungert im Land niemand, es haben alle genug zu essen. Also, was will man mehr?

Die Passivität beruht auch auf der Angst vor Tabus, die auf Schritt und Tritt lauern und denen auszuweichen schwierig ist. Das Alltagsleben der Madagassen wird von einer großen Anzahl von Einschränkungen (fady) bestimmt, Verbote etwa hinsichtlich bestimmter Speisen oder Tätigkeiten zu festgelegten Zeiten. Als Schutz vor schädlichen Einflüssen sind verschiedenartige Talismane in Gebrauch. Wahrsager (mpisikidy) helfen bei deren richtigen Anwendung und beim Herausfinden günstiger Zeitpunkte für wichtige berufliche oder private Aktivitäten. Entweder man kennt sich gut aus, konsultiert bei jeder Gelegenheit einen Fachmann, oder man verhält sich eben so zurückhaltend, dass man keinen Tabubruch riskiert. Sonst droht Ungemach aller Art. In diesem Denkgebäude leben viele Madagassen heute noch.

Der Zug erreichte das Gebirge. Immer wieder Grabgebäude, größer als die Wohnungen der Lebenden, und Zeburinder, die Wohlstand bedeuten. Dies ist die Heimat der Betsileo, zu denen auch Rabemananjara gehört.

Von Fianarantsoa, der Hauptstadt des Südens, kommerzieller und landwirtschaftlicher Knotenpunkt, ging es per Zug zu den Wasserfällen nach Andrambofato. Der »Chef de Forêt«, eine Art Ranger, führte Herbert und Erica zwei Stunden auf kleinen, steilen, immer wieder rutschigen Pfaden durch den Wald, dessen Vielfalt an Bäumen die beiden entzückte. Wieder legten sie Listen der Pflanzen an, die sie gezeigt bekamen.

Schließlich ließ der Waldchef beide am Wasserfall zurück, erklärte ihnen, wo seine Wohnung lag, und eilte nach Hause, um seine Frau zu informieren, dass Gäste zum Essen kommen würden. Diese hatten den Weg über die Bahngleise und durch Tunnel genommen, erleichtert, keinem Zug ausweichen zu müssen. Sie fanden das Haus ihres Gastgebers, in dessen einzigem Zimmer zwei Betten standen: eines für die Eltern und eines für die sieben Kinder. In der Küchenhütte wurde Reis mit Saubohnen zubereitet, das Kochwasser kam als Getränk auf den Tisch, so ist es auch heute in den madagassischen Familien noch üblich.

Im überfüllten Zug fuhren sie weiter nach Andrambovato, einem idyllischen Ort, der fast 900 Meter hoch liegt. Hier fand Erica die Poesie, die ihr Rabemananjara angekündigt hatte.

In Andrambovato holte sie der Chauffeur des britischen Botschafters mit dem Landrover ab. Durch dieses Angebot, das
über die Botschaft verabredet worden war, wurde die Empfehlung, die ihnen Rabemananjara für den Gouverneur von
Fianarantsoa mitgegeben haben, nicht benötigt. Er wäre auch
gar nicht da gewesen. Die Reise ging also höchst komfortabel

weiter, nach Ihosy, wo ein Restaurant ländlich-französische Küche anbot; den Garten schmückte eine mit einem Elefantenbaum verwachsene riesige Bougainvillea. Über das weite Plateau, auf dem die Farben rot und violett vorherrschen, gelangten sie nach Betsioka. Im ihnen zugewiesenen Hotelzimmer war bereits ein Bett von einem schlafenden Gast belegt. Aber das störte niemanden. Am nächsten Tag, dem 17. September, erreichten sie den Wendekreis des Steinbocks, die imaginäre Linie, über der die Sonne am 21. Dezember mittags im Zenit steht, ehe sie wieder nach Norden wandert.

Auf der Weiterfahrt begegneten ihnen zweirädrige Karren, die in Benzinfässern Wasser transportierten, das in Amboyombe verkauft werden sollte, denn es hatte im südwestlichen Madagaskar seit Monaten nicht geregnet. Der breite Fluss Mandrare war bis auf ein paar Wasserlachen ausgetrocknet. Fort Dauphin (heute Tolagnoro oder Taolanaro) begrüßte sie mit einem feurigen Sonnenuntergang über dem Meer. Sie waren jetzt 1122 km von der Hauptstadt Antananarivo entfernt, im äußersten Südosten der Großen Insel.

Dort musste der Chauffeur seine Arbeitgeber abholen, den britischen Botschafter mit Gattin, die per Flugzeug angereist waren und nach Tulear weiter wollten. Sie waren bereit, das Ehepaar aus Deutschland dorthin im Auto mitzunehmen. Vorher noch, bei einem Ausflug in ein Tierschutzgebiet, einen zauberhaften Wald, dicht und licht zugleich, gab es endlich die berühmten Lemuren zu sehen, jene Halbaffen, die nur auf Madagaskar leben, dazu Schwärme von Riesenfledermäusen und buntschillernden Vögeln.

Die Weiterfahrt durch den tiefen Süden führte über fast trockene Flussläufe, an Kaktuswäldern und Sisalplantagen vorbei; der am Waldrand flötende Hirte in seiner resedagrünen Lamba sah aus wie eine Illustration zu einem Gedicht von Rabearivelo. Und immer wieder gewaltige Grabstätten.

Die madagassische Gesellschaft pflegt einen geradezu exzessiven Totenkult. Gräber sind dort Mausoleen, die die Wohnungen der Lebenden an Größe und Schönheit weit übertreffen. Wer sich ein solches Grabmal nicht leisten kann, versucht für die Verstorbenen seiner Familie einen Platz auf einer in großen Mausoleen extra für arme Leute eingerichteten Bank zu bekommen. Auf Grabstätten reicher und angesehener Familien werden in vielen Gegenden Grabpfosten (Aloalo) errichtet, über zwei Meter hohe geschnitzte Skulpturen, die menschliche Figuren mit Symbolen und Tierdarstellungen kombinieren. Die Grabpfosten dienen als Antennen für den Kontakt zwischen Lebenden und Toten. Bei den Symbolen findet man häufig Halbmonde, die auf die in früheren Zeiten verbreitete Mondverehrung hinweisen.

Man hatte sie in der Hauptstatt vor der Kälte gewarnt, stattdessen wurde es sehr heiß.

In Ampanihy setzte das britische Ehepaar sie an einem Hotel ab: In drei Tagen würde man sie zur Weiterfahrt dort abholen, man sei bei Freunden eingeladen.

Kein Mensch ist im Hotel, kein Patron und kein Angestellter. Die Tür steht weit offen zum Restaurant, dahinter liegen die Hotelzimmer, auch ihre Türen sind weit geöffnet. Herbert bezieht einfach einen dieser Räume, stellt das Gepäck ab, duscht sich. Endlich erscheint ein Boy, der die Bar bedient. Wir essen in unserem Zimmer Bananen und gehen nach einer halben Stunde auf den Markt.

Der Markt war eine Enttäuschung, es gab nur billigen Krimskrams. Interessanter war die Fabrik, die 1949 als Kooperative gegründet wurde und in der rund 60 Arbeiter mit dem Herstellen von Mohairteppichen beschäftigt waren, gewebte oder auch lose geknüpfte. Die Wolle stammt von Angoraziegen, von denen es hier in der Gegend große Herden gibt. Zweimal im Jahr werden sie geschoren, ihre Wolle wird

mit Naturfarben in Braun oder in Grüntönen gefärbt; die Teppiche sind Meisterwerke und halten dem Vergleich mit den Teppichen von Kairouan stand. Die Wolle wird von Frauen und Kindern in Heimarbeit gesponnen und gelegentlich auch zu kleineren Stücken verwoben.

Nach der Besichtigung ließen sie sich in einer kleinen Bar nieder, um sich mit einer Orangeade zu erfrischen. Während sie an dem kleinen Tisch saßen, kam ein europäisch aussehendes Ehepaar herein und kaufte einige Flaschen Bier. Es gab Blickkontakt, ein freundliches Lächeln, dann fragte der ältere Herr die beiden auf deutsch nach dem Woher und Wohin. Er stellte sich vor und erklärte gleich, er habe in den hiesigen Granatminen gearbeitet und sei jetzt im Edelsteinhandel tätig. Seine deutlich jüngere Frau war Österreicherin, eine Ethnologin, die die hier lebende Ethnie, die »Mahafaly«, erforschte.

»Setzen wir doch unser Gespräch bei uns zu Hause fort, Sie sind herzlich eingeladen!«

Dort stellte sich heraus, dass sie die Freunde und Gastgeber des britischen Botschafterehepaares waren. Erica und Herbert waren von dem Haus begeistert: Es war ein einziges Museum. Lotte Schomerus sammelte Holzschnitzereien und Webarbeiten für Professor Haberland, den Leiter des Frankfurter Frobenius-Institutes. Eine besonders schöne Lamba verkaufte sie den deutschen Gästen weiter: »Nehmen Sie sie nur, wir können jederzeit ähnliche wieder erwerben.« Durch ihre Aufträge für deutsche Sammlungen gab Lotte Schomerus hier so manchem Handwerker Arbeit und damit Lebensunterhalt. Ein besonders schönes Stück, das auf den Transport nach Deutschland wartete, war ein Opferpfahl, an dem das Tier – normalerweise ein Zebu – zur Schlachtung angebunden wird.

Während die Gäste die Sammlung bewunderten, hatte das britische Ehepaar seine Siesta beendet und war höchst erstaunt, die Mitreisenden, die sie doch im Hotel abgesetzt hatten, hier vorzufinden; alle redeten gleichzeitig und wortreich, um die leicht peinliche Situation zu entschärfen.

Frau Schomerus fuhr die beiden ins Hotel zurück, wo sie ein gutes Abendessen erwartete, mit Plaudereien von Tisch zu Tisch zwischen Madagassen, Chinesen, Franzosen und drei jungen Mädchen, die behaupteten, aus Südafrika zu stammen, was Herbert mit einem Fragezeichen notiert. Es konnte niemandem entgehen, dass die Touristenhotels – damals wie heute – herausgeputzte junge Frauen anziehen, die bei einer Limonade an der Bar warten, bis sie ein alleinreisender Herr an seinen Tisch einlädt.

Am nächsten Tag bot das Ehepaar Schomerus Mitfahrt zu einem besonderen Ausflug an: einem Opferfest, das nur etwa alle sieben bis zehn Jahre stattfindet und das auch sie noch nie miterlebt hatten.

Eine Frau erhielt Weisung im Traum von den Ahnen, dass diese unzufrieden seien und die Errichtung eines neuen Opferpfahls nach altem Brauch verlangten. Alles müsse so vor sich gehen wie früher. Dank der Schomerus können wir und die beiden Engländer daran teilnehmen. Bis zur letzten Minute zitterte ich, da die Engländerin sich mit Kopfschmerzen aufs Bett legte, sie hatte ihr Malariamittel nicht vertragen. Die Engländer fahren in ihrem Landrover mit Frau Schomerus, wir im eigenen Wagen von Herrn Schomerus. Er ist ein sehr sensibler Mensch, der über alles in Madagaskar Bescheid weiß und ein feines Gespür für die Leute hat. Er hat sich weitgehend mit ihnen identifiziert. Gleichzeitig will er ein offenes Haus für alle Europäer haben. Dabei übernehmen sich die beiden sowohl geldlich wie zeitlich, werden auch vielfach stark ausgenützt. Frau Schomerus hat ein Forschungsstipendium und übersetzt ein Buch aus dem Madagassischen.

Drei Stunden dauerte die Fahrt. Unterwegs fand Herbert die schönsten Fotomotive: flammend untergehende Sonne hinter exotischen Bäumen, Brunnen, an denen halbnackte Männer ihre Ochsen tränken und Frauen Kalebassen füllen, fantasievolle Flechtfrisuren der jungen Mädchen. Gegen Abend kamen sie zu einem Wald, der von vielen Feuerstellen erleuchtet wurde, aber zum Festplatz an einem Ort, der Kiliburi heißt, mussten sie noch zu Fuß weitergehen, und zwar in völliger Dunkelheit, auch Taschenlampen waren verboten, denn alles musste nach alter Tradition vor sich gehen. Dazu gehörte der Verzehr von Reis, Fleisch, Trockenbananen und Schokolade, dazu gehörten – 500 m entfernt vom Essplatz – Gebete, Gesänge und Tänze. Erica glaubte, einen ihr aus Rhat bekannten Refrain zu hören, der dort einen Dank an Gott bedeutet. Herr Schomerus wurde beauftragt zu erfragen, was das so ähnlich klingende Lied hier, tausende Kilometer südlich der libyschen Wüste, besingt. Er kam mit der Auskunft zurück, der Text bedeute so etwas wie »Wir danken alle Gott«. Ericas Forschergeist war erwacht: Und wenn es der gleiche Text wäre? Vielleicht aus altarabischem Einfluss? Für Lotte Schomerus war das keine untersuchenswerte Frage. Und Erica fühlte sich in der ethnologischen Wissenschaft nicht kompetent. Sie als Autodidaktin beobachtete mit Leidenschaft und Empathie, aber ihr fehlten die theoretischen Grundkenntnisse, wie sie ein Studium geboten hätte. So zog sie dann ihre eigenen Verbindungslinien zwischen dem, was sie auf ihren vielen Reisen gesehen hatte, versuchte, ihre Beobachtungen in Strukturen zu fassen, die mit der etablierten Ethnologie wenig zu tun haben, aber ein lebendiges Bild der von ihr besuchten Regionen und Menschen geben.

Immer wilder wurden die Tänze, Sternschnuppen fielen, das Kreuz des Südens lag schief, nur schwer war der Weg zu den Autos zurückzufinden, in denen sie ein paar Stunden schlafen konnten. Bei Sonnenaufgang gab es einen Milchkaffee aus der Thermoskanne, dann liefen sie wieder zum Festplatz, denn Gesänge und Tänze gingen weiter wie am Vorabend, geleitet von einer Vorsängerin. Dann wurde der zu weihende Opferpfahl herbeigetragen, mit ihm ein Paket, in dem verschiedene geweihte Zaubergegenstände zu vermuten waren, Requisiten für den weißbärtigen Priester, der mit seiner spitzen Mütze den europäischen Zuschauern wie aus dem Alten Testament gestiegen erschien. Das Fleisch von bereits geopferten Ochsen lag umher, ihr Blut wurde in hölzernen Schalen aufgefangen, ihr Gehörn auf acht mit dem Blut bestrichene, in den Boden gerammte Pfähle gesetzt.

Später erklärte ihnen ein dickbäuchiger Beamter sein Missfallen über dieses barbarische Fest und vor allem die Anwesenheit von Europäern dabei. Er müsse sich vor ihnen für sein in primitiven Traditionen verharrendes Volk schämen!

Erica und Herbert waren auf dieser Reise beide schon deutlich über 60 Jahre alt, aber von Müdigkeit und Ruhebedürfnis ist im Tagebuch keine Rede. Auch nach dieser anstrengenden Tour fanden sie sich am nächsten Tag schon um viertel vor acht – wie ausgemacht – im Hause Schomerus ein. Dort wurde noch gefrühstückt, und bis man aufbruchsbereit sei, sollten sich die Gäste doch bitte die Bibliothek ansehen. Gemeinsam besuchten sie dann ausführlich den Markt, danach gab es eine Einladung zum Kaiserschmarrn, den die österreichische Gastgeberin auftischen wollte. Allerdings konnte sie ihr Versprechen nicht halten: Es war kein Mehl mehr im Haus. Erica interessierte sich sowieso nicht besonders für das Essen, während ihr Mann sich nun bemüßigt fühlte, einen klaren Satz über Lotte Schomerus zu formulieren:

Nett ihre Unbekümmertheit, unkultiviert ihr schauderhaftes Essen.

Aber viel wichtiger war auch ihm, dass die Ethnologin Zugang zu vielen Informationen, wichtigen Menschen und wunderbaren Kunstobjekten bot.

Am Sonntag, dem 27. September, ging es mit dem britischen Botschafterehepaar in dessen Landrover nach Tulear weiter. Sie überquerten einen See und einen Fluss, der trotz der Trockenheit Wasser führte und ins Meer mündet. Tellerakazien und große, teils bonbonfarben bemalte Grabstätten prägten die Landschaft. Mit Menschen und Gepäck überladene Busse und Lastwagen kamen ihnen entgegen. Tulear erschien den Reisenden als große, helle und freundliche Stadt mit breiten Avenuen; hier lebten – damals wie heute – viele Ausländer, die in der Ölraffinerie, einer Baumwollfabrik oder als Unesco-Mitarbeiter in der Landwirtschaft tätig waren. Die Universität von Antananarivo unterhielt ein Institut zur Meeresforschung. Heute hat Tulear eine eigene Universität. Die beiden Ehepaare stiegen im Capricorne, dem größten Hotel der Stadt ab, und ließen sich nach der Siesta von einem Schweizer Unesco-Mitarbeiter einige Fischerdörfer der Gegend zeigen. Danach saßen sie zum Aperitif und einem Fischabendessen zusammen.

Noro Rakotomanga und ihr Mann kamen zu einem kurzen Besuch ins Hotel. Sie ist eine Tochter des Dichters Jean-Joseph Rabearivelo und Schwester von Solofo Rabearivelo. Gerade erst war die Familie aus Kanada zurückgekommen, wo Herr Rakotomanga im diplomatischen Dienst tätig war, aber die Kälte nicht aushielt. Nun hatte er eine Stelle bei der Finanzverwaltung in Tulear angetreten; die Koffer waren noch nicht ausgepackt. Sie kannten Erica und Herbert von den Berichten Solofos und luden sie in ihr Haus ein.

Das übliche Transportmittel in Tulear ist das »Pousse-Pousse«, eine Rikscha, die von einem Mann im Laufschritt gezogen wird. Für Fahrten nach außerhalb stehen Taxis zur Verfügung, damit machten die de Barys eine Tour in die Straußengehege. Begleitet wurden sie von Madame Chapus, der Frau des Historikers Georges Sully Chapus. Sie half ihnen, den komplizierten Weg zum Haus der Familie Rakotomanga zu finden. Dort waren nur die vier Kinder zu Hause. Die älteste Tochter, 18 Jahre alt, die stolz ihre Deutschkenntnisse präsentierte, erklärte, dass die Eltern zum Flughafen mussten, um Präsident Tsiranana zu begrüßen, der zu einem Manöverbesuch in die südliche Provinz gekommen war.

Nach einem Badeausflug an den berühmten weißen Sandstrand von La Batterie nahmen Herbert und Erica Abschied vom britischen Botschafterehepaar, das von Tulear aus zurückflog und ihnen ihren Landrover mit Chauffeur für die Rückfahrt nach Antananarivo überließ.

Die Rückreise führte durch eine bezaubernde Landschaft mit Maniokfeldern und abwechslungsreichen Gesteinsformationen, vorbei an Wasserläufen und durch Eukalyptusalleen nach Ihosy, wo sie im Hotel Verger aßen wie auf der Hinfahrt und die Wirtin sie wiedererkannte.

Diesmal verdiente das Badezimmer ihres Hotels eine Anmerkung von allen beiden, die sich doch sonst wenig über die praktischen und eher trivialen Seiten des Reisens ausließen: Dieses Badezimmer war »sonderbar primitiv«. Wasser floss nur in einem ganz dünnen Strahl, der zum Füllen der Wanne eine Stunde benötigt hätte. Dafür war natürlich keine Zeit: Das Quartier populaire musste besichtigt werden, in dem chinesische Händler mit billigem Tand die Geschäfte dominieren. Und noch eine Beobachtung: Der Wächter des Hotels war Muslim, er betete in seiner Loge.

Von hier sind es noch gut 600 km bis nach Antananarivo, das war damals in einem Tag zu bewältigen. Um fünf Uhr morgens, noch im Dunkeln, holte der Chauffeur sie ab. Nebel hing über den Wäldern, der sich erst mit Sonnenaufgang auflöste. Nach drei Stunden waren sie in Ambositra, der Stadt der Rosen, die für ihr Kunsthandwerk bekannt ist. Der Chauffeur hatte den Auftrag, für die Frau des Botschafters zwei Kilo Seide zu kaufen, die sie verspinnen und zu einer Lamba weben lassen wollte.

Auf der Weiterfahrt nach Antsirabe zeigte sich der Frühling in seiner ganzen Pracht: Weiß blühten die Aprikosenbäume, weiß auch unbekannte Blüten in den vielen Hecken.

Antsirabe, dieses madagassische Vichy mit seinen dreißig tausend Einwohnern liegt in einer fruchtbaren Ebene, umgeben von hohen Bergen. Mein Hauptwunsch ist es, den See Tritriva zu sehen, denn ich übersetzte ein Theaterstück von Rabé, das die Legende der Liebenden, die nicht heiraten durften und sich daher in diesen Vulkansee stürzten, zur Grundlage hat.

Laut Reiseführer liegt Tritriva acht Kilometer entfernt, aber es geht über eine ganz schlechte Piste in unzähligen Kurven bis auf den Vulkankegel und dann wieder hinunter. Der See selbst ist nur zu Fuß erreichbar: Eine besondere Stimmung umgibt ihn. Er soll 146 Meter tief sein. Einige Männer erwarteten die Reisenden am Ufer. Sie erzählten die Geschichten, die mit diesem See verbunden sind: nicht nur die des Liebespaares, das sich hier das Leben nahm, auch die eines Chinesen, der den See durchschwimmen wollte und wegen der Kälte des Wassers einen Herzschlag erlitt. Natürlich ist der See ein heiliges Gewässer: Ein älterer Mann stimmte ein Gebet an, in dem er die Seegötter um Wohlwollen für die fremden Reisenden bat. Show oder Ernst? Jedenfalls erschien die Darbietung den Reisenden rührend und komisch zugleich. Sie kauften ihm für wenige Pfennige einen schönen Rosenquarz ab, um ihn nicht zu enttäuschen.

Etwas Seltsameres ist mir noch auf diesem Vulkankegel begegnet. Als wir hinauffuhren, durchzuckte es mich plötzlich: Weil du hier zum Vulkansee fährst, zum Tritriva, wird sich nun dein Wunsch erfüllen: du wirst ein »retournement« sehen! Gleichzeitig tauchte das genaue Bild eines solchen »retournement«, einer Totenumwendung, vor mir auf. Ich vergaß es sofort wieder. Als wir zurückfuhren, hörte ich plötzlich eine mir unbekannte Musik und Singen und Rufen: ein »retournement«! Das berührte mich zutiefst und sonderbar.

In leuchtende Farben gekleidete Menschen jubelten, sangen, tanzten, begleitet von trommelnden, geigenden, Akkordeon spielenden Musikanten. In ihrer Mitte die Bahre mit dem in bunte Tücher gehüllten Leichnam des schon längst verstorbenen Ahns. Er wird bei einer »Totenumwendung«, dem »famadihana«, für ein paar Stunden aus seiner Gruft geholt, weilt während des Festmahls, für das ein Ochse geopfert wurde, unter seinen Familienangehörigen. Das ist ein Grund zur Freude, zu Jubel und Tanz, denn es zeigt den Zusammenhalt der Großfamilie und die Bindung zwischen Diesseits und Jenseits. Nach dem Fest wird der Verstorbene in eine neue Lamba gehüllt und wieder in seine Gruft zurückgetragen. Gilbert, der Chauffeur, äußerte sich beim Anblick der Prozession ungehalten: Diese Leute seien betrunken und die »Totenumwendung« eine alte, barbarische Sitte, dem Untergang geweiht. Allerdings erlebe sie in der Hauptstadt gerade eine Renaissance in moderner Form: Dort miete man zu dem Anlass Autos, die mit bunten Wimpeln geschmückt werden.

Mittags gab es im Hotel Truchet einen ausgezeichneten Kuskus. Danach wurde eine alte Bekanntschaft indirekt erneuert: Erica und Herbert besuchten die Eltern von Jean Rabesiaka, einem Freund aus Pariser Zeiten. Der Vater war Direktor der lutherisch-protestantischen Schule. Auch er äußerte sich wenig begeistert über die politischen Verhältnisse in Madagaskar. Nur Rasosetra sei sich treu geblieben, alle anderen den Verführungen der Macht erlegen. Das Gespräch berührte noch die Themen Literatur, Familie, Reiseerlebnisse, dann verabschiedete sich das Paar, ein Enkelkind an der Hand, zwei Bücher gab es als Geschenk mit auf die Fahrt.

Gilbert hatte im Auto gewartet, nun ging es auf die letzte Strecke: noch drei Stunden bis Antananarivo. Die Abendsonne lag auf den hochgestaffelten Häusern, die asiatisches Ambiente vermitteln. Es wimmelte von Menschen, denn die Ferien waren gerade zu Ende gegangen, Eltern und Schulkinder in die Stadt zurückgekehrt.

Am Hotel Mellis verabschiedeten sie den Chauffeur, der sich über ein großzügiges Trinkgeld freute. Nach dem Auspacken der zahlreichen Mitbringsel, dem Lesen der Post, die sie erwar-

tete, stürzten sie sich wieder ins umtriebige Leben der Großstadt. Und dann mussten die letzten zwei Wochen vor der
Rückreise (»oh Schreck!« steht im Tagebuch) geplant werden.
Herbert wollte unbedingt noch eine Tour in den Norden machen, seiner Frau ließ die Begegnung mit Jacques Rabemananjara keine Ruhe: Sie musste ihn noch einmal sehen. Und er
hatte die beiden ja auch in sein Haus eingeladen. Schließlich
ging sie alleine hin und wurde auch dieses Mal wieder enttäuscht. Rabemananjaras französische Ehefrau Marcelle begrüßte sie, anwesend waren auch die Gattinnen des deutschen
und des französischen Botschafters. Rabemananjara tauchte
nur kurz auf, grüßte knapp und sprach kein weiteres Wort mit
seiner »Penthesilea«, wandte ihr gleich wieder den Rücken zu.

*Schluss. Die Gäste für ein Festessen nähern sich, recht ver-
schlagen aussehende politische »Höflinge«. Leider hat Apolline
Rabenja recht: Er entzieht sich seinen früheren Freunden. Das
tut mir weh. Als ich ihm nochmals Auf Wiedersehen sagen will,
drehte er sich schon um, meine Hand reicht ins Leere.*

Zum Essen war sie nicht geladen. Frau Ramelow, die Gattin
des deutschen Botschafters, fuhr sie ins Hotel zurück, wo
Herbert sich jedes besserwisserische »Was hast du denn erwartet!« verkniff und den Ausflug nach Nosy Be, dem »Tahiti
des Indischen Ozeans« vorbereitete.

Die DC4 mit 75 Personen flog nach Hell-Ville, mit Zwischenlandung in Majunga. Aus nur etwa 1500 Metern Höhe
bot sich ein grandioser Blick auf die nördliche Hälfte Madagaskars: Sie zeigte sich grün und wasserreich, wenig besiedelt,
zum Meer hin Mangrovenwälder. Georges Rabenoro hatte
seine Schwester und seinen Schwager gebeten, sich um die
Gäste zu kümmern. So erwartete sie ein Chauffeur und
brachte sie zum Haus des jungen Paares, das sich rührend um
die beiden kümmerte, obwohl Madame hochschwanger war.
Unterkunft war in einem kleinen Hotel am Meer organisiert

und Erica, die erst gar nicht begeistert von diesem Ausflug war, geriet ins Schwärmen:

Hier müsste man jung und verliebt sein ..., und sie ließ sich sogar zum Schnorcheln am Korallenriff überreden. Dann holte Jacques sie zu einem Besuch bei den Eltern ab. Rabenoros Schwiegervater, Zahnarzt in Hell-Ville, ein kleiner sympathischer Herr, erzählte ohne Umschweife davon, dass seine Vorfahren ihren Reichtum mit Sklavenhandel erworben hätten. Warum die deutschen Gäste denn im Hotel wohnten: Sein Haus sei groß genug und stünde ihnen zur Verfügung. Zunächst aber lud er zum Mittagessen ein. Es gab Salate, Fisch in Kokossoße zu Reis, Huhn mit kleinen Kartoffeln, dazu Beaujolais, und zum Nachtisch in Kokossaft mit Vanille gekochte Bananen. Nach einer Siesta in einem der vielen hohen Räume fuhr sie der Chauffeur zum Hotel zurück; ein zweistündiger Abendspaziergang unter der liegenden Mondsichel, zwischen Glühwürmchen und bei Grillenzirpen entzückte die beiden.

Am Tag des Rückflugs war noch Zeit für ein Bad im Meer und für einen Besuch bei Serge, der letzte Nacht geboren worden war: ein *»wohlgeformtes Baby mit viel dunklem Haar unter einem Moskitoschleier«*.

Der frischgebackene Vater ließ es sich dennoch nicht nehmen, die Gäste zum Flughafen zu bringen, und Erica notierte, dass sich hier eines der Vorurteile, mit denen sie vor der Reise konfrontiert worden war, in Luft aufgelöst habe: Keineswegs seien »die Madagassen« ungastlich, zurückhaltend, misstrauisch, jedenfalls nicht die, denen sie begegnet war.

Tana, wie jetzt auch sie die Hauptstadt familiär kurz nennen, begrüßte sie mit einem Volksfest, auch hier Anklänge an anderswo gesehenes:

Auf einer Tanzfläche werden Tänze aus Imerne und aus dem Süden vorgeführt. Eben tanzt ein Bara temperamentvoll mit nacktem Oberkörper wie der Schmied in Baule am Tschadsee mit Kopf- und Schulterschütteln. Aber es wird nicht so ernst genommen. Es folgen harmlose Spiele für die ländlichen Zuschauer wie Hutsuchen und sehr lange kabarys – Reden.

Die letzten Tage in der Hauptstadt waren Einkäufen und Besuchen gewidmet. Wieder war es Apolline Rabenja, die sie herumfuhr, zur Witwe des Dichters Rabearivelo, zu dessen Mutter, die die Fotoalben herausholte und so – wortlos, denn sie sprach kein Französisch – von ihrem Sohn erzählte. Sie schenkte den Gästen einige Fotos und ließ sich selbst von Herbert aufnehmen.

Dann empfing sie Richard Andriamanjato, protestantischer Pastor, der Präsident des Rates der Kirchen von Afrika war und seit 1959 Bürgermeister von Antananarivo, und es gab noch ein Abendessen beim Staatssekretär Emile Ramarosaona. Wo auch immer Erica ihre Enttäuschung über die Begegnung mit Rabemananjara zum Ausdruck brachte, begegnete ihr betretenes Schweigen. Er gehörte zur politischen Kaste, der Geltungsdrang, Korruption und Desinteresse am Fortschritt des Landes vorgeworfen wurde.

Aber die madagassischen Zustände waren letztlich typisch für fast alle jungen Länder und wurden damals noch als »Kinderkrankheiten« abgetan.

So eilten die deutschen Gäste von Einladung zu Einladung, von Essen zu Essen – köstliche Menüs, die in allen Einzelheiten beschrieben werden. Im Goethe-Zentrum las Erica ihre Übersetzungen madagassischer Dichtung. Bei letzten Treffen mit den Bekannten wurden Bücher ausgetauscht. Ein 20 Kilo schweres Paket mit Mitbringseln ging als unbegleitetes Fluggepäck nach Frankfurt; Herr und Frau Zeitler von der deutschen Botschaft brachten Erica und Herbert an den Flughafen, wohin auch madagassische Freunde zum Abschied kamen. Einen Freund hatten sie verloren, aber viele andere gewonnen. Ein Schatten lag über dem Abschied:

Werde ich Madagaskar je wiedersehen? Veloma! Veloma!
(Velum!) Als wir durch die Sperre gehen, sehe ich Madame Ra-
benja neben ihrem Chauffeur stehen, die Zeitlers weit von ih-
nen abgerückt. Es wäre so einfach für sie gewesen, höflich gegen
diese Dame der madagassischen Gesellschaft zu sein. Warum
nur immer noch diese Kluft? Ist es ein geheimes Gebot der Bot-
schaftsmitglieder? Mir tut es weh. Gehören wir doch noch im-
mer zu den Wenigen, die sich wirklich mit den Einheimischen
afrikanischer Länder und nun auch Madagaskars verbinden.

Nigeria: 1973

Wie schön ist doch der erste Tag, wenn noch die ganze Reise vor
uns liegt! Bis acht Uhr geschlafen, ein Sonderluxus.

Am 9. Januar landeten Erica und Herbert mit einer Lufthan-
samaschine in Lagos. Das war ein völlig neues Afrika für sie,
eine Millionenstadt, in der sie niemanden kannten. Wie immer
auf ihren Reisen hatten sie Glück: Trotz einer großen Sport-
veranstaltung bekamen sie ein annehmbares, wenn auch teures Hotelzimmer.

Das englische Frühstück gefiel Erica weniger gut, aber das
Essen spielte – wie immer – keine Rolle, die Museen warteten.
Lagos überraschte sie. Es war keine Kolonialstadt wie Dakar,
nicht dörflich wie Niamey, hatte kein arabisch-orientalisches
Flair wie Tripolis, Algier und Tunis, sondern es war eine fast
schon beängstigende Ansammlung von Menschen, Autos und
Märkten. Mit einem Taxi erkundeten Erica und Herbert die
Stadt wenigstens ansatzweise und fuhren nach drei Tagen
nach Ibadan, dem Zentrum des Yorubagebietes mit einer gro-
ßen Universität. Dort hatten sie Bekannte, die sie in einem
Gästehaus unterbrachten. Die Universitätsstadt erschien ihnen

zugänglicher, obwohl sie sich ebenfalls unüberschaubar aus-
dehnte. Sie besichtigten eine große Maskenausstellung in der
Universität, die zentrale Glaubensvorstellungen der Yoruba
sinnlich greifbar machte.

Der Zug nach Oshogbo, wo sie Susanne Wenger besuchen
wollten, war überfüllt. Aber wie immer nutzten Erica und
Herbert das enge Beisammensein zu Gesprächen mit den Mitreisenden, diesmal über die Preise des Handwerks, und erfuhren so, dass im Norden, im Hausagebiet, alles billiger sei.
Bei der Ankunft in Oshogbo behinderten gleichzeitig ein-
und aussteigende Menschenmengen sich gegenseitig und Herbert konnte nur mit Mühe an sein Gepäck kommen. Ein Taxi
brachte sie zu einem angenehmen Gasthaus; zu Fuß gingen sie
dann durch die Stadt zum großen Haus im portugiesischen
Kolonialstil, das in Oshogbo schon seit langem eine Institu-
tion war.

Alles im Haus von Susanne Wenger erscheint wie verzaubert:
die Ansammlung von Stelen, Figuren, Batiken, Masken, Schrei-
nen, Eisenstühlen, auf die man sich auch setzt; die Äffchen im
Käfig, die großäugigen Kinder ihres Mannes – sie ist die dritte
Frau eines schwarzen Trommlers, das bedeutet eines bekannten
Musikers, denn Trommeln ist im Yorubaland eine hohe Kunst
und sehr schwer – der Blick über die Wellblechdächer von
Oshogbo, das Kommen und Gehen alter weiser Priester oder
junger Künstler, die mit Susanne arbeiten oder von ihr angeregt
werden.

Die Künstlerin selbst war Teil ihres Kunstwerkes: schwarz
umrandete Augen unter dem blonden Haar, das sie meistens
mit einem Hütchen bedeckte, ein weißes weites Kleid und der
unverkennbare österreichische Tonfall. Sie war in ihrer Heimat schon eine bekannte Künstlerin gewesen, ehe sie 1950 mit
ihrem ersten Mann, dem Sprachwissenschaftler Ulli Beier,
nach Westnigeria zog. Nach der Trennung des Ehepaares wurde

sie Priesterin der Oshun, einer Göttin des Yoruba-Pantheons, kam aber hin und wieder zu Ausstellungen und Vorträgen nach Europa. Bei einer solchen Gelegenheit hatten sie sich kennengelernt, über Janheinz Jahn, der mit Ulli Beier befreundet war. Susanne Wenger hatte gemeinsam mit nigerianischen Künstlern den der Göttin Oshun gewidmeten, damals verfallenen heiligen Hain am gleichnamigen Fluss neu gestaltet und mit neuen Ritualen wieder zum Leben erweckt. Dieser Tempelbezirk gehört inzwischen zum UNESCO-Kulturerbe. Erica fühlte sich von den in die Natur gebauten pflanzenähnlichen Betonstelen an die anthroposophische Kunst in Dornach erinnert. Aus der Erde ragende Baumwurzeln wurden zu Baumgeistern, hohe figurengeschmückte Pfähle erinnerten sie an die Grabstelen Madagaskars. Adunni Olurisha, wie Susanne Wenger bei den Yoruba hieß, äußerte sich kritisch zu den Thesen über afrikanische Geistigkeit, die Jahn in »Muntu« aufgestellt hatte. Nichts davon sei wahr, er habe sich das alles ausgedacht, sagte sie ihren Besuchern und schickte sie zum Tempelbezirk, während sie selber wichtige Riten zu absolvieren hatte. Der heilige Hain ist ein Ort für alle Menschen, die transzendentales Erleben suchen. Wer mit den Göttern der Yoruba vertraut ist, erkennt sie in den Statuen trotz aller modernen Formen wieder, für andere ist es eine wundersame Begegnung von Kunst und Natur. Hier fühlte sich Erica in ihrem weit über konfessionelles Denken hinausgehenden Verständnis von Christentum genauso angesprochen wie in ihrer Sehnsucht nach dem ursprünglich Wesenhaften der menschlichen Religiosität.

Abends gab es Hirsegrütze mit Pfeffersoße; Susanne Wenger und einige ihrer acht Adoptivkinder saßen mit den Gästen im Kreis um die Schüssel. Ihr Mann, der Trommler, war unterwegs. Ob sie als weiße Priesterin denn akzeptiert werde, wollten die Gäste noch wissen. Warum denn nicht, antwortete sie.

Die Christen haben doch auch schwarze Pfarrer. Und sie hielt ihnen einen langen Vortrag über die Gemeinsamkeit christlicher Mystik und Vorstellungen der Yoruba. Erica lauschte gebannt. Passten dazu nicht auch die mystischen Strömungen des Islam? Auf die Muslime war Susanne Wenger nicht gut zu sprechen. Bilderstürmer seien sie, kämen immer öfter und zerstörten ihre Statuen. Es war inzwischen nötig geworden, den heiligen Hain zu bewachen.

Vor der Abreise kauften Erica und Herbert noch ein paar schöne Stücke aus dem Laden im Erdgeschoss ihres Hauses: dicke silberne Ringe und Batiken, die Schülerinnen von ihr nach ihren Vorgaben angefertigt hatten. Ihr ehemaliger Mann, Professor Beier, zahle ihr keinen Unterhalt mehr, so habe sie diesen Laden einrichten müssen. Touristen kämen ja inzwischen etliche, eine nützliche, wenn auch nicht immer angenehme Gattung Mensch.

Von Oshogbo aus reisten Erica und Herbert weiter nach Norden. Es gab Verzögerungen wegen des Flugzeugabsturzes in Kano am 25. Januar: Die Züge wurden im Katastrophengebiet benötigt. Ein offenbar recht wohlhabender Nigerianer, ein Hausa aus dem Norden, nahm sie in seinem Peugeot mit nach Jos, der Hauptstadt des zentralen Hochlandes.

Auch Jos war eine Stadt voller Kunst, dazu angenehm kühl, eine Erholung. Und es traf sich wieder einmal, dass ein Bekannter dort lebte, jedenfalls ein Bekannter von Ulli Beier, ein britischer Ethnologe, der in einem schönen Haus mit vielen Kunstgegenständen wohnte. Er schenkte ihnen gleich drei prachtvolle alte Armreifen und lud sie während ihres Aufenthaltes mehrmals zum Essen ein. Jos ist eine weitläufige Stadt. Das Gästehaus, in dem Erica und Herbert Unterkunft fanden, war zwar bequem, aber umständlich zu erreichen. So waren beide lange Strecken zu Fuß unterwegs, was Erica aber nicht weiter störte: konnte man doch so viel besser sehen, was rechts und links von der Straße los war. Auch, dass es zeitweise wegen eines Pumpenbruchs in der Stadt kein Wasser gab, meistens auch kein Telefon, um Verabredungen zu treffen, focht sie nicht an. Beim Lesen des Tagebuches, das von beiden geführt wurde, mag man kaum glauben, dass sie damals schon Mitte sechzig waren. Herbert war allerdings nicht so gut in Form. Er hustete viel.

Lästig war das viele Betteln, aber wenn Erica arabisch sprach und klarstellte, dass sie keine Amerikaner waren, wurden sie in Ruhe gelassen.

Am 3. Februar in aller Frühe schickte Mr. Stafford, der Engländer, der sich um sie gekümmert hatte, sein Auto mit Chauffeur, damit sie pünktlich mit ihrem Gepäck zum Bus nach Kano kamen. Nun waren sie wieder im Sahel und fühlten sich Libyen und der Oase Ghat nahe. Und tatsächlich: »Tuscha, bist du es wirklich?«, rief ihr jemand entgegen, als sie sich gerade eine Cola gekauft hatten. Es war ein Bekannter aus Agades. In Nordnigeria leben vor allem Hausa mit engen Kontakten nach Agades und Zinder, den nigrischen Handelsstädten auf der Sahara-Strecke, da war es nicht so erstaunlich, Bekannte aus der Wüste zu treffen.

In Kano wurden sie bestohlen: Herberts teure Sonnenbrille verschwand aus seiner Fototasche, als er einmal nicht hinschaute. Man mag sich wundern, dass das vorher nie passierte, wo sie doch so häufig in überfüllten Bussen fuhren und sich im Gedränge der Märkte bewegten. Auch in Kano waren die Stadtbusse, mit denen sie vom Palast des Emirs zum City-Markt fuhren, dicht besetzt. Oft reichen ihnen Mitfahrende, die sie schon einmal gesehen haben, die Hand, jedes Wiedererkennen wird fröhlich kommentiert.

Alle Leute sind, sobald wir grüßen, lachen, scherzen, nette Blicke tauschen, sehr aufgeschlossen und nett. Aber fürchterlich

bleiben die Schmutzkanäle, in welche die Leute ständig pissen,
und der viele Menschenkot. Kano ist eine sehr schmutzige, aber
sehr belebte und interessante Stadt.

Die Weiterfahrt nach Sokoto gestaltete sich zunächst schwierig. Der Busfahrer hatte versprochen, direkt zu ihrem Hotel zu kommen, aber ein Kellner sagte, sie müssten doch zur Haltestelle gehen. Dort war kein Bus, und es hieß, an diesem Tag führe sowieso keiner. Ein Taxifahrer bot ihnen an, sie für 220 DM nach Sokoto zu bringen. Das war sehr viel Geld, aber eine weitere Übernachtung im Hotel wäre genauso teuer gekommen. Und die Fahrt dauerte sieben Stunden und war natürlich viel bequemer als im Bus. Aber in Sokoto fanden sie keine Unterkunft, und der Fahrer, der wieder zurück nach Kano wollte, setzte sie mit ihrem Gepäck einfach vor einer Mission ab. Der Missionar hatte Mitleid und einen einfachen Raum für sie. Aber zum Essen mussten sie in die Stadt gehen. Es war schon dunkel und der Weg nicht sehr angenehm, da hielt ein Auto neben ihnen: Eine junge Polin fuhr sie zu einem Rasthaus und versprach, sie dort auch wieder abzuholen.

Wir trinken aber nur ein Bier, denn der Esssaal ist noch nicht
geöffnet, und ich habe Hals- und Magenschmerzen (Amöben).
Sehr warmer Abend bei zunehmender Mondsichel und Sternen-
licht. Dann wird der Saal geöffnet, es gibt zur gleichen Zeit eine
Lichtpanne. Wir wagen nicht mehr, zum Essen zu gehen, denn
die nette junge Gisela wird gleich kommen und uns abholen.

Gisela kam und nahm die beiden mit zum Teacher's College, in dem sie wohnte. Wieder hatten Erica und Herbert Glück in einer schwierigen Situation: Sie lernten drei junge Lehrer kennen und wurden eingeladen, mit zur Inspektion in eine Schule zu kommen. So bekam Herbert die Gelegenheit, eine nigerianische Grundschulklasse auf dem Land zu fotografieren, was zwei Kinder veranlasste, weinend aus dem Raum zu laufen.

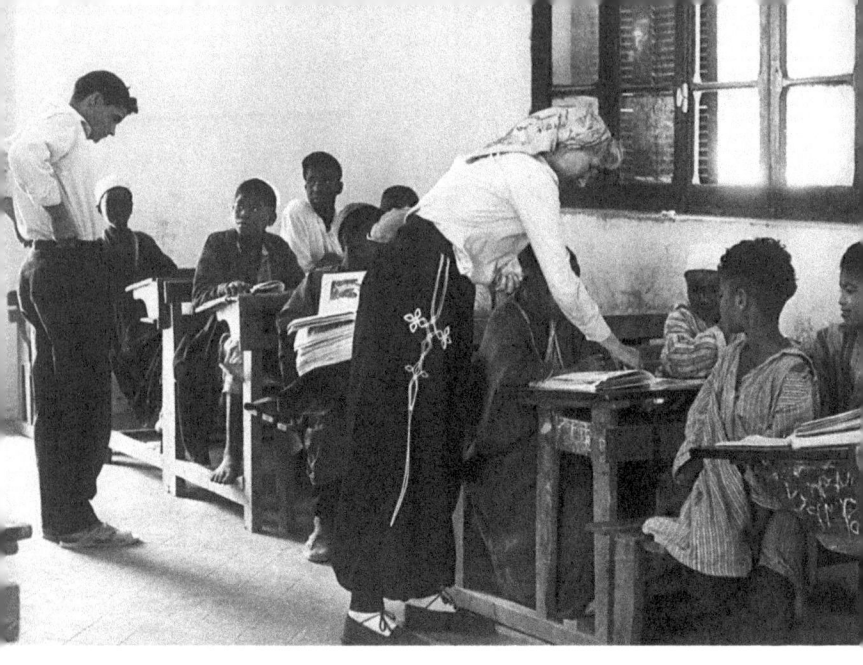

Gisela kümmerte sich weiterhin: Sie holte Erica und Herbert mit dem Auto ab, fuhr sie zum Markt, lud sie zum Essen ein und brachte sie dann in die Nähe der nigrischen Grenze, wo der Bus nach Niamey abfuhr.

Die Weiterreise nach Niamey, wo sie sich nur wenige Tage aufhielten, von dort aus über Obervolta (heute Burkina Faso) bis nach Cotonou und Lomé war mühsam. Es ging beiden nicht gut: Herbert hustete, Erica war tagelang ohne Stimme und von Amöben geplagt. Dazu schleppten sie Unmengen von Gepäck mit. Aber die Angebote an Kunst waren in dieser Gegend einfach zu verführerisch. Sie ließen kaum einen Markt, kaum eine empfohlene Sehenswürdigkeit aus. Erica zog sich bei einem Sturz Abschürfungen zu, die zum Glück nicht eiterten, Herbert hatte Magenschmerzen und litt in dem schlecht gefederten Bus, der sie über die holprige Piste 300 km weit nach Süden brachte. Eine Zwischenunterkunft auf schmutzigen Laken mit krabbelnden Käfern, stinkenden Toiletten

ohne Wasser – das alles hätte jedem anderen Reisenden endgültig die Laune verdorben. Nicht so Erica, die diese Beschreibung so abschloss:

*Dafür sind die Leute sehr freundlich und um uns bemüht.
Nachts wundervoller Mondschein, in dem große Bäume als
Baumgeister erscheinen.*

Die Begegnungen mit den Menschen, neuen und auch dem
einen oder anderen alten Bekannten, entschädigte für all die
Mühsal. Trotzdem bleiben die Afrikaner, denen sie begegnen,
meistens auf den Begriff »die Leute« reduziert, während die
Europäer Namen und Funktionen haben. Das ist verständlich, denn die im Land lebenden Europäer haben meistens
viel Platz, Gäste aufzunehmen, auch die Zeit und das Geld,
sich um sie zu kümmern. Die Strecke von Niamey ans Meer
entsprach auch einer der üblichen Touristenrouten, obwohl
Erica und Herbert immer wieder ausgetretene Pfade verließen. In den Dörfern tranken sie Hirsebier und Palmwein zu
einheimischer Kost, die ihnen offenbar guttat, und schwärmten vom »archaisch-einfachen« Leben. Dann reisten sie mit
dem nächsten Bus weiter, bewunderten – ganz touristisch –
die großartigen Landschaften. Sogar einen Tierpark, das Ba-
tia-Reservat, besuchten sie, sahen Antilopenherden, Wasser-
büffel, Nilpferde und Kaimane. Auch die weiteren Stationen
unterschieden sich nicht wesentlich von dem, was Westafrika-
Touristen als besonderes Erlebnis präsentiert bekommen: eine
Voodoo-Zeremonie in Abomey; die Palastführung durch einen
echten Prinzen und eine Audienz beim König. Der alte Herrscher, angeblich 132 Jahre alt, empfing sie zur Audienz im
Kreise von etwa 80 Priesterinnen.

Von Cotonou ließen sie sich auf einer Piroge zu den be-
rühmten Pfahlbauten von Ganvié rudern, fuhren nach Porto
Novo und Ouidah, ehe sie am 6. März mit dem Flugzeug über
Lomé nach Frankfurt zurückkehrten.

KAPITEL 11

Abschiede

————

Ich nehme Abschied, wie ein Sterbender. –
Noch einmal gehe ich die vielen Wege,
Auf die die Kindheit ihre Spuren grub.
Noch einmal sehe ich die Menschen wandern
Und stehn und lächelnd ziehn an mir vorbei.
Noch einmal seh ich manchen, der mit mir
Das Lächeln einst in laute Spiele trug.
Ich weiß es, – doch wie weit, wie weit und fern
Ist nun ihr Pfad von meinem abgezweigt.

(»Abschied«, frühe Gedichte)

————

Erica saß in ihrem Schiff, schaute ihre frühen Gedichte durch
und las wieder die ZEN-Träume. Spürte sie das Prophetische,
das sich da in vor langer Zeit Geschriebenem manifestierte?
Reisende sind es gewohnt, Abschied zu nehmen, aber doch in
der Hoffnung auf Wiederkehr. Wie oft würde sie noch nach
Afrika reisen können?

»Herzchen, es gibt Tee«, rief Herbert die Treppe hinauf.
Harald und seine Frau, die zufälligerweise auch Erika hieß,
waren aus ihrer Wohnung im Westend herübergekommen.
Die Namensgleichheit hatte die Schwiegermutter damals gera-

dezu empört, aber nun hatte sie sich daran gewöhnt. Zu viert saßen sie am edel gedeckten Tisch. Die Kanne wurde von der russischen Teepuppe warmgehalten.

Erica nahm einen Schluck aus der zierlichen Porzellantasse. Sie liebkoste einen der schönen, runden Steine, die sie von jeder Wüstentour mitbrachten.

»Wann reisen wir wieder? Es ist so lange her!«

Im Herbst 1975 waren sie zuletzt in Rhat gewesen, dann im Winter 1976–77 durch Mali und Senegal gereist.

Herbert seufzte. Er war jetzt über 70 Jahre alt, fühlte sich nicht mehr so gut, hatte gelegentlich Herzbeschwerden und ein erhöhtes Ruhebedürfnis. Seine Rente war nicht eben üppig und das große Haus kam in die Jahre und kostete an allen Ecken und Enden.

Harald runzelte die Stirn.

»Muss das denn immer noch sein? In eurem Alter?«

Erica setzte ihren »Eka-will-nach-Afrika«-Blick auf, gegen den kein vernünftiges Argument ankam, schon gar nicht das des Alters.

Herbert kam ihr – wie immer – entgegen:

»Vielleicht sollten wir Reisen in Europa unternehmen? Auf die Balearen? Die Kanaren?«

1975 waren sie mit Rolf und Irmgard Bouvier auf Lanzarote gewesen. Erica und Herbert hatten die Insel mit ihrer gewohnten Wissbegierde bereist, erwandert, beschrieben. Die Freunde suchten eher Erholung, schließlich hatten sie ja in Frankfurt auch anstrengende Berufe. So kam es, dass Bouviers gerade beim Frühstück saßen, wenn Herbert und Erica von einer Morgenwanderung oder Besteigung des nahegelegenen Vulkans zurückkehrten. Die Interessen waren zu unterschiedlich: Es kam zu keiner weiteren gemeinsamen Reise.

Aber da war noch Christoph Krüger, mit dem sie manche Tour gemacht hatten und der auch allein mehrmals in Mali gewesen war. Er erklärte sich bereit zu einer gemeinsamen Reise mit der von ihm verehrten Tuscha, und Herbert, der Buchhalter, stellte, vielleicht etwas unwillig, die notwendige Finanzierung in Aussicht.

Mali: 1979

So weit ich auch schaute, sanft stieg das Land auf und ab wie Wogen bei leichtem Wellengang. Aus dem bleichen Sand stachen niedrige Büschel hervor und rot aufgerissene Bodenränder als Ufer verdorrter Ströme. Die Sonne war brennend untergegangen und ein Feuerlicht ergoss sich vom Horizont aus in großer Breite, das mehr und mehr einen schwefelgelben Ton annahm. Ein kühler Wind kam auf und mein Blick fiel in gerader Richtung auf einen Tafelberg, der in naher Entfernung von mir stand, ein halbstündiger Gang mochte mich von ihm trennen. Seine geköpfte Silhouette war von goldenem Licht geflutet, wenn auch von unten her schon die Abendschatten an ihm fraßen. Endlich allein! Endlich in der unermesslichen Weite, in der das Gestirn Gestirn und das Gestern Stein ist …

Chri und Erica trafen sich in Paris und flogen gemeinsam nach Bamako. Von der malischen Hauptstadt aus reisten sie in einem der hoch beladenen und überfüllten Überlandbusse nach Mopti und Djenné und von dort aus in die Wüste. Endlich wieder in der unermesslichen Weite, im goldenen Licht der Sahara! So lange hatte sie die trockene Hitze nicht mehr gespürt, die Sandwellen nicht mehr ins Endlose laufen sehen! In der Oase San stiegen sie aus. Auf den Turm der Moschee musste sie steigen, damit der Horizont noch weiter in die Ferne rückte. Sie konnte sich gar nicht satt sehen. Und dann passierte es. Aus der gleißenden Helle trat sie zurück ins dunkle Treppenhaus. Ihre Augen waren nicht mehr so anpassungsfähig wie früher, aber ihr Schritt immer noch forsch. Sie verfehlte eine der unterschiedlich hohen Stufen und stürzte kopfüber bis an den Fuß der Treppe. Chri konnte sie nicht festhalten. Am ganzen Körper erlitt sie Prellungen, Hämatome zeigten sich auch im Gesicht, und das rechte Handgelenk schmerzte so stark, dass Chri ihr eine provisorische Schiene anlegte. Bestimmt war es gebrochen, aber es kam überhaupt nicht in Frage, irgendetwas am Plan der Reise zu ändern. Sie war Tuscha, eine starke Frau, die sich durch die Unzulänglichkeiten des eigenen Körpers nicht unterkriegen ließ. Erica biss die Zähne zusammen, erholte sich eine Weile im Schatten der Moschee, dann ging die Wüstentour weiter. Nur die Aufzeichnungen litten: Es gibt kein Tagebuch von unterwegs, und nach ihrer Rückkehr zum festgelegten Termin tippte sie – weniger als sonst – mit der linken Hand in die Schreibmaschine, die rechte blieb ein paar Wochen bandagiert. Und dem deutlichen »Nun reicht's« von Mann und Sohn hatte sie nichts mehr entgegen- zusetzen. Wie schaffte sie es, Herbert kurz danach zu einer Reise nach Nordafrika zu überreden?

Algerien: 1980

Bei der Ankunft in Algier am 14. Oktober gegen 12 Uhr mittags ist es 25° im Schatten. Strahlende Sonne! Blau-blauer Himmel wie in der Wüste. In früheren Jahren nannte ich diese Farbe »hemdblau«, weil Herbert ein solch blaues Hemd trug. Immer wieder reicht die Vorstellungskraft im grauen Deutschland nicht aus für die Wärme des afrikanischen Kontinents. Der Mensch ist in dieser Wärme stärker in seinem Körper und damit verbunden mit einem stärkeren Lebensgefühl. Der Mensch ist angefüllt mit dieser Wärme, der Mensch ist ›da‹!

Es sollte nur ein zweiwöchiger Besuch bei Freunden werden, keine anstrengende Wüstentour. Eine Generation war es her, dass Erica und Herbert ihre erste Afrikareise unternahmen, 1952 nach Marokko. Die vielen jungen Menschen, die ihnen in der algerischen Hauptstadt auffielen, waren damals noch längst nicht geboren. Und noch vieles andere hatte sich im Maghreb geändert. Marokko war ein unabhängiges Königreich, Algerien wurde von einem sozialistischen Regime beherrscht, das auf Industrialisierung setzte, die Landwirtschaft vernachlässigte und keinen Handel mit dem früheren Kolonialherren Frankreich treiben wollte. Entsprechend reduziert war das Warenangebot in den Läden. In Libyen hatte sich die Diktatur des 1969 an die Macht geputschten Oberst Ghadafi mit Hilfe der riesigen Erdölproduktion gefestigt und zahlreiche Menschen ins Nachbarland getrieben. Auch die engsten Freunde aus Rhat hatten ihre Heimat verlassen und wohnten nun jenseits der Grenze.

Der erste Besuch galt Badra und Bashir, die lange in Frankfurt gelebt hatten und seit der Unabhängigkeit in Algier zu Hause waren. Badra holte Erica und Herbert am Flughafen ab, ihr Mann war noch in Paris, aber die groß gewordenen Kinder begrüßten die Freunde aus Deutschland in dem gastlichen Haus. Der einundzwanzigjährige Sohn studierte Sozialwissenschaft und Arabistik in Paris, sein Bruder in Darmstadt Elektronik. Die jüngeren Geschwister waren ein vierzehnjähriger flinker Junge und eine zwölfjährige bildhübsche Tochter. Die Verlobte des ältesten Sohnes kam zu Besuch, eine schöne Kabylin, die sehr gut deutsch sprach. Sie erzählte von ihren Schwierigkeiten an der überfüllten Universität von Algier Psychologie zu studieren.

Eigentlich störte es Erica und Herbert bei ihren Besuchen in den letzten Jahren, dass immerzu der Fernseher lief, aber diesmal gab es erschütternde Berichte über das verheerende Erdbeben in El Aznam, das tausende Tote gekostet hatte, und die schwierigen Bergungsarbeiten. Badra begleitete die Gäste auf einem Erinnerungsrundgang durch die Hauptstadt. Heruntergekommen sei die einst so stolze weiße Stadt, wenngleich es immer noch schöne Ecken gebe. Sie besuchten die Märkte, die vor allem Mangel zeigten: keine Eier, kein Käse, kein Gemüse und schon gar kein Fleisch. Wenn es irgendwo etwas gab, dann musste man sich an eine lange Schlange anstellen – Sozialismus eben. Wie schaffte es Badra nur, den Gästen ordentliche Mahlzeiten vorzusetzen! Erica und Herbert dachten an die früheren Jahre, als die Märkte noch reichlich von allem boten. Und noch andere Erinnerungen drängten sich auf: Vor dem Museum Bardot las Erica seinerzeit den Brief ihrer Schwester, die ihr schrieb, sie werde die Mutter zu sich nehmen, den Schock von damals spürte sie heute noch.

Die alten Orte im Norden hatten jedoch ihren Zauber bewahrt: die Städte, in denen Albert Camus seine Erzählungen spielen ließ, die römische Ruinenstadt Tipasa mit den prächtigen Mosaiken.

Aber nun wollten sie doch den Bus nach Süden nehmen, in die Wüste zu Gambar und seiner Familie, Freunden aus Rhat, die jetzt in Algerien wohnten. Gambar war in Rhat ihr Nachbar gewesen, er führte dort einen Laden. Auf der Flucht aus dem algerischen Unabhängigkeitskrieg hatte es ihn dorthin verschlagen. Da er gut Französisch sprach, war er ein bevorzugter Gesprächspartner. In Ericas Buch »Im Oasenkreis« gehört er zu den Hauptpersonen. Vor einiger Zeit war er mit seiner Frau und den beiden Töchtern, die Erica und Herbert auch schon aus Rhat kannten, nach Algerien zurückgekehrt, und dort, in seiner neuen Heimat, wollten sie ihn besuchen.

Der Fernbus war bequem, sie plauderten mit dem Schaffner, dessen Sohn in Paris lebte, und erfuhren dann, dass sie den Ort Metlili, in dem Gambar wohnte, mit einem anderen ver-

wechselt hatten, der viel näher lag. Das Metlili, zu dem sie wollten, lag weit südlich von Gahardaia und die Fahrt war nicht an einem Tag zu schaffen. Und schon wurde aus einem einfachen Ausflug zu Freunden eine Expedition fast wie in früheren Jahren. Der freundliche Schaffner empfahl ein kleines Hotel, das allerdings nur teures und schlechtes Essen anbot. Aber es ging ja gleich am nächsten Morgen weiter nach Ghardaia, das sie von früher kannten.

Als die Dunkelheit weicht, erkennen wir durch die Fenster unseres Busses die Landschaft des Mzab: die steinigen dürren Hügel, die ausgedörrten Wadis, den ersten Sand! Wir haben diesmal genau den Übergang zur Wüste erlebt.

In Ghardaia hatten sie genug Zeit, die Veränderungen zu besichtigen. Die Atmosphäre war nicht mehr dieselbe, und das Warenangebot jammervoll: Nur Kitsch! Aber immerhin gab es deutlich mehr Gemüse auf den Märkten. Nach stundenlangem Warten brachte sie der Bus nach Metlili, in eine ihnen völlig unbekannte Stadt. Wie Gambar finden? Zwei Frauen liefen die sonst ziemlich leere Straße entlang, sie könnte man fragen. »Tuscha!« rief die junge Frau überrascht; es war Malika Gambar, die damals in Rhat noch ein kleines Mädchen gewesen war. Tuscha und Ghali Buzu wurden ins Gehöft gebracht und von den Familienmitgliedern stürmisch begrüßt. Sie packten ihre Geschenke aus: eine goldglänzende Abendtasche für Malika, einen gleichfarbigen Gürtel für ihre Schwester Naaima. Es gab Kuskus für alle mit leckerem Fleisch und üppigen Gemüsen. Nach der Siesta wurden Freunde und Nachbarn besucht, die alle über die Grenze gekommen waren und nun Algerier sein wollten. Dafür arbeiteten sie hart, um Geld zu verdienen und bauten sich ihre Häuser, die sie stolz zeigten.

Sie besuchten die Freunde mit ihren großen Familien und ließen sich alle Veränderungen erzählen. Besonders bewegte Erica die Geschichte von Naaimas Liebesabenteuer aus Rhat, denn sie kannte den jungen Mann, um den es ging. Er hatte Naaima nie gesehen, aber sie ihn, oben vom Söller, unten durch die Türspalte. Er schickte ihr Liebesbriefe durch seine Schwester und gab ihr seine Telefonnummer. Sie rief ihn vom Haus einer befreundeten Familie aus an, fast jeden Abend ein bis zwei Stunden lang. Ihr Vater baute damals schon das Haus in Metlili. Als der junge Mann eine Stelle in Sebha bekam, hielt er um ihre Hand an. Aber der Vater lehnte ab mit der Begründung, einen Libyer wolle er nicht in seiner Familie haben. Naaima müsse unbedingt einen Algerier heiraten. Naaima hatte Tränen in den Augen:

»Ich habe viel geweint, Tuscha, aber was ist zu machen? Der Vater will es nicht! Warum nicht? Wir haben so viel telefoniert.

*Und wir haben uns so geliebt. Nun ist es schon zwei Jahre her.
Es war kurz vor unserer Übersiedlung nach Metlili. Nun bin ich
hier und weiß nichts mehr von ihm. Ich habe noch ein Fläsch-
chen Parfum, das er mir zukommen ließ. Es ist mein Heiligstes,
was ich besitze. Allah hat es so gewollt.«*

Auch ihre Schwester erzählte eine ähnliche Liebesge-
schichte. Die Unerreichbarkeit steigerte die Gefühle. Und
beide Mädchen mussten frühzeitig die Schule verlassen und
der Mutter im Haushalt helfen. Was wohl aus ihnen werden
würde? Ihre melancholischen Augen verfolgten Erica und
Herbert, als sie mit dem Bus nach Algier zurückfuhren, beladen mit Geschenken für Badra und ihre Familie.

Bashir war inzwischen aus Paris zurückgekommen und holte
sie am Busbahnhof ab. In den nächsten Tagen führte er sie in
der Stadt herum, nahm sie zu seinen Freunden – wohlhaben-
den Kabylen – mit, bei denen Erica und Herbert viel über das
Leben im sozialistischen Algerien erfuhren. Wer konnte, ging
nach Paris. Bei ihren Rundgängen gab es immer wieder Diskussionen: Waren das wirklich die »Häuser des Volkes«? Arbeiteten die Algerier wirklich für sich selbst und nicht mehr
für fremde Ausbeuter? Die Kasbah war wie früher: Sie stiegen
hinauf und blickten auf das blaue Meer hinter den weißen
Häusern. Ehe sie das Mittelmeer wieder überquerten, gab es
noch einen Ausflug in die Kabylei, zu den Dörfern auf den
Bergspitzen, zu denen sich Hügel voller Olivenbäume ziehen.
Die fruchtbaren Täler wurden immer wieder von hässlichen
Bauten gestört. Erica las die 100 Jahre alten Verse des kabyli-
schen Dichters Si Mohand, der diese Gegend besungen hatte
und stellte sie im Tagebuch ihren Eindrücken gegenüber. Bis
auf über 1200 m fuhren sie hinauf. Die Rückfahrt verzögerte
sich, weil Bashir aus Versehen den Autoschlüssel im Auto
eingeschlossen hatte und ihn in einer langwierigen Operation
wieder beschaffen musste.

Erica und Herbert nutzten die Zeit für einen Spaziergang im Eichenwald, der sie an Irland erinnerte. Ach, könnten sie doch noch ein paar Wochen bleiben!

Sicherlich könnte man noch manches erfahren und erleben.

Aber der Rückflug war gebucht. Auf der Rückfahrt nach Algier gab es manchen kurzen Aufenthalt: bei Freunden von Bashir, zum Einkaufen der Mitbringsel, oder einfach nur zum Schauen.

Es war wie ein Ausklang unserer zahlreichen schwierigen Saharareisen, es war wie ein bewusster Abschied, der uns noch einmal gegönnt wurde. Waren es wirklich nur Stunden – oder war es eine unermessliche Zeit, eine Zeit ohne Zeit, eine Zeit, die zum Raum wird?

Es war ihre letzte Reise nach Afrika.

Irland: 1981

———

Bei einer Reise
   die Gegebenheiten
      kreativ ausnützen
am See meditieren
Geschichte ergründen
Geschichte in Zusammenhänge stellen
die ferne Vergangenheit aufspüren
das Nomade-SEIN

———

Auf Heinrich Böll geht die Leidenschaft der Familie de Bary für Irland zurück. Seit 1967 war Erica Mitglied des deutschen PEN-Clubs, dessen Präsidentschaft Böll 1970 übernahm. Er besuchte jedes Mitglied, kam so auch in die Cretzschmarstraße. Mit der Familie verband ihn mehr als der PEN: Sein Sohn Raimund war damals mit Lila Mookerjee, Fredas Tochter, verheiratet. Freda war Haralds Patentante und immer noch eine enge Freundin. Heinrich Böll sprach bei seinem Besuch von dem Haus an der irischen Westküste, das durch das »Irische Tagebuch« berühmt geworden war. Als er 1971 Präsident des Internationalen PEN-Clubs wurde, konnte er es nicht nutzen und lud Familie de Bary ein, dort die Ferien zu verbringen. Harald fuhr mit seinem Neffen Thomas voraus. Der erste Eindruck war schockierend: Einbrecher hatten alles, was nicht niet- und nagelfest war, mitgenommen, so dass erst einmal für eine neue Einrichtung gesorgt werden musste. Dann kamen die Frauen nach, und sie alle genossen die Ferien an der wilden Westküste und wanderten über die grünen Hügel, kauften auf Märkten und in kleinen Orten ein. Irland war zwar nicht mehr so arm wie zur Zeit des »Irischen Tagebuchs«, aber es bewegte sich weit unter europäischen Wirtschaftsstandards. Aller Orten stießen sie auf Immobilienangebote: Dorfschulen zu erschwinglichen Preisen standen zum Verkauf, und Harald, der schon länger ein günstiges Atelier suchte, fand die Idee, sich mit seiner künstlerischen Arbeit in Irland niederzulassen, bestechend. Sein Vater sah darin eine wirtschaftlich vernünftige Investition, zumal der Eintritt in die EU bevorstand. Sie machten sich gezielt auf die Suche und begeisterten sich für eine alte Schule in Derenkehr in der Grafschaft Leitrim, aber das Gebäude war noch nicht gleich zu beziehen, deshalb erwarben sie noch ein zweites, kleineres Schulgebäude, nicht weit vom Gulladoo-See. Dort wohnten sie, während das Haus in Derenkehr renoviert wurde. Als Harald sein Atelier bezog, übernahm Erdmuthe das kleinere Haus.

Herbert reiste jedes Frühjahr nach Derenkehr und half seinem Sohn beim Einrichten des Ateliers und der kleinen Wohnung. Erica kam lieber im Sommer, denn es war ihr eigentlich viel zu kalt dort. Irland war vor allem Herberts Leidenschaft. Da er aber die ihren immer mitgetragen und meistens geteilt hatte, ließ sie sich nun mitziehen. Und es war abzusehen, dass sie Irland noch würde erreichen können, wenn Afrika ihr entrückte.

So sehr fühlten sie sich in Irland zu Hause, dass sie dort am 21. Mai 1981 ihre Goldene Hochzeit feierten. Herbert hatte ein mehrbändiges Werk der Theosophin Helena Blavatzki im Fluggepäck angeschleppt. Deren esoterischer Buddhismus war damals in der New-Age-Bewegung wieder in Mode gekommen. Erica schenkte ihrem Mann ein Buch über die Kunst des Bogenschießens – ganz im Zeichen des Zen-Buddhismus. Nicht nur das Reisen, die Liebe zur Wüste, auch die geistige Grundlage ihres Fühlens und Denkens einte die beiden, auch noch nach über 50 Jahren gemeinsamen Lebens.

Sie wollten kein großes Fest, nur einen schönen Ausflug. Haralds Frau hatte keinen Urlaub und blieb in Frankfurt. So fuhren sie zu dritt nach Glendalough in den Wicklow Mountains mit den berühmten Klosterruinen. Sie hatten Zimmer in einem schönen Hotel, gingen zu den Ruinen und am See spazieren. Am nächsten Tag saßen Erica und Herbert, beide ermüdet, in den großen weichen Sesseln, lehnten sich zu einem Mittagsschläfchen zurück. Erica sah im Traum Menschen vorübergehen, die ihr alle bekannt vorkamen, Freunde aus fernen Zeiten, die an ihr vorbeizogen, ohne sie anzusehen. Tief in die Vergangenheit versunken, löste sie sich aus dem kurzen Schlaf und schaute zu ihrem Mann hinüber, dessen Kopf auf die Armlehne gesunken war. Als sie ihn aufrichten wollte, fiel er ihr entgegen.

Du gingst so leicht, so locker wie du gelebt hattest – ein strahlender Mensch.

KAPITEL 12

Die geschenkten Jahre

Zum Geistesgut geläutert
ward meiner Seele Leid
Und meine Liebe wurde
ein Teil der Ewigkeit

Frankfurt: 1981–1987

Am 4. Juni 1981 wurde Herbert de Bary, der »Edelmann vom
Scheitel bis zur Sohle«, wie es in der Traueranzeige des Gontard'schen Bankhauses hieß, auf dem Frankfurter Hauptfriedhof beigesetzt. Man kann erahnen, was dieser Verlust für Erica
bedeutete. Da war es ein Trost, dass in dieser Zeit noch ihre
Enkelin Tanja im Haus wohnte, auch sie in tiefer Trauer um
den geliebten Großvater und zärtlich um die Großmutter besorgt. Enkel Thomas kam oft vorbei. Er hatte inzwischen sein
Abitur gemacht und und beschlossen, den Wehrdienst zu ver-
weigern. Seine Großmutter war ihm da eine interessierte und
aufgeschlossene Gesprächspartnerin. Zu ihrer Freude pflegte
er die Bekanntschaft mit Bashir und Badra, besuchte 1983,
während seiner Studienzeit, die Familie in Algier. Wie seine
Großeltern auf ihrer letzten Afrikareise fuhr er von dort aus
mit dem Bus über Ghardaia ins Hoggargebirge. Nach seiner

Rückkehr kehrten sich für eine Weile die Rollen um: Der
junge Mann erzählte von seinen Reiseerlebnissen, von den
Menschen und Landschaften, und Erica hörte zu und staunte
über die Veränderungen. Wie konnte es sein, dass mitten in
der Wüste Rotringtuschzeichengeräte, in Deutschland damals
sündhaft teuer, für ein paar Dinar zu haben waren? Thomas
interessierte sich vor allem für Geomorphologie, etwas, das
seiner Großmutter völlig fremd war. Aber sie sprach ihn darauf an, war aufgeschlossen und stets bereit »ihr« Afrika auch
aus einer anderen Perspektive zu sehen. Dieses echte Interesse
für das, was die Menschen um sie herum bewegte, sei es in den
Oasen, sei es zu Hause in Frankfurt, war Ericas herausragen-
der Wesenszug, mit dem sie auch die jungen Leute für sich
einnahm und bis ins hohe Alter ihre Gesprächspartner bezauberte.

Harald kam täglich von seiner Wohnung in der Scheidswald-straße im Frankfurter Osten herübergeradelt, entschloss sich dann aber doch, wieder in sein Elternhaus zu ziehen. Er hatte an einen gemeinsamen Haushalt mit seiner Frau und seiner Mutter gedacht, aber dafür war Erica viel zu selbstständig und eigenwillig. Man einigte sich darauf, dass sie ganz in den zwei-ten Stock hinaufzog. Dort war ja seit jeher ihr Zimmer gewe-sen, das mit dem runden Balkon, dem »Schiff«. Nun bekam sie einen zusätzlichen Wohnraum. Eine neue Küche, nur für sie, wurde eingerichtet. Sie hatte zwar eine Haushaltshilfe, kaufte aber für sich ein und kochte für sich und auch für Harald, der 1982 mit seiner Frau, die noch berufstätig war, in die erste Etage zog. An den Wochenenden kam Erica zum ge-meinsamen Essen herunter. Ein großer Teil des Erdgeschosses war an eine Firma vermietet; oben wohnten noch zwei Unter-mieterinnen, mit denen Erica sich anfreundete; Tanja bekam ein Zimmer im Erdgeschoss und zeitweise wohnte auch eine der beiden Töchter von Haralds Frau mit im Haus.

Erica arbeitete weiter an ihrem poetischen Werk. Von klein auf formte sie Sprache zu Dichtung, schuf aus Erlebtem Poe-sie. In ihrem Nachlass finden sich Hefte mit den handschrift-lichen Aufzeichnungen von unterwegs. Diese schrieb sie nach der Rückkehr mit der Schreibmaschine ab, und in einem dritten Schritt entstanden aus dem Erlebten frei gestaltete Erzählungen, von denen nur einige den Weg zu Verlagen fanden.

Unter den Tausenden Seiten, die sie hinterlassen hat, sind fertige Romanskripte, für den Hörfunk eingerichtete Texte und Gedichte. Besonders eindrucksvolle Texte sind »Das Diktat der Wüste«, das Begegnungen während der Marokko-reise von 1952 aufgreift, sowie das gewaltige Prosagedicht »Esseien«, in dem die Oase als Riesin erscheint. Ihr Unter-gang wird beschrieben wie der Tod eines Menschen. Als junge

Mutter schrieb sie über ihre Kinder: »Haralds Träume« – »Erdmuthe – eine symphonische Dichtung«. Früh entstand auch »Der Weg von Wandlung zu Wandlung«, eine – im Typoskript – 80 Seiten starken »Bildhauernovelle«. Viele nachgelassene Texte sind schwer zu datieren. In höherem Alter beeindruckte sie Familie und Freunde immer wieder mit ihren ausgeprägten und detailreichen Erinnerungen, so dass mancher sie ausdrücklich darum bat, sie aufzuschreiben. Ihrem Bruder Friedrich-Karl von Düsterlohe schenkte sie zum 70. Geburtstag im Juni 1984 die Biographie ihrer Mutter, eine 140 Schreibmaschinenseiten umfassende Hommage mit dem Titel »Sie hieß Elisabeth«. Auch ihre Schwester Edelgard las diesen Text mit Interesse. Sie starb im Juli 1988.

Als besonders dauerhaft und wirkungsvoll zeigte sich Ericas Arbeit über die madagassische Dichtung. 1985 erschien im Ostberliner Verlag »Volk und Welt« unter dem Titel »Deine unermessliche Legende« eine zweisprachige Sammlung von Gedichten Jacques Rabemananjaras. Der Herausgeber Rainer Arnold beschrieb im Nachwort Ericas Bedeutung für dieses Werk und nahm ihre Nachdichtungen von »Antsa« und »Lamba« auf.

1987 richtete die Universität von Antananarivo eine Tagung anlässlich des 50. Todestages des Dichters Jean-Joseph Rabearivelo aus. Erica erhielt eine offizielle Einladung, aber sie lehnte mit Hinweis auf ihr hohes Alter ab.

Auch Jacques Rabemananjara flog nicht nach Madagaskar, obwohl er eingeladen und um einen Beitrag gebeten worden war. Er schrieb Erica aus Paris, sie möge ihm die Adresse des Universitätskommitees, die er verloren hatte, geben. Zwei Wochen später schickte er ihr die Fotokopie seines Tagungsbeitrages, der in Antananarivo verlesen werden sollte. Dieser – sein letzter – Brief endet im Ton der alten Freundschaft mit den Worten:

Ich schicke Dir meine ganze Zärtlichkeit mit allem, was die-
ses Wort für Dich bedeutet: Warmherzigkeit, Leidenschaft und
Liebe. Der Deine in Treue – Jacques Rabemananjara.

Er lebte seit der Errichtung der Militärdiktatur unter Gab-
riel Ramanantsoa – also schon seit 1972 – wieder in Paris als
Berater des Verlages Présence Africaine. Der Verlust der politischen Ämter hatte die von Erica so schmerzlich empfundene Veränderung seiner Persönlichkeit möglicherweise wieder rückgängig gemacht. Trotzdem gab es kein Wiedersehen
mehr.

Bashir und Badra luden zur Hochzeit des ältesten Sohnes
nach Algier, aber Ericas Afrikareisen waren endgültig vorbei.
Das bedeutete aber keineswegs, dass sie das Reisen aufgab. Sie
war immer noch offen für Neues und bereit, sich auf ferne
Welten einzulassen, vor allem, wenn sie ausdrücklich eingeladen wurde. So kam sie zweimal nach Nordamerika. Im Mai
1985 flog sie für einige Wochen nach Washington, auf Einladung einer Französin, die einige Zeit bei ihr in der Cretzschmarstraße gewohnt und später einen Amerikaner geheiratet hatte. Und 1990 lud eine Frankfurter Bekannte sie nach
Toronto ein. Tagebuchaufzeichnungen dieser Reisen gibt es
nicht, aber aus Briefen wird deutlich, wie sehr sie es genoss,
Neues zu sehen. Vor allem die kanadische Landschaft begeisterte sie, und sie konnte sich wieder als »Weltreisende« fühlen.

Den Sommer verbrachte sie meistens im Haus der Tochter
in Irland.

Irland: 1984–1997

Sie sitzt am Ufer des Gulladoo-Sees. Nicht nur heute. Sitzt an
jedem Morgen dort, auf einem Anglerschemel, der mit buntem
Stoff bezogen ist. Sitzt dort bei Sonne und Regen, Sturm und

Windstille, so wie das wendische Wetter den Umkreis bestimmt.
»Was tut sie dort?« fragen die irischen Farmer. Denn sie angelt
nicht, sie badet nicht, sie untersucht weder Flora noch Fauna.
Sie tut nichts. Gar nichts. Sitzt ganz still dort. An derselben Stelle.
Kämpfte sich im Gebüsch bis dorthin durch.

Es war ihr zwar eigentlich zu kalt in Irland, aber dass sie nicht
mehr nach Afrika reisen konnte, war ihr klar. Erica beklagte
sich nicht. Sie schaute weiterhin mit wachen Augen um sich.
Sie konnte jeder Fremde etwas abgewinnen, und Irland war
ja auch Feenland, mit verzauberten Landschaften, Märchen-
welten, geheimnisvollen Legenden, und jeder Menge Aber-
glauben unter dem Mantel des Katholizismus. Bald kannten
alle um den Gulladoo-See herum die alte Dame, die an jedem
Sommermorgen ihr Klapphockerchen zum Wasser trug.

Vielleicht liest sie? Manchmal trägt sie ein Buch unter dem
Arm. Immer begleitet sie der Hund. Der Hund ist ein Schot-
tischer Schäferhund. Nicht reinrassig. Aber Smotsch hat einen
schön geformten und gut gezeichneten Kopf. Sein rötliches,
eher langhaariges Fell ist von hellen Strähnen durchzogen.
Smotsch folgt ihr. Smotsch begleitet sie ständig. Smotsch ist der
Hund des Nachbargehöfts. Doch kaum taucht sie auf, verlässt
er seinen Herrn, um bei ihr zu bleiben, in dem kleinen Som-
merhaus, einer ehemaligen, einst einklassigen Schule.

Anfangs hatten sich die irischen Bauern, die am See wohnten, gewundert. Jeden Sommer päppelte sie den Hund auf, so
dass er, wenn sie abreiste, nicht mehr der klapperdürre Köter
war, sondern ein schönes Tier mit glänzendem Fell. Seine Besitzer meinten, er solle sich gefälligst selbst ernähren: Hasen gab
es genug. Aber wenn die deutsche Frau ihn füttern wollte –
bitte sehr. Wenn die Bäuerin sah, dass Smotsch zu der fremden
Frau lief, dann bückte sie sich tiefer über ihre verkrauteten
Beete. Sie sah nicht, wie bei dem feinen Regen das Sonnenlicht

im Wasser in Diamanten aufsprühte, wie im Dunst die Feen ihren Schmuck holten. Aber die Deutsche, die ihr den Hund abspenstig gemacht hatte, saß auf ihrem Anglerschemel und schaute aufs Wasser.

Wenn der Sturm pfeift, wenn die schwarzgrauen Wolken über dem Gulladoo-See hängen: graut der Dunst, wehen die Nebellappen, grinst der Moloch aus den Binsen so dass Armeen schwärzlicher Lanzen näher und näher anrücken in der verdüsterten Luft. Sie zieht sich ihr Cape enger um die Schultern und bleibt hocken. Der Hund legt seinen Kopf auf ihre Knie: sollen wir gehen? Nein, bleiben! Er trottet unter die Büsche, nicht weit von ihr. Die Erwählte ständig im Blick. Der Sturm peitscht. Der Regen strömt. Die schwarzen Wolken ziehen, sich entladend, vorüber. Nach einer Stunde scheint die Sonne. Kehrt Smotsch hinter den Anglerschemel zurück. Liegen neue Dia-

manten zu Füßen. Wird es warm. Glänzt der See ephemär. Wandel ist alles!

Der sich ständig wandelnde See beglückte sie mit der fahlen Bläue des Sommermorgens. In der Ferne zwei Männer mit Flinten – hatten sie es auf Wasservögel abgesehen? Logh Drummer heißt der See auf gälisch. Er ist ein keltisches Gewässer, aus dem immer noch Alt-Irisches raunt: wie Joyce es in Worte fasste und die Fiedler in Töne. Schwimmen darf man nicht darin. Wer schwimmt, kommt ins Reich der Feen. Sind die Feen freundliche Wesen oder bösartige Hexen? Jedenfalls sind sie heimtückisch. Da begegnet dir eine als schönes Mädchen, ist plötzlich ein junger Stier und fliegt, ehe du dich's versiehst, als Vogel davon. In den Märchen helfen sie den Menschen, können sich aber auch rächen. Glaubte der Witwer, der dort oberhalb des Sees mit seinen fünf Kindern hauste, an Feen? Jedenfalls nicht an Baumwesen. Mitleidlos rückte er den Bäumen mit der Axt zu Leibe, wenn er Brennholz brauchte. Glaubten Philemon und Baucis an Feen? Eigentlich hießen die beiden Alten Willie und Lilly. In ihrer guten Stube hatten sie Stilmöbel, aber dort lebten sie nicht, sondern in der Küche, wo ständig ein Feuer brannte. Abends kam die Deutsche bei ihnen vorbei und erzählte, was ihr am Tag widerfahren war. Etwa die Begegnung mit dem Zauberwesen, das sich mit kreisrunden Fischaugen aus dem Wasser reckte, den Hals verdrehte, mit großen Flossen zum Schilf schwamm. Willie und Lilly stellten Fragen nach Größe und Farbe. War's der Fischkönig oder doch nur ein Karpfen? Margret wusste es, die zehnjährige Tochter des Witwers, die vorbeikam, um Lilly zu helfen: Ein Fischotter war's. Täglich hielt sie jetzt nach ihm Ausschau.

Ein Stein fällt von irgendwoher in die Tiefe. Ein Vogel zirpt im Gehänge der Erlen. Eine Wildkatze schreit wie ein Kind im Binsenkörbchen auf der heiligen Insel des Gulladoo, des Logh Drummar ...

Aber der Fischotter kam nicht mehr, auch wenn Lilly gälische Verse raunte und jeden Abend ein Beschwörungslied sang.

Gegen Mittag holte Erdmuthe sie vom See ab. Der Weg hinauf zu ihrem Häuschen war steil und beschwerlich. Nachmittags schrieb sie ihre Eindrücke auf, oder sie besuchten Nachbarn, die sich gern von Afrika erzählen ließen.

Manchen Sommer reiste Erica mit ihrer Tochter nach Irland. Aber sie musste akzeptieren, dass, wenn Erdmuthe ihre Kinder zu Besuch hatte, sie sich nicht auch noch um die Mutter kümmern konnte. Dafür schlug die Tochter ihr in jenem Jahr eine gemeinsame Russlandreise vor und machte sie damit sehr glücklich.

Russland: 1986

Noch immer ist es zu spüren in dieser Uspenskij-Kathedrale, noch immer durchweht es sie als Erinnerung, noch immer durchstrahlt es sie als Wesenhaftes, noch immer verwelkte es nicht in

der Trockenheit der Ungläubigen und trotz der Neugierde und
Hast der Fremden, trotz ihrer Absage zu dem allen kraft des
Verstandes, trotz der Demutsverachtung in uns allen. Und doch!
Und doch! Da war ein Singen, ein Klingen, ein Leuchten, ein
Glanz! Immer noch gefangen in einem Innenraum voller Wun-
der, Wunder, die sich in Taten offenbaren, die in Farbenpracht
aufleuchten, die zu Bildern imaginieren!

Rückkehr in den Osten, in frühkindliche Glücksgefühle der
russisch-orthodoxen Zeremonien: Dieses Geschenk machte
ihr die Tochter in dem Jahr, in dem sie sie nicht mit nach Irland nehmen konnte. Erdmuthe war schon seit einigen Jahren
Russischlehrerin und mehrmals in die Sowjetunion gereist.
Nun buchte sie für sich und die Mutter eine Rundreise »Moskau und der goldene Ring« für die Osterferien 1986. In der
Spätzeit des Sowjetreiches fand Erica das alte fromme Russland, das »kindliche Russland« wieder. Es lebte in dem Mütterchen, das die Mariä-Himmelfahrt-Kathedrale im Moskauer
Kreml beaufsichtigte; es lebte im Dreifaltigkeitskloster von
Zagorsk, es lebte im Gorizki-Kloster hinter Pereslav za leckij,
schon im Jaroslawer Gebiet gelegen. Es lebte genauso in der
Mariä-Schutz-Kirche an der Nerl in der Nähe von Wladimir,
die eigentlich nicht zum Besichtigungsprogramm gehörte und
nur schwer zu erreichen ist. Aber die Reiseleiterin machte ihnen das Geschenk und ließ sie zwischen Wasserläufen schmel-
zenden Schnees über nasse Wiesen, die bald voller Blumen sein
würden, bis zu dem Kleinod altrussischer Baukunst laufen,
das im Volksmund »der weiße Schwan« genannt wird.

O du weite russische Landschaft, die sich auch im Wesen des
russischen Menschen zeigt. Wir eilten auf unser erhöhtes Kleinod
zu. Wenn ihm etwas gelingt, was er erhoffte, gerät – ganz all-
gemein – der Mensch in Märchenstimmung. Unglaubwürdig
erscheint die Erfüllung, ihm auch unwürdig ein solches Ge-

schenk! Und die östliche Landschaft, in der sich jede Empfin-
dung ausweitete, erhöht die Erregung eines solchen Erlebens,
lässt ganz darinnen sein.

Sie durften die Kirche nicht betreten, denn das säkularisierte
Gebäude, das als Museum genutzt wurde, blieb bis zum 1. Mai
geschlossen. Aber allein schon davor zu stehen, ringsum die
russische Weite, der schmelzende Schnee im frühabendlichen
Licht, empfand Erica als großes Glück:

Oben auf dem hohen Bahndamm fuhr ein langer Güterzug
vorbei, weit weit fuhr er ins weite russische Land.

Im Tagebuch gibt es diesmal keinerlei Tourismuskritik. In
die Sowjetunion konnte man im allgemeinen nicht auf eigene
Faust reisen; und Erica schätzte inzwischen auch den Komfort,
den eine organisierte Reise bot. Allzu luxuriös war es nicht:
Im Moskauer Hotel leckten die Wasserrohre, sodass das Badezimmer am nächsten Morgen unter Wasser stand. Aber das war
ja nebensächlich! Die Tagebuchaufzeichnungen wechseln zwi-

schen lyrischen Betrachtungen und detailreichen Erläuterungen des Gesehenen.

Die Reise war ein Anlass, sich wieder mehr mit russischer Kultur und Geschichte zu beschäftigen. Dabei stieß Erica auf interessante Persönlichkeiten, über die sie schrieb, beispielsweise Vera Figner, eine russische Revolutionärin des 19. Jahrhunderts, die wegen der Beteiligung an Attentaten auf Zar Nikolaus II. jahrzehntelang in Haft war.

Frankfurt: 1988 bis 1997

Du hattest doch alles: so reizende Kinder, so schön das Haus, alles wurde erfüllt an Wünschen. Ein schönes Leben!

Über alle Stationen ihres Lebens schrieb Erica. Die meisten Texte, die sich im Nachlass finden, sind undatiert, vor allem die offensichtlich früheren. Ausdrücklich angegeben ist das Jahr 1990 und die Widmung »für Harald« auf dem Titelblatt von »L'invitation«. Das ist eine vierzig Seiten lange Erinnerung an die wichtigsten Menschen ihres Lebens. Neun Personen lädt die Ich-Erzählerin zum Tee an ihren runden Mahagonitisch, der liebevoll und elegant gedeckt wird, wie Erica das von ihrer Mutter gelernt hatte und ihr Leben lang pflegte. Auf dem russischen Leinentischtuch steht das zarte goldgeränderte Porzellangeschirr aus Limoges, es gibt goldene Teelöffel und einen silbernen Kerzenleuchter in Form einer Frauengestalt, die ein tailliertes Blusenkleid und einen breitrandigen Hut trägt. Die hohen Kameruner Holzfiguren – eine männliche und eine weibliche – erwachen zum Leben und übernehmen das Servieren. Nach und nach erscheinen die Gäste und erzählen einander die wichtigsten Episoden ihres Lebens und ihre Beziehung zu Erica. Der erste Gast ist natürlich Herbert,

dem das alles vertraut ist. Dann kommt Elisabeth, die Mutter, in der schönen großen Gestalt ihrer besten Jahre. Es erscheinen Aljoscha, der Freund der Nachkriegsjahre, Karin und Irmgard, die Freundinnen. Yunyu Kitayama bringt Sotchi Enku mit, der eigentlich nicht eingeladen war. Freda, die langjährige

Vertraute, die sie als Kitayamas Gefährtin kennengelernt hatte, setzt sich neben ihn. Viriato da Cruz kommt mit seinem bunten Angolanerkäppchen, und als letzte Lydotschka. Sie sprechen in verschiedenen Sprachen, aber alle verstehen einander und plaudern mal munter-fröhlich, mal nachdenklich miteinander. Sie erzählen, wie sie einander kennenlernten, greifen auch alte Konflikte wieder auf. Aljoscha etwa fragt wieder und wieder:

»Was trieb dich nach Afrika, als wir noch eben die junge Parze von Valéry übersetzten und das eine und das andere seiner Gedichte? Was, was trieb dich nach Afrika?« – »Ich weiß es nicht genau. Ein innerer Drang. Wieder ein Bild, ein Traum, eine Bewegung im Geschehen, etwas unmittelbar Heißes im Sand, und wieder ein breites, ein ganz anderes Zelt: Dunkelhäutige Menschen laufen dicht gedrängt um dieses Zelt herum, Alte und Junge. Ekstase! Trance! Sie singen dunkel schrill, fernher von Getrommel begleitet. Etwas Mächtiges ist es, das sie zusammenschweißt.«

Aber Aljoscha versteht das nicht, und Lydotschka greift ein: Waren denn nicht Russland und Frankreich die Pole, zwischen denen sich Ericas Leben bewegte?

»Alles ist fließend, geht ineinander über«, sagt Elisabeth und erzählt von ihrer Petersburger Kindheit. Freda möchte genaueres darüber wissen, wie Erica und Herbert sich ineinander verliebten. Alle tragen die Erinnerungen an die Kriegsjahre zusammen. Aljoscha wirft immer wieder seine bitteren Fragen über den Teetisch: »Wie konntest du nur!« Herbert lacht das Lachen des Siegers.

»Es war so schön!« sagt plötzlich Heriberto in die Stille hinein, sagt es genauso, wie wir es damals gemeinsam vor zehn Jahren sagten, am Rande des alten keltischen Gemäuers in Glendalough, in Irland. Und doch begriff ich nicht das Zeichen der Stunde.

Und jetzt, in der Teerunde, geschieht auch etwas Unbegreifliches. Die Gäste sprechen nicht mehr. Schließen sie die Gastgeberin aus ihrem Kreis? Sie haben ihr Schicksal schon vollendet: Die Erzählerin weiß es ja und deutet von jedem an, auf welche Weise er die Welt verließ. So bleibt sie allein zurück, nur leere Stühle stehen um den Tisch, auf dem die Kerze flackert und die Teepuppe die noch volle Kanne wärmt. Auch die Kameruner Wächter, die den Tee servierten, erstarren zur gewohnten Stummheit.

Frankfurt: 1998–2007

Es ist alles verständlich. Wer verlässt schon ein Zuhause wie die Cretzschmarstraße 14 freiwillig!

Es war einfach traumhaft. Besonders der Frühling und Sommer. Die Glyzinie, die sich an den Balkonen empor rankte. Wenn man abends die Schlagläden vormachte, kam einem ein betörender Duft entgegen. Der Goldregen! Wir haben jetzt hier in Irland auch einen ...

Der Garten mit den Rosenstöcken. Nachdem das Haus erbaut war, gab es auch, wie im alten Palais, noch Spalierobst. Als die Großeltern noch lebten, war es nicht erlaubt, die Früchte einfach so zu pflücken. Die Rosenstöcke und manch anderes wurde verpflanzt in die Cretzschmarstraße. Wie auch die Fliesen im Eingang im Parterre genauso waren wie jene im Untermainkai. Wie so vieles. Nur eben kleiner. Aber herrschaftlich! (Erika de Bary, Haralds Ehefrau, im Brief vom 22.4.2014)

Es musste eine Entscheidung über das Haus getroffen werden. Der Mieter im Erdgeschoss hatte gekündigt, aufwändige Renovierungen wären nötig geworden, um neu zu vermieten. Das

Haus war finanziell einfach nicht mehr zu halten. Natürlich blutete allen das Herz!

Harald hielt sich immer öfter in seinem Atelier in Irland auf. Die Enkel hatten ihr eigenes Leben. Erica konnte nicht allein im Haus wohnen bleiben, das war finanziell unmöglich und in ihrem Alter auch zu riskant. Sie sah das natürlich völlig anders. Es gab heftige Ausbrüche, wenn Sohn und Schwiegertochter versuchten, mit ihr darüber zu reden. Einmal fiel ihr die Schwiegertochter in den Arm, den sie schon erhoben hatte, um ein Glas nach Harald zu werfen. Wie konnte man nur über ihren Kopf hinweg entscheiden, wo sie sich doch ihr ganzes Leben lang niemandem unterworfen hatte. Und sie war immer noch gut zu Fuß, stieg täglich mehrmals die Treppe hinauf. Sie fuhr mit dem Zug nach Wehrheim, wo sie Thomas und seine Familie besuchte: Drei Urenkel erfreuten sie dort. Auch Tanja hatte zwei Kinder, die sie oft sah. Wenn sie in die Stadt wollte, zu Ausstellungen oder Besorgungen, dann nahm sie die Straßenbahn, ohne jemanden um Begleitung zu bitten. Voriges Jahr noch war sie allein nach Wien zu den Krügers gereist. Dass alle da schon den Atem angehalten hatten, wollte Erica nicht wahrhaben.

Die Familie traf die Entscheidung, das Haus zu verkaufen, in dem Bewusstsein, dass dies der alten Dame nicht zu vermitteln war. Es gab noch ein großes Sommerfest im Garten des Anwesens, anlässlich der Taufe der jüngsten Urenkelin, dann reiste Erica mit einer Freundin nach Rom. Deren Sohn studierte dort und fuhr die beiden Frauen herum, so dass Erica die Gelegenheit hatte, neue Funde aus der spätrömischen Zeit zu besichtigen. Es schloss sich ein Aufenthalt auf Capri an. Während sie dort wie gewohnt die Insel mit ihrer Wissbegierde überzog, richteten ihre Kinder ihr eine Zweizimmerwohnung im GDA-Wohnstift in der Waldschmidtstraße ein. Sie hatten die Bücherregale fotografiert, um sie genau so dort wieder aufzustellen und einzuräumen; die schönsten afrikanischen Kunstgegenstände schmückten die hübsche Parterrewohnung, aus der man ins Grüne schaute; ihr Schreibsekretär mit Herberts Foto stand in der Ecke, die Sessel um den runden Mahagonitisch, der so viele Teenachmittage gesehen hatte.

Natürlich war es ein Schock, als sie nach der Rückkehr direkt dorthin gebracht wurde. Natürlich war sie böse und enttäuscht. Aber sie war immer noch die alte Erica, die jede Umgebung mit wachem Blick zur Kenntnis nahm und bereitwillig das Beste aus allem machte. So gewöhnte sie sich notgedrungen an die neuen Verhältnisse. Es kam ja auch viel Besuch, Kinder, Enkel, Urenkel, alte und neue Freunde. Die älteste Urenkelin organisierte für die Heimbewohner ein Weihnachtskonzert, in dem sie selbst mit ihren Cousins und Cousinen musizierte.

Lange Zeit war Erica noch gut zu Fuß, fuhr Straßenbahn oder nahm auch mal ein Taxi, wenn sie in der Stadt etwas erledigen wollte, etwa ihren Frisör in der Leipziger Straße aufsuchen oder bei Freunden vorbeischauen. Ihre letzte Reisebegleiterin war eine gute Freundin geworden; mit ihr teilte sie das Interesse für die Christengemeinschaft und die Anthroposophie. Sie hatte eine Dauerkarte für den nahegelegenen Zoo. Dort beobachtete sie nun Affen und Zebras, und sie erzählte gern davon. Dabei gingen ihre Berichte aus dem Zoo nahtlos in kleine erfundene Geschichten über, die die Zuhörer entzückten. Manch eine Mitbewohnerin saß stundenlang bei ihr, rauchte eine Zigarette nach der anderen und ließ sich erzählen. Erica interessierte sich auch für deren Leben, machte aber bald die bittere Erfahrung, dass dieses Haus eine Endstation war. Wenige wurden so alt wie sie und blieben ansprechbar und geistig wach. Immer mehr Zeit musste sie auch für Krankengymnastik aufwenden, denn die Osteoporose machte sich schmerzhaft bemerkbar, und ihre große schlanke Gestalt krümmte sich. Aber sie weigerte sich, darüber zu sprechen, schlug stattdessen dem Besuch vor, sich einen Tee zu kochen und von sich zu erzählen. Dann saß sie mit wachem Blick im Sessel am Mahagonitisch, die Kreolen schaukelten an ihren Ohren, wenn sie sagte: »Kindchen, ich kannte sie gut, die Tuareg. Ich habe doch mit ihnen gelebt.«

Dann suchte sie auch schon einmal den einen oder anderen Text aus ihrem großen Schrank hervor, um ihn der Besucherin zu lesen zu geben. Auch wenn sie außer gelegentlichen Briefen nichts mehr schrieb, beschäftigte sie doch nach wie vor die Idee vom Leben als Kunstschaffende. Eine Notiz, die sich später auf ihrem Schreibtisch fand, lautete: *»Künstlerisch sein«* *heißt über die Ufer treten: Man holt sich »Land« über die Ufer* *hinweg.*

Im Herbst 2001 besuchte Eva Krüger sie und war von ihrer Magerkeit beunruhigt. Aber sie konnten zusammen spazierengehen und sich unterhalten wie in früheren Jahren. Christoph Krüger hatte vor dem Verkauf des Hauses in der Cretzschmarstraße die große Sammlung von Gebrauchsgegenstände und Schmuck der Tuareg und anderer afrikanischer Ethnien geordnet und katalogisiert. Insgesamt 169 Objekte übergab er im Jahr 2004 im Auftrag der Familie dem Wiener Völkerkundemuseum als Geschenk.

Am Telefon war Erica immer sehr munter, erzählte viel, fabulierte auch schon mal gern.

Eine große Rolle spielte weiterhin das Weihnachtsfest, zu dem sie ins Haus der Enkel geholt wurde. Dort war die große Tanne so geschmückt, wie sie es aus ihrer eigenen Kindheit kannte und wie sie sie für ihre Familie jedes Jahr geschmückt hatte:

Die Tanne reichte bis zur Decke, die Kerzen wurden reichlich *gesteckt, und den ganzen Weihnachtsbaum hüllte ein zarter*

Schleier aus Glasgespinst ein, so dass der Baum, wenn alle Lichter brannten, verzaubert schien.

Erst in ihrem letzten Lebensjahr kamen Kinder, Enkel und Urenkel an Weihnachten zu ihr. Sie sei auf einen Sessel gestiegen, um ihren Weihnachtsbaum zu schmücken, berichtete sie Eva stolz am Telefon. Und kurz nach Weihnachten 2006 beging sie ihren 100. Geburtstag, im engsten Familienkreis. Auch alte Freunde kamen zum Gratulieren, etwa Octavio, der einer der angolanischen Gäste in den 60er Jahren gewesen war und dessen Hochzeit 1970 in der Cretzschmarstraße gefeiert wurde. Er und seine Frau Hannelore lebten immer noch in Frankfurt, hatten Erica immer gern mal zu einem afrikanischen Essen oder einem kleinen Ausflug eingeladen.

Nach dieser Geburtstagsfeier wurde sie immer stiller und müder. Ein langes, erlebnisreiches und vom Schicksal begünstigtes Leben neigte sich dem Ende zu. Eine liebevolle Pflegerin namens Maria war in den letzten Monaten fast ständig bei ihr, so dass sie in der schönen Wohnung bei ihren Büchern und den afrikanischen Statuen bleiben konnte. Am 17. April 2007 schlug Maria ihr nach dem Essen einen kleinen Spaziergang vor. Und Erica, ganz die Reisende, als die sie sich immer empfunden hatte, hob in ihrem Rollstuhl die Arme in die Höhe und rief begeistert: »Ja, gehen wir spazieren!« Die Arme sanken nieder – sie war auf ihre letzte Reise gegangen. Unzählige Freunde und Verwandte begleiteten sie am 25. April zum Familiengrab auf dem Frankfurter Hauptfriedhof. Es liegt unmittelbar an der Friedhofsmauer, in die das Wappen der de Barys in rotem Sandstein eingelassen ist.

———

Mit der Pappel im Einklang
kannst du nicht bleiben
Die Lichter hängen verträumt
Doch der Traum als ein Traum
entschwindet
klar und kalt stehen
Schatten und Schritt
Wirf hin wer du warst
und begleite im Zwielicht
dein Dämmern

- . -

Die Flut
verdunkelt dich
du schwimmst ohne Flosse
und im Dunkeln
erkundet sich
dein Wappen
bis Rechnung
aufgeht
Jahrtausende
ziehen vorüber
Blitze
sind scharf

-.-

Gerodet der Wald
vor Beginn
eisiger Zeugschaft!
bringt dich heraus
aus dem Knäuel
verluderter
Verbesserungen
lichtet das Grau
am Armutshimmel

―――――

(1998, unveröffentlicht)

Epilog

Marokko: 2014

Am Westrand der Sahara steht eine junge Frau. Eine spannende Reise durch Marokko hat sie hinter sich. Im Gepäck das Tagebuch der »Ami« von 1952. In jedem Ort, in dem sie sich länger aufhielt, schloss sie Freundschaften: »So etwas habe ich noch nie erlebt«, schrieb sie ihrer Familie. Dabei hat sie in ihrem einundzwanzigjährigen Leben schon viele Afrikaerfahrungen gesammelt: als Englischlehrerin auf Sansibar, mit Ärzten des Hamburger Tropeninstituts in Ghana, auf den Spuren der Urgroßmutter in Madagaskar.

»Wieso nach Afrika? Und ganz allein? Noch vor dem Studium?« fragten sie die Freunde, als sie noch während der Schulzeit die Ausschreibung für die Stelle auf Sansibar entdeckte und sich sofort bewarb. Sie konnte es den Freunden nicht erklären. Die Eltern machten sich Sorgen. Ein Geschäftspartner des Vaters, der Tansania bereist hatte, beruhigte sie. Das Abitur war bestanden und Rebecca stieg ins Flugzeug nach Arusha.

Das sollte Afrika sein? Es regnete pausenlos, es war kalt, alles voller Schlamm und Dreck. »So habe ich mir Afrika nicht vorgestellt«, mailte sie der Familie. Ihre Eltern mailten einen aufmunternden Gruß zurück. Sie flog weiter nach Sansibar, wo die neuen Kollegen sie freundlich begrüßten und ihr die Schule zeigten. Und schon stand sie vor einer Klasse ziemlich frecher

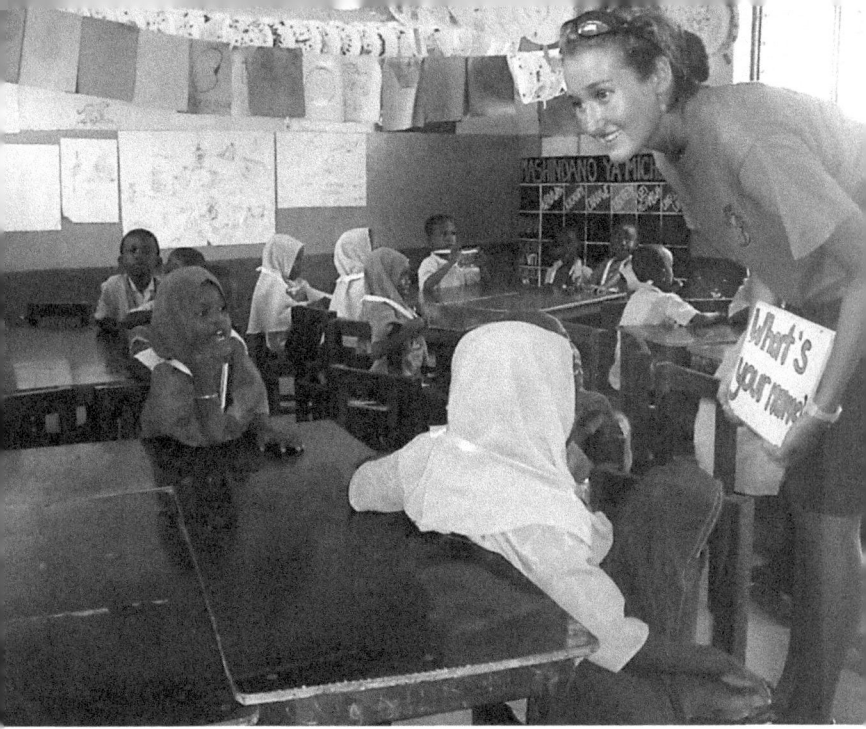

Kinder. Der Unterricht war anstrengend, aber noch ehe das Schuljahr vorbei war, hatte sie sich in Afrika verliebt, den gelassenen Lebensrhythmus, die fröhlichen Menschen, die atemberaubende Natur und die Wärme.

Längst war sie wieder zu Hause, da schickte Onkel Thomas ihr ein Foto, auf dem eine Frau sich zu Schülerinnen in einer afrikanischen Schulklasse beugt. So hatte sie dagestanden – aber das war nicht sie – das war ihre Ami. Und das war die Antwort auf die Frage »Wieso Afrika?« Hatte Ami nicht die tollsten Geschichten über Afrika erzählt? »Du kannst die besten Geschichten erzählen, denn du warst sogar in der Wüste, du kannst ganz viele Sprachen!« – Das hatte Rebecca ihrer Ami geschrieben, als sie noch ein kleines Mädchen war. Ihre Großmutter zeigte ihr den Brief: Sie hatte schon längst verstanden, woher das Interesse ihrer Enkelin an Afrika kam. Ein

Onkel, der Tropenmediziner ist, reiste mit ihr nach Westafrika, nach Accra und Khumasi in Ghana, und im Jahr darauf
schloss sie sich einer Studentengruppe an, die eine Rundreise
durch Madagaskar machte. Zurück in Frankfurt – oder auch
an ihrem Studienort Berlin – schrieb sie Essays über ihre Erfahrungen mit dem afrikanischen Leben, über die Zwiespältigkeit des Helfens, über Entwicklungspolitik, die bislang noch
nicht veröffentlicht sind.

Und nun Marokko. Sie ist von Merzouga aus in die Sanddünen gefahren, das Tor zur Sahara. Im Osten geht der Mond
auf: Weit dort hinten liegt Libyen, wo immer noch der Bür-
gerkrieg tobt. Aber irgendwann wird Rebecca auch nach
Ghadames, Sebha und Rhat reisen können. Dort erzählen sich
vielleicht die Oasenbewohner heute noch, wie jene Deutsche
Jahr für Jahr zu ihnen kam und mit ihnen lebte. Sie werden
Tuschas Urenkelin begeistert begrüßen.

Anhang

Bibliographie

Veröffentlichungen unter den Namen Erica de Bary, Erika de Bary, Erika Kramer und dem Pseudonym Erika Ruthenbeck

Primärliteratur

Monographien

Das verschleierte Bild von Paris. Pariser Bilderbogen, Herbert de Bary und Erika Ruthenbeck, Bildband. Paris: Prisma Editions, 1943 und Wiesbaden: Kesselring, 1947.

Ein Kind und die Welt, Essen: von Chamier, 1947.

Perkeo, das kleine Waldmännlein, Wiesbaden: Dr. Herta Hartmannshenn, 1948.

Chimären der dämmernden Stadt, Wiesbaden: Kesselring 1947. Lizenzausgabe Freiburg im Breisgau: Elsässer Verlag, 1950.

Ghadames, Ghadames. München: Ehrenwirth, 1961.

Im Oasenkreis. München: Ehrenwirth, 1963.

Die Flammenbäume. Erlebtes von Fezzan bis Kamerun, Herrenalb/Schwarzwald: Erdmann, 1966. Lizenzausgabe Stuttgart: Europäischer Buchklub, 1966.

Wanderungen im Tassili, mit Aufnahmen von Harald de Bary und Herbert de Bary, Heusenstamm: Orion-Heimreiter-Verlag, 1971.

Im Bauch des Sandes, mit Fotos von Herbert de Bary, Heusenstamm: Orion-Heimreiter-Verlag, 1973.

Artikel/Aufsätze

Madagaskar – many ny miaina, in: *Zeitschrift für Geopolitik in Gemeinschaft und Politik* 28 (1957) 11, S. 19–25.

Im Hoggar, dem Reich der Tuareg, in: *Zeitschrift für Geopolitik in Gemeinschaft und Politik* 29 (1958) 10, S. 34–37.

Wagenfahrt um Meknes, in: *Zeitschrift für Geopolitik in Gemeinschaft und Politik* 29 (1958) 10, S. 38–39.

Dichter und Dichtung auf Madagaskar, in: *Frankfurter Hefte* 15 (1960) 10, S. 697–704. (Über die Lyrik von J. J. Rabearivelo und J. Rabemananjara)

Auf einem mohammedanischen Friedhof, in: *Zeitschrift für Geopolitik in Gemeinschaft und Politik* 32 (1961) 4, S. 144.

Schauki und Nadjá. Begegnung mit einem arabischen Ehepaar, in: *FAZ*, 29.07.1961, S. BuZ6.

Das Angemessene fällt Dir zu, in: *Frankfurter Hefte* 16 (1961) 8, S. 539–544.

Ein literarisches Portrait von Jacques Rabemananjara, in: Afrika – heute. Jahrbuch der deutschen Afrikagesellschaft 1961 (1962), S. 68–79.

Geschmückte Tuareg-Frauen, in: *FAZ,* 23.05.1964, S. BuZ6. (Gekürzter Nachdruck von »Im Oasenkreis«).

Tod in der Wüste. Auf den Spuren des deutschen Afrikaforschers Erwin von Bary, in: *FAZ,* 30.11.1968, S. BuZ2.

Auf den Spuren eines Afrika-Forschers, in: *FAZ,* 30.11.1972, S. 31.

Rundfunk- und Fernsehsendungen

– Rundfunksendung

Gespräch über Israel. Interview von Erika de Bary mit der Schriftstellerin Sorana Gurian. Sprecher: Leo Maria Faerber. Hessischer Rundfunk, Redaktion Kulturelles Wort, 1952. Aufnahme: 26.04.1952, Dauer 12'45.

– Fernsehsendungen

Helmut Lander, *Im Oasenkreis.* Nach dem Roman und unter Mitarbeit von Erica de Bary. Saarländischer Rundfunk/ARD, 1966. Erstsendung: 06.08.1966, Dauer 0'45.

Helmut Lander, *Reise nach Ghat,* 2 Teile. Unter Mitarbeit von Erica de Bary. Saarländischer Rundfunk/ARD, 1967. Erstsendungen: Teil 1: 12.06.1967, Teil 2: 14.07.1967, Dauer jeweils 0'45.

Übersetzungen

– Arthur Adamov:

Das Rendevous (La parodie). Ein Stück in einem Vorspiel und zwölf Bildern, München: Theaterverlag Desch, 1952. Deutsche Erstaufführung: Schlosstheater Celle, 1957/58. Inszenierung: Hannes Razum.

Invasion (L'invasion). Schauspiel in drei Akten, München: Theaterverlag Desch, ca. 1950. Uraufführung: Städtische Bühnen, Pforzheim, 1952.

Der Appell (La grande et la petite manœuvre). Schauspiel, München: Theaterverlag Desch, 1952. Deutsche Erstaufführung, Theater Experiment Wien, 1962.

– Robert Boudry:

Jean-Joseph Rabearivelo und der Tod (Jean-Joseph Rabearivelo et la mort), Darmstadt: Progress-Verlag Fladung, 1960.

– Ikelle-Matiba, Jean:

Adler und Lilie in Kamerun: Lebensbericht eines Afrikaners (Cette Afrique-là!), Vorwort von Janheinz Jahn, Herrenalb: Erdmann, 1966. (Geistige Begegnung des Instituts für Auslandsbeziehungen Stuttgart, 17).

– Ionesco, Eugène:

Das heiratsfähige Mädchen (La jeune fille à marier). Einakter, München: Theaterverlag Desch, 1963.

Der Herrscher (Le maître), in: Klassische Einakter und Kurzspiele, Band 1, herausgegeben von Lutz R. Gilmer, München: Grafenstein Verlag, 1981. S. 61–69.

Weitere Ausgabe: *Der Meister (Le maître). Einakter,* München: Theaterverlag Desch, 1963.

Jakob und der Ungehorsam (Jacques ou la soumission). Naturalistische Komödie, Zürich: Stauffacher, ca. 1970.

Die Nachhilfestunde bzw Die Unterrichtsstunde (La leçon). Komisches Drama in einem Akt, Zürich: Stauffacher, 1954. Nachdrucke in: Eugéne Ionesco, *Der neue Mieter.* Zürich: Stauffacher, ca. 1968. Stuttgart: Reclam, 1989, 1994, 2001, 2005, 2009. Für das Fernsehen bearbeitet: Hamburg, NDR, 1989. 1 VHS-Kassette, Dauer: 55 Min. Literaturhörspiel, SR, DRS. Regie: Reinhart Spoerri, Basel: cmv, Schweizer Radio DRS, 2009. Hörbuch im Christoph-Merian-Verlag. 1 CD.

Die Zukunft liegt in den Eiern oder Wie fruchtbar ist der kleinste Kreis (L'avenir est dans les œufs), Zürich: Stauffacher, ca. 1970. Bühnenmanuskript.

– Rabemananjara, Jacques:
Insel mit Flammensilben (Antsa und Lamba): zwei madegassische Ge-dichtreihen, Vorwort und übertragen von Erica de Bary, Herrenalb/
Schwarzwald: Erdmann, 1962. (Schriftenreihe des Instituts für Auslands-beziehungen Stuttgart, Literarisch-künstlerische Reihe 6)
Deine unermessliche Legende. Französisch-deutsche Ausgabe. Nachdich-tungen von Erica de Bary, herausgegeben und mit einem Vorwort ver-sehen von Rainer Arnold, Berlin: Verlag Volk und Welt, 1985.

Herausgeberin

Grimm-Hauff. Märchenauswahl, zusammengestellt und nacherzählt von
Erica de Bary. Wiesbaden: Kesselring, 1947.
Erwin von Bary. Sahara-Tagebuch 1876–1877, herausgegeben von Erica
de Bary. Heusenstamm: Orion-Heimreiter, 1977.

Sekundärliteratur

(chronologisch; auch Rezensionen/Vortragsankündigungen in der Presse)

Das Königreich Libyen. Ein Vortrag von Erica de Bary in der Deutschen
Afrika-Gesellschaft, Ankündigung, in: *FAZ,* 6. Mai 1959, S. 17.
Libyen im Vortrag. Erica de Bary in der Orient-Gesellschaft, Ankündi-gung, in: *FAZ,* 16. November 1959, S. 16.
Sand, Arbeit und Tanz. Vortrag von Erica de Bary im Orient-Institut, An-kündigung, in: *FAZ,* 15. November 1960, S. 18.
Herbert Kaufmann, Das Zauberknäuel, Rezension von Ghadames, Ghada-mes, in: *FAZ,* 6. Januar 1962, S. BuZ5.
E.M.D., Das Diktat der Wüste, Rezension von Ghadames, Ghadames, in:
FAZ, 6. Oktober 1964. S. 17.
E.M.D., Flammenbäume. Ein Buch von Erica de Bary, in: *FAZ,* 3. Fe-bruar 1967, S. 27.
E.M.D., Ein Afrikaner erzählt. Jean Ikelle-Matiba's Lebensbericht, in:
FAZ, 19. Juni 1967, S. 23. [Ikelle-Matiba übersetzt von Erica de Bary;
Rezension]
Klaus Meyer-Gasters, Frankfurter Gesichter: Erica de Bary, in: *FAZ,*
3. Juni 1967, S. 56.
Herbert Kaufmann, Reisen im Tassili. Erica de Bary's Bericht, in: *FAZ,*
9. September 1971, S. 21.

Anonymus, Nomaden und Felsbilder. Erica de Bary's Wanderungen im Tassili, Rezension, in: *Darmstädter Echo,* 24. April 1971.

Thomas Lange, Erinnerungen an Libyen. Rezension zu Im Bauch des Sandes, in: *FAZ,* 17. Dezember 1973, S. 21.

Anonymus, Tagebuch eines Sahara-Forschers. Erwin von Bary zum 100. Todestag, Rezension, in: *Darmstädter Echo,* 05. Oktober 1977.

Fußnoten zu Erica de Bary, in: Sven Hanuschek, *Geschichte des bundesdeutschen PEN-Zentrums von 1951–1990,* Tübingen: Niemeyer 2004 (Studien und Texte zur Sozialgeschichte der Literatur 98), S. 247, 248, 256.

Personenverzeichnis

In Koli Jean Bofane

SINUSBÖGEN ÜBERM KONGO

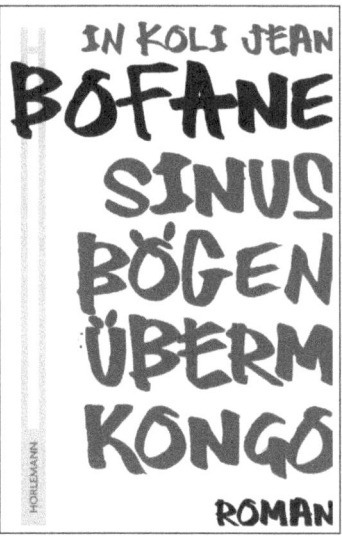

ISBN 978-3-89502-359-0

Übersetzt von Katja Meintel
Herausgegeben von Manfred Loimeier
344 Seiten
gebunden mit Schutzumschlag und Lesebändchen
19,90 €

*»Der Autor zeichnet ein vielfältiges Bild der kongole-
sischen Gesellschaft mit den extremen Möglichkeiten
der Moderne – Manipulation durch Fernsehen und
Satellitenüberwachung – aber auch den Stellenwert der
alten Traditionen.«* Birgit Koss, SWR2, 9. 3. 2014

*»›Sinusbögen überm Kongo‹ beweist wieder einmal die
satirische Feder von Bofane. Seine Figuren sind Stereoty-
pen und der Umgang mit Ausländern zeigt, wie ironisch
er mit den Erwartungen der Leser an Schwarzafrika
spielt.«* Susanne Harring, Ostthüringer Zeitung, 3. 5. 2014

Christopher Mlalazi

WEGRENNEN MIT MUTTER

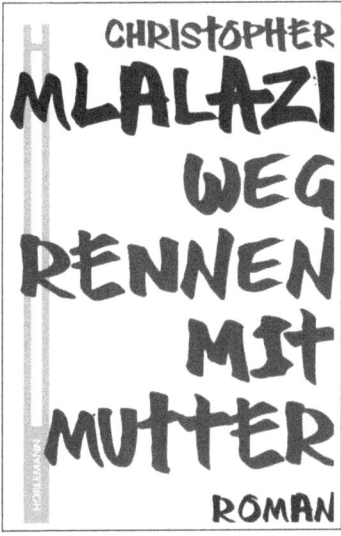

ISBN 978-3-89502-360-6

Übersetzt von Andreas Münzner
Herausgegeben von Manfred Loimeier
208 Seiten
gebunden mit Schutzumschlag und Lesebändchen
16,90 €

*»200 Seiten ganz starke Literatur – gewaltig und von
ganz besonderer Zartheit. Kondensiert, verknappt und
damit bestechend. Der Autor kreiert ohne blutrünstige
Gräuelschilderungen ein Schreckensszenario, das aufrüt-
telt, zutiefst sensibilisiert und die Aufmerksamkeit auf
Dinge lenkt, die man nur allzu gern ignorieren möchte.
›Wegrennen mit Mutter‹ ist ein absolut bemerkenswer-
ter Text, der unter die Haut geht und Tränen in die
Augen treibt – ist er doch zugleich eine der berührends-
ten Mutter-Kind-Geschichten, die ich je gelesen habe.«*
Petra Kassler, litprom (Buchtipp im Juni 2014)

HORLEMANN

Gilbert Gatore

DAS LÄRMENDE SCHWEIGEN

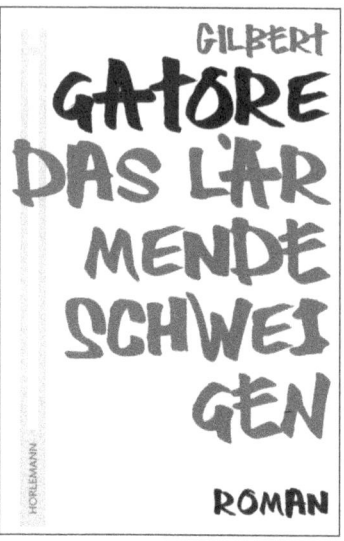

ISBN 978-3-89502-372-9

Übersetzt von Katja Meintel
Herausgegeben von Manfred Loimeier
208 Seiten
gebunden mit Schutzumschlag und Lesebändchen
17,90 €

»*Ein starkes Stück Literatur aus Ruanda. ... Ich finde,
Gilbert Gatore ist mit seinem traumhaften Erzählen
etwas gelungen, was dieser beinharte Realismus einfach
nicht schaffen kann; die Traumatisierung fühlbar zu
machen, auch Bilder dafür zu finden, die dieser Krieg
hinterlassen hat.*«
Katharina Borchardt, SWR2, Forum Buch, 22.06.2014

HORLEMANN